Claus Jürgen Reinhardt

Aktien statt Rente!

Wie Sie mit 100 Euro pro Monat Ihre Rente ersetzen

ZENTRUM VERLAG

Aktien statt Rente!

Claus Jürgen Reinhardt

WIE SIE MIT 100 EURO PRO MONAT IHRE RENTE ERSETZEN

Bibliografische Information der Deutschen Nationalbibliothek

Die Deutsche Nationalbibliothek verzeichnet diese Publikation in der Deutschen Nationalbibliografie; detaillierte bibliografische Daten sind im Internet über http://dnb.dnb.de abrufbar.

ISBN: 978-3-948961-07-7

1. Auflage 2023

Inhaltsverzeichnis

Vorwort ... 9

1. Ihre Rente geht bald in Rente: Deutschland und das Rentenproblem ... 13
Problem 1: Zu viele Rentenbezieher treffen auf zu wenig Beitragszahlende ... 14
Problem 2: Die Menschen werden immer älter ... 14
Problem 3: Das tatsächliche Renteneintrittsalter steigt nicht stark genug an ... 15
Problem 4: Die Anzahl der Erwerbstätigen wird schrumpfen ... 15

2. Aktienrente 2.0: Wie Sie mit 100 Euro pro Monat Ihre Rente ersetzen oder die Rentenlücke schließen können ... 17
Die Macht der 100 Euro: Wie aus 100 Euro durch Aktien 514.950 Euro werden ... 18
Versprochen ist versprochen Teil 1: 100 Euro pro Monat können die Rente ersetzen! ... 20
Versprochen ist versprochen Teil 2: 100 Euro pro Monat können die Rentenlücke schließen! ... 28
Wer zu spät kommt, verpasst das Beste – oder doch nicht? ... 32
Als Rentner von Dividenden leben – ist das möglich? ... 34
Masterplan statt Geldmangel: Die Aktienrente 2.0 ... 38

3. Ohne Moos nichts los: Die erste Säule erfolgreicher Rentenvorsorge ... 41
Viel hilft viel: 15 wichtige Tipps für mehr Einkommen ... 44
Geiz hat seinen Reiz: 100 effektive Tipps für weniger Ausgaben 70
Vertrauen ist gut, Kontrolle ist besser: Behalten Sie den Überblick über Ihre Finanzen! ... 136

4. Aktien statt Rente: Die zweite Säule erfolgreicher Rentenvorsorge ... 139
Aktien: Die wohl aufregendsten Papiere der Welt ... 140
Wo Licht ist, ist auch Schatten: Chancen und Risiken von Aktien und wie Sie Ihr Vermögen vor Verlusten schützen können ... 148
Drum prüfe, wer sich (ewig) bindet: Die besten langfristigen Anlagestrategien ... 164
Wie finde ich die richtigen Aktien: Die Technik der Fundamentalanalyse ... 177
Aktien kaufen leicht gemacht: Von der Theorie zur Praxis ... 209
Diversifizierung inklusive: Aktienfonds und ETFs als Alternativen zu Einzelaktien ... 219
Von der Theorie in die Praxis: Wie Sie in Aktien investieren und ein diversifiziertes Portfolio aufbauen ... 244
Aus Fehlern lernen: Behalten Sie den Überblick über Ihre Anlagen! ... 250

5. Bleibt Ihre Rente in Rente? Ein Blick auf die Zukunft des deutschen Rentensystems ... 253

Literaturverzeichnis ... 257

Vorwort

Liebe Leserinnen und Leser,

„Zum Mitschreiben: Die Rente ist sicher." Dieses Zitat des ehemaligen Bundesministers Norbert Blüm schrieb Geschichte – und ist Geschichte! Denn heute ist eines sicher: Die Rente ist nicht sicher!

Laut dem Nachrichtenmagazin Spiegel droht jedem dritten Beschäftigten in Deutschland selbst nach 45 langen Berufsjahren in Vollzeit eine Bruttorente von unter 1.300 Euro im Monat. Davon bleiben nach Abzug von Kranken- und Pflegeversicherung netto nur noch rund 1.160 Euro übrig.

Ein Problem, das vielen Menschen zusätzlich Sorgen bereitet und alle gleichsam betrifft, ist die vergleichsweise stark angestiegene Inflationsrate. Wie das Statistische Bundesamt mitteilte, erhöhten sich die Verbraucherpreise in Deutschland im Jahresdurchschnitt 2022 um 7,9 Prozent gegenüber 2021. Damit erreichte die Jahresteuerungsrate ein besorgniserregendes Niveau und liegt auch im Jahr 2023 deutlich höher als in der jüngeren Vergangenheit.

Gleichzeitig erscheinen traditionelle Anlageformen wie Sparbücher oder Fest- und Tagesgeldkonten nicht mehr so attraktiv, wie es in früheren Zeiten einmal der Fall war. Sie sind kaum dazu geeignet, niedrige Renten und höhere inflationsbedingte Verluste zu kompensieren.

Vor dem Hintergrund der dargestellten Probleme drohen immer mehr Menschen erhebliche finanzielle Engpässe und Altersarmut.

Doch wo Probleme bestehen, gibt es häufig auch geeignete Lösungsansätze und so rücken zunehmend andere Anlageformen als die zuvor genannten in den Fokus des Interesses. Für all diejenigen, die leeren Konten und möglicher Altersarmut ein Schnippchen schlagen möchten, können Aktien ein ebenso vielfältiges wie lukratives Investment darstellen.

Aktien können weit mehr, als die meisten Deutschen glauben. Aktien können inflationsbedingte Verluste ausgleichen und bei einem langfristigen Anlagehorizont mehr als nur einen einzelnen Baustein zu Ihrer Rente beitragen: Aktien können Ihre Rente ersetzen – und zwar ganz und nicht nur anteilsweise!

Sie sind sich nicht sicher, ob das stimmt? Dann bringen Sie schon vor der Lektüre dieses Buches eine grundlegende Eigenschaft erfolgreicher Investoren mit: eine gesunde Portion Skepsis gegenüber den Aussagen Dritter. Behaupten kann heute schließlich jeder alles, fundiert belegen können aber nur die wenigsten irgendetwas.

Lassen wir also Fakten sprechen! Wer als Anleger am Ende des Jahres 2002 DAX-Aktien gekauft und 20 Jahre lang gehalten hat, konnte sich darüber freuen, dass das Aktiendepot jährlich im Schnitt um 8,2 Prozent wuchs. Dies lässt sich etwa am DAX-Rendite-Dreieck des Deutschen Aktieninstitutes ablesen. Es verdeutlicht, dass sich breit gestreutes und langfristiges Sparen in Aktien in den vergangenen Jahrzehnten ausgezahlt hat.

Die durchschnittliche jährliche Rendite von 8,2 Prozent vorausgesetzt, erhielten Anleger, die am Ende des Jahres 2002 die Summe von 10.000 Euro in Aktien des DAX investierten und diese nach 20 Jahren wieder verkauften, die stolze Summe von rund 48.367 Euro. Bei einem eingesetzten Kapital von 25.000 Euro waren es rund 120.916 Euro und bei 50.000 Euro Ausgangskapital sogar rund 241.833 Euro.

Anleger, die am Ende des Jahres 2008 in den bedeutenden US-amerikanischen Aktienindex S&P 500 investierten und Ende 2021 wieder verkauften, erzielten im Durchschnitt sogar eine jährliche Rendite von 13,6 Prozent.

Im Mai 1997 startete der Kurs der Aktie des heute weltweit bekannten Onlineversandhändlers Amazon bei 18 US-Dollar. Aktionäre, die eine glückliche Hand bewiesen und ihre Aktien verkauften, als am

19.11.2021 bei einem Kurs von über 3.750 Dollar das bisherige Allzeithoch erreicht wurde, machten wohl das Geschäft ihres Lebens.

Schon diese wenigen aussagekräftigen Beispiele zeigen, welches Potenzial in Aktien steckt und welche Möglichkeiten sie Anlegern bieten, aus kleinen Summen große Vermögenswerte aufzubauen.

Sie haben wie so viele Bürgerinnen und Bürger in unserem Land keine 10.000, 25.000 oder 50.000 Euro übrig, um diese für die Absicherung im Rentenalter in Aktien zu investieren? Diese Summen werden Sie auch nicht brauchen! Was Sie brauchen, um Ihre Rente mit der Hilfe von Aktien zu ersetzen, sind 100 Euro pro Monat und einen langfristigen Anlagehorizont! Sie lesen richtig: Es sind in Wahrheit nicht mehr als 100 Euro pro Monat, die erwerbstätige junge Menschen benötigen, um die eigene Rente vollständig zu ersetzen.

Alternativ ist es mit dieser monatlichen Sparrate möglich, die Rentenlücke komplett zu schließen oder die Rente immerhin noch erheblich aufzubessern, wenn man erst in späteren Jahren vorzusorgen beginnt. Als Rentenlücke wird gemeinhin die Differenz bezeichnet, die sich zwischen der Nettorente und dem letzten Nettoeinkommen vor dem Rentenbeginn ergibt.

Wenn Sie derzeit keine 100 Euro pro Monat übrighaben, werden Sie in der Folge herausfinden, wie Sie diese Summe in Zukunft zusätzlich generieren können.

Dieses Buch richtet sich mit der weitreichenden Idee, die Rente durch Aktien zu ersetzen, nicht nur an die Besserverdiener unserer Gesellschaft. Es richtet sich vor allem auch an Erwerbstätige, die hart für ihr Geld arbeiten, aber trotzdem nur eine geringe Vergütung erhalten.

Es ist keine große Kunst, Menschen mit einem jährlichen Nettoeinkommen über 100.000 Euro zu zeigen, wie sie an der Börse aus viel Kapital noch mehr Kapital machen. Es ist aber sehr wohl eine Kunst, auch weniger wohlhabenden Menschen in der Folge glaubhaft darzulegen, wie sich die staatliche Rente durch Aktien vollständig ersetzen lässt. In diesem Fall gilt dann wenigstens für die Rente, die Sie mithilfe von Aktien unabhängig vom Staat erwirtschaften können, das Motto: Die Rente ist sicher!

Herzlichst

Ihr Claus Jürgen Reinhardt

1. Ihre Rente geht bald in Rente: Deutschland und das Rentenproblem

Gärtnerinnen gehen in Rente. Schornsteinfeger gehen in Rente. IT-Spezialistinnen gehen in Rente. Geschäftsführer gehen in Rente. Alle Arbeitnehmer gehen in Rente. Was aber geschieht, wenn die Rente selbst in Rente geht? Was ist, wenn es mithilfe des bestehenden gesetzlichen Rentensystems in Zukunft nicht mehr gelingt, den Bürgerinnen und Bürgern unseres Landes wenigstens ansatzweise zu einer ausreichenden Höhe ihrer Bezüge im Alter zu verhelfen?

Leider sind diese Fragen nicht aus der Luft gegriffen. Vielmehr sieht es so aus, als ob sich die Rente langsam in den Ruhestand verabschiedet. Deutschland hat ein Rentenproblem!

Betrachtet man die öffentlichen Debatten rund um dieses Thema, wird ersichtlich, dass das Rentenproblem polarisierend wirkt und teils mit harten Einschnitten verbundene Lösungsansätze gefordert werden. So äußerte sich etwa Stefan Wolf, der Präsident des Arbeitgeberverbandes Gesamtmetall, im Jahr 2022 in einem Interview mit den Zeitungen der Funke Mediengruppe zu der Rentenproblematik folgendermaßen: „Stufenweise werden wir auf das Renteneintrittsalter von 70 Jahren hochgehen müssen – auch weil das Lebensalter immer weiter steigt."

Auch Rainer Schlegel, der Präsident des Bundessozialgerichts, traf im Jahr 2023 bei der Jahrespressekonferenz seines Gerichts zur Zukunft der Renten Aussagen, die nicht wenigen Menschen Magenschmerzen bereiten dürften. Er sprach sich für die Einbeziehung aller Erwerbstätigen und die gleichzeitige Beschränkung des Leistungsanspruchs auf eine Art erweiterte Grundsicherung aus.

So verständlich es bisweilen erscheint, dass etliche Stimmen harte Einschnitte in das bestehende Rentensystem fordern, so verständlich ist es auch, dass dies zu Unmut, Verärgerung und heftigen Gegenreaktionen führen kann. Ist es gerecht, dass jemand nach 45 oder mehr Jahren im Berufsleben nochmals 3 Jahre arbeiten soll? Ist es gerecht, dass jemand nach 45 oder mehr Arbeitsjahren nur eine klägliche Grundsicherung erhalten soll, die kaum zum Leben reicht?

Doch warum funktioniert das gesetzliche Rentensystem nicht mehr? Der wesentliche Grund dafür liegt in mehreren gravierenden Problemen, die im Folgenden für ein besseres Verständnis des Zusammenhanges kurz dargestellt werden sollen.

Problem 1: Zu viele Rentenbezieher treffen auf zu wenig Beitragszahlende

Das gesetzliche Rentensystem gerät mehr und mehr in Schieflage. So ist die Anzahl der Arbeitnehmer, die in die Rentenkasse einzahlen, in den letzten drei Jahrzehnten um circa 20 Prozent gestiegen. Die Anzahl der Altersrentner nahm in diesem Zeitraum jedoch deutlich stärker zu, nämlich um 55 Prozent.

Anfang der 1960er-Jahre kamen auf einen Rentner noch sechs aktive Versicherte. Nach Prognosen des Instituts der deutschen Wirtschaft werden im Jahr 2030 dagegen auf einen Rentner rechnerisch nur noch 1,5 Beitragszahler kommen, während es im Jahr 2050 sogar nur noch 1,3 Beitragszahler sein könnten.

Problem 2: Die Menschen werden immer älter

Was an sich eine positive Entwicklung darstellt, wird für das staatliche Rentensystem zum Problem. Statistisch gesehen werden die Menschen in Deutschland immer älter: Seit den 1960er-Jahren ist der Anteil der Menschen an der Gesamtbevölkerung, die 65 Jahre und älter sind, stetig größer geworden. Fiel im Jahr 1960 nur rund jeder zehnte Bundesbürger in die erwähnte Altersgruppe, traf dies im Jahr 2020 schon auf rund jeden fünften Bürger zu.

Berechnungen des Bundesinstituts für Bevölkerungsforschung zufolge könnte im Jahr 2060 sogar fast jeder Dritte mehr als 65 Jahre alt sein.

Problem 3: Das tatsächliche Renteneintrittsalter steigt nicht stark genug an

Zur Entlastung des staatlichen Rentensystems wird die Regelaltersgrenze seit dem Jahr 2012 stufenweise auf 67 Jahre angehoben. Doch in der Realität gibt es eine Diskrepanz zwischen den staatlichen Vorgaben und dem tatsächlichen Renteneintrittsalter: Während Frauen im Jahr 2020 mit durchschnittlich 64,2 Jahren und Männer mit 64,1 Jahren erstmals eine Altersrente bezogen, erhöhte sich die Regelaltersgrenze gleichzeitig eigentlich auf 65,8 Jahre.

Um das staatliche Rentensystem zu entlasten, wäre ein stärkerer Anstieg des tatsächlichen Renteneintrittsalters vonnöten.

Problem 4: Die Anzahl der Erwerbstätigen wird schrumpfen

Während zu wenige junge Menschen nachrücken, gehen immer mehr Bürgerinnen und Bürger aus den geburtenstarken Jahrgängen der Jahre 1955 bis 1965 in Rente. Sie werden eine Lücke am Arbeitsmarkt hinterlassen.

Analysen des Statistischen Bundesamtes zufolge könnte die Anzahl der Erwerbspersonen im Alter von 20 bis 66 Jahren in Deutschland – verglichen mit dem Jahr 2019 – bis 2030 im schlechtesten Fall um fast vier Millionen abnehmen. Gemäß diesem Szenario gibt es weitere 30 Jahre später nur noch 31,5 Millionen Arbeitende und somit fast zehn Millionen Erwerbstätige weniger, als es noch im Jahr 2019 der Fall war.

Selbst bei zuversichtlicheren Berechnungen steht am Ende immer noch eine insgesamt zurückgehende Anzahl an Erwerbstätigen.

Die dargelegten Probleme sind von struktureller und gravierender Natur. Sie erklären, warum das gesetzliche Rentensystem in seiner bisherigen Form mehr und mehr aus den Fugen gerät.

Ein Hoffnungsschimmer könnte im sogenannten Generationenkapital liegen, in das der Bund zur Entlastung der Rentenversicherung künftig jährlich beträchtliche Einzahlungen vornehmen will.

Als die FDP das Konzept des Generationenkapitals im Jahr 2021 in ihr Wahlprogramm aufnahm, hieß es noch Aktienrente. Die Partei orientierte sich damals an einer Form der Altersvorsorge, wie sie aus Schweden bekannt ist. Dabei wird ein Teil der Rentenversicherungsbeiträge in Aktienfonds angelegt.

Mit der nunmehr als Generationenkapital bezeichneten Form der Aktienrente soll eine zusätzliche Kapitaldeckung des bisher umlagefinanzierten deutschen Rentensystems erreicht werden. Ob die Maßnahmen das gesetzliche Rentensystem allerdings tatsächlich nennenswert entlasten werden, bleibt abzuwarten und steht noch in den Sternen.

Davon abgesehen stellt sich folgende Frage: Warum sollten Sie sich mit einer einfachen Rente zufriedengeben, wenn Sie durch Ihre eigenen Aktieninvestments zusätzlich eine zweite Rente haben können?

2. Aktienrente 2.0: Wie Sie mit 100 Euro pro Monat Ihre Rente ersetzen oder die Rentenlücke schließen können

14,7 mal 8,2 Zentimeter ist er groß, leuchtet in unverwechselbarem Grün und zeigt ein Tor im Barock-Stil. Er weist etliche Sicherheitsmerkmale auf, geht jeden Tag durch zahlreiche Hände und lässt die Augen mancher Menschen strahlen. Er ist eine Banknote, genauer gesagt ist er der 100-Euro-Schein.

Mit 100 Euro kann man 100 Dinge tun. Man kann damit in ein Restaurant essen gehen, eine Jeans kaufen, den Tank eines Autos befüllen und noch vieles mehr. Mit 100 Euro können Sie aber auch etwas kaufen, das 1000 Mal mehr wert ist als all das: ein gesichertes Rentendasein ohne die Sorge darum, ob die Rente von heute auch morgen noch ausreichen wird! Der Gedanke hinter diesem Heilsversprechen für das Rentensystem stellt die Eigeninitiative jedes Einzelnen in den Vordergrund. Mit 100 Euro pro Monat kann sich jeder junge, in Vollzeit beschäftigte Erwerbstätige eine Rente jenseits der staatlichen Vorsorge aufbauen. Auf diese Art und Weise wird die staatliche Aktienrente ganz neu gedacht: Aus einer bloßen Aktienrente wird die innovative Aktienrente 2.0!

Sie sind der Meinung, dass dieses Konzept nicht funktionieren kann? Dann werden Sie die folgenden Seiten eines Besseren belehren.

Die Macht der 100 Euro: Wie aus 100 Euro durch Aktien 514.950 Euro werden

100 Euro pro Monat haben die Macht, an der Börse aus wenig Geld viel Geld zu machen. Sie haben die Macht, Probleme zu lösen und Wünsche zu erfüllen.

Mit Aktien viel Geld zu verdienen, ist dabei keineswegs ein Hexenwerk. Um dies zu belegen und Transparenz zu schaffen, stützen sich die grundlegenden Überlegungen dieses Kapitels auf ein Fundament aus nachvollziehbaren Fakten.

Den Ausgangspunkt bildet dabei die Entwicklung des DAX in der Vergangenheit, die sich beispielsweise am DAX-Rendite-Dreieck des Deutschen Aktieninstitutes ablesen lässt.

Wie bereits ausgeführt, konnten Anleger, die am Ende des Jahres 2002 DAX-Aktien gekauft und 20 Jahre lang gehalten haben, in ihrem Depot jährlich im Durchschnitt ein Wachstum von 8,2 Prozent verzeichnen. Wenn die Verzinsung auch von Investment zu Investment verschieden ausfallen kann, soll dieser Wert in der Folge doch exemplarisch verwendet werden, um zu demonstrieren, wie sich Geld an der Börse auch ohne halsbrecherische Risiken langfristig vermehren lässt.

8,2 Prozent Rendite pro Jahr sind an der Börse keinesfalls ein unrealistischer, sondern ein eher durchschnittlicher Wert. Schon im Vorwort wurde deutlich, dass etwa diejenigen Anleger, die am Ende des Jahres 2008 in den bedeutenden US-amerikanischen Aktienindex S&P 500 investierten und Ende 2021 wieder verkauften, im Durchschnitt eine jährliche Rendite von 13,6 Prozent erzielten. Dies belegt stellvertretend für viele weitere Beispiele, dass sich die Rendite des DAX an der Börse unter den richtigen Voraussetzungen ohne allzu große Schwierigkeiten übertreffen lässt.

Gleichwohl ist es der Wert von 8,2 Prozent, der den folgenden Berechnungen als angenommene Rendite zugrunde gelegt wird, da dieser beim langfristigen Investieren in Aktien erreichbar ist, ohne dass Anleger allzu große Risiken eingehen müssten.

An einem praktischen Beispiel lässt sich am anschaulichsten und überzeugendsten plausibel machen, warum sich breit gestreutes und langfristiges Sparen in Aktien mehr als auszahlen kann: Gehen wir davon aus, dass jemand idealerweise frühzeitig mit der Altersvorsorge beginnt. Er verfügt über kein Anfangskapital, investiert über einen Zeitraum von 45 Jahren eine monatliche Sparrate von 100 Euro bei vorschüssiger Einzahlung in Aktien und realisiert eine durchschnittliche Rendite von 8,2 Prozent bei jährlicher Zinsperiode: Nach 45 Jahren wird das Depot dieses Anlegers auf eine Summe von sage und schreibe rund 514.950 Euro angewachsen sein.

Für das Zustandekommen dieser beeindruckenden Summe sind die Gesetze der Mathematik und insbesondere das Phänomen des Zinseszinseffektes verantwortlich.

Der Zinseszins beschreibt die Zinsen, die man auf Zinsen erhält. Zinseszinsen sorgen dafür, dass Anleger mit Geld weiteres Geld verdienen – und zwar ohne selbst etwas dafür tun zu müssen.

Um die für die Rentenvorsorge Segen bringende Wirkung einer jährlichen Beispielrendite von 8,2 Prozent und des Zinseszinseffektes zu illustrieren, sollen im Folgenden noch einige Berechnungen angestellt werden.

Wer 100 Euro pro Monat anspart und die angesprochene durchschnittliche Jahresrendite von 8,2 Prozent realisiert, dem stehen nach 20 Jahren rund 58.640 Euro zur Verfügung. Nach 30 Jahren sind es rund 147.293 Euro.

Bei einer monatlichen Sparrate von 200 Euro ergibt sich nach 20 Jahren unter ansonsten gleichen Bedingungen wie bei den vorigen Beispielen eine Summe von rund 117.280 Euro, nach 30 Jahren sind es rund 294.586 Euro und nach 45 Jahren rund 1.029.901 Euro.

Bei einer monatlichen Sparrate von 500 Euro ergibt sich unter den sonst gleichen Voraussetzungen wie zuvor nach 20 Jahren eine Summe von rund 293.200 Euro, nach 30 Jahren sind es rund 736.464 Euro und nach 45 Jahren sogar rund 2.574.751 Euro.

Der besseren Übersichtlichkeit wegen werden die vorausgegangenen Berechnungen noch einmal in folgender Tabelle dargestellt:

Sparzeitraum in Jahren	Depotwert bei 8,2 Prozent Rendite und Sparrate von monatlich		
	100 Euro	200 Euro	500 Euro
20	58.640 Euro	117.280 Euro	293.200 Euro
30	147.293 Euro	294.586 Euro	736.464 Euro
45	514.950 Euro	1.029.901 Euro	2.574.751 Euro

Schon diese Zahlen fördern zwei elementare Erkenntnisse zutage: Erstens ist es durch Investments in Aktien möglich, aus einer auf den ersten Blick geringen monatlichen Sparrate von 100 Euro bei einem langfristigen Anlagehorizont eindrucksvolle Geldsummen zu generieren – und das wohlgemerkt bei einer keineswegs unrealistisch hohen Beispielrendite von 8,2 Prozent jährlich.

Zweitens sind diejenigen Menschen im Vorteil, die bereits in jungen Jahren anfangen, ihr Geld an der Börse in Aktien zu investieren. Grundsätzlich gilt dabei die Regel: Je früher man beginnt, für die Rente vorzusorgen, desto besser!

Versprochen ist versprochen Teil 1: 100 Euro pro Monat können die Rente ersetzen!

Versprochen ist versprochen und wird auch nicht gebrochen! Schon kleine Kinder kennen diesen Spruch oftmals auswendig. Gerade dann, wenn es um wichtige Angelegenheiten geht, ist es entscheidend, seine Zusagen einzuhalten.

Eine wichtige Angelegenheit ist auch die Rentenvorsorge. Daher ist es notwendig, die zentrale These dieses Buches, dass in Vollzeit beschäftigte junge Menschen ihre Rente mit 100 Euro pro Monat durch frühzeitiges Investieren in Aktien bis zu ihrem Renteneintritt ersetzen können, stichhaltig zu belegen.

Zu diesem Zweck sind deutlich komplexere Ausführungen und Berechnungen notwendig als das, was dieses Kapitel bisher an Inhalt geboten hat.

Wenn Sie ein Mensch sind, der immer alles genau wissen möchte, werden Sie die folgenden Betrachtungen sicherlich genau nachvollziehen wollen. Wenn Sie aber keinen Wert darauf legen, alles zu ergründen, steht es Ihnen frei, bestimmte, für ein tieferes Verstehen der Zusammenhänge gedachte Informationen beim Lesen auszusparen und sich auf die wichtigsten Fakten zu konzentrieren.

Um überprüfen zu können, ob 100 Euro ausreichen, um die Rente zu ersetzen, gilt es einige Faktoren zu berücksichtigen. Diese sollen an dieser Stelle der besseren Übersichtlichkeit halber erst einmal benannt und in der Folge dann nach und nach erläutert und in die Betrachtungen einbezogen werden. Es handelt sich um:

- das Renteneintrittsalter,
- die durchschnittliche Lebenserwartung,
- die Höhe der Rentenbezüge sowie
- die Abgeltungssteuer und den Solidaritätszuschlag.

Bevor es an das Überbringen erfreulicher Nachrichten geht, ist zunächst einmal auf einen für Anleger ärgerlichen Faktor hinzuweisen, der in den vorherigen Rechnungen nicht berücksichtigt ist: die Abgeltungssteuer. Sie wird seit dem Jahr 2009 auf Kapitaleinkünfte fällig und schlägt mit 25 Prozent zu Buche.

Hinzu kommt der Solidaritätszuschlag in Höhe von 5,5 Prozent der zu zahlenden Abgeltungssteuer und gegebenenfalls Kirchensteuer. Letztere wird bei den folgenden Berechnungen allerdings nicht berücksichtigt.

Das Fälligwerden der Abgeltungssteuer und des Solidaritätszuschlages hat für einen Anleger, der wie in der zuvor angeführten Beispielrechnung über 45 Jahre lang 100 Euro pro Monat in Aktien investiert und eine durchschnittliche jährliche Rendite von 8,2 Prozent realisiert, nennenswerte Konsequenzen – und zwar an dem Tag, an dem der betreffende Anleger seine Aktien verkauft. Gehen wir der Einfachheit halber davon aus, dass dieser Tag mit dem Beginn des Rentendaseins zusammenfällt.

Doch ab welchem Alter beginnt das Rentendasein eigentlich? Diese Frage ist zu klären, bevor es um die Bestimmung der durch die Abgeltungssteuer entstehenden finanziellen Verluste geht. Sie ist nicht nur maßgeblich dafür, wie lange man Rücklagen für das Alter bilden kann, sondern auch dafür, wie lange man von ihnen leben können muss. Das Renteneintrittsalter stellt die untere Grenze des Rentendaseins dar, dessen obere Grenze durch den Tod markiert wird.

Das Renteneintrittsalter lässt sich nicht so einfach fassen, wie man es auf den ersten Blick annehmen könnte, da es nicht für alle gleich ist. Vielmehr gibt es, so kann man es auch auf der Webseite der Deutschen Rentenversicherung nachlesen, für *„die verschiedenen Altersrenten (...) vom Gesetzgeber festgelegte Renteneintrittsalter“*[1].

Weiter heißt es dortselbst: *„Sie können unter Umständen jedoch Ihre Rente auch beantragen, bevor oder nachdem Sie das Renteneintrittsalter erreicht haben. Wollen Sie früher in Rente gehen, müssen Sie Abschläge in Kauf nehmen. Ausschlaggebend für den Zeitpunkt des Rentenantrags sind meistens die bereits erworbenen Rentenansprüche, der Gesundheitszustand, sowie die private und berufliche Situation.“*

Und weiter: *„Die Altersgrenze für die Regelaltersrente ohne Abschläge wird bis 2031 schrittweise auf 67 Jahre angehoben. Angefangen mit dem Geburtsjahrgang 1947 wird die Altersgrenze bis 2023 um jährlich einen Monat angehoben. Sind Sie beispielsweise Jahrgang 1956, können Sie mit einem Alter von 65 Jahren und zehn Monaten in Rente gehen. Ab 2024 wird*

---

[1] Wann kann ich in Rente gehen? (o. D.): Deutsche Rentenversicherung, [online] https://www.deutsche-rentenversicherung.de/DRV/DE/Rente/Kurz-vor-der-Rente/Wann-kann-ich-in-Rente-gehen/Wann-kann-ich-in-Rente-gehen_detailseite.html#:~:text=Das%20Eintrittsalter%20f%C3%BCr%20die%20abschlagsfreie,Anspruch%20nehmen%2C%20allerdings%20mit%20Abschl%C3%A4gen.

die Altersgrenze beginnend mit dem Geburtsjahrgang 1959 in 2-Monats-Schritten angehoben. Für Versicherte ab Jahrgang 1964 gilt dann die Regelaltersgrenze von 67 Jahren."

Auch wenn es gewiss nicht auf alle Erwerbstätigen zutreffen wird, wird der Vereinfachung wegen für die folgenden Beispielrechnungen dieses Kapitels ein Renteneintrittsalter von 67 Jahren angenommen.

Doch nun zurück zu den Konsequenzen der Abgeltungssteuer und des Solidaritätszuschlages: Für den Anleger aus der Beispielrechnung bedeuten sie, dass er beim Verkauf seiner Aktien kräftig zur Kasse gebeten wird und Steuern zahlen muss – allerdings nicht auf die volle Summe von 514.950 Euro, die ihm nach 45 Jahren ohne Abzüge hätte zur Verfügung stehen können. Fällig werden die Abgeltungssteuer und der dazukommende Solidaritätszuschlag nämlich – wie bereits ausgeführt – auf Kapitaleinkünfte. Im Fall der Beispielrechnung beträgt deren Summe in der Gesamtheit 460.950 Euro, während insgesamt 54.000 Euro auf die Einzahlungen der monatlichen Sparrate von 100 Euro zurückgehen.

Legt man die Summe von 460.950 Euro als zu versteuernde Kapitaleinkünfte zugrunde, bleiben nach Abzug der Abgeltungssteuer und des Solidaritätszuschlages noch rund 339.638 Euro übrig.

In der Berechnung berücksichtigt ist der Sparerpauschbetrag in Höhe von 1.000 Euro für Alleinstehende. Die Zahlung einer Kirchensteuer wurde hingegen – wie bereits gesagt – außen vorgelassen.

Addiert man zu dem Betrag von rund 339.638 Euro die 54.000 Euro an Einzahlungen der monatlichen Sparrate von 100 Euro, ergibt sich die Gesamtsumme, die dem Anleger aus der Beispielrechnung nach 45 Jahren zur Verfügung steht: Es handelt sich um rund 393.638 Euro.

Das ist eine stolze Summe, die ein Ausrufezeichen setzt. Aber gleichzeitig verbinden sich mit ihr auch mehrere Fragezeichen: Reichen 393.638 Euro wirklich, um die Rente zu ersetzen? Wie lange muss die Rente am Ende reichen? Und macht es einen Unterschied, ob der Anleger ein Anleger oder eine Anlegerin ist?

Bevor es an die Beantwortung dieser wichtigen Fragen geht, ist es zunächst sinnvoll, ein anderes Fragezeichen in ein Ausrufezeichen zu verwandeln. In diesem Buch wird – wie auch in anderen Zusammenhängen – häufig von dem Begriff „die Rente“ gesprochen. Aber was ist damit genau gemeint?

Im Grunde genommen ist es nicht präzise, verallgemeinernd von dem Begriff „die Rente“ zu sprechen. Denn der Betrag, den Arbeitnehmer nach ihrem Berufsleben als Rente erhalten, ist eine individuelle Größe, die von verschiedenen Faktoren abhängt.

Um das Ganze von der individuellen auf eine allgemeingültigere Ebene zu heben und mit konkreten Zahlen zu veranschaulichen, soll in der Folge ein Durchschnittswert genutzt werden, mit dem sich ein großer Teil der Bevölkerung identifizieren kann: die Durchschnittsrente, auch Standardrente oder Eckrente genannt.

Dabei handelt es sich nach § 154 Abs. 3 Satz 1 Nr. 2 Sechstes Buch Sozialgesetzbuch (SGB VI) um eine Regelaltersrente mit genau 45 Entgeltpunkten. Anschaulicher gesprochen bedeutet dies: Der sogenannte Standardrentner oder Eckrentner ist eine Person, die 45 Jahre voll durcharbeitet, stets den Durchschnittslohn aller Rentenversicherten bezieht, davon die vollen Beiträge in die Rentenkasse einzahlt, am Ende des Erwerbslebens genau 45 Renten-Entgeltpunkte hat und eine entsprechende Altersrente bekommt.

Wie unschwer zu erkennen ist, stellt die Durchschnittsrente einen Wert dar, der individuelle Verhältnisse nicht abbilden kann. Dennoch besitzt sie gerade wegen ihres verallgemeinernden Charakters eine erhebliche Aussagekraft und soll im Folgenden als Grundlage für die Berechnungen genutzt werden.

Die Durchschnittsrente betrug nach der Statistik der Deutschen Rentenversicherung in den alten Bundesländern 1.620,90 Euro brutto, in den neuen 1.598,40 Euro brutto (Stand: 1. Juli 2022). Netto vor Steuern ergeben sich damit als Durchschnittsrente 1.442,60 Euro in den alten und 1.422,58 Euro in den neuen Bundesländern.

Mit dem Wert der Durchschnittsrente aus den alten Bundesländern wird in der Folge weitergearbeitet. Dass nicht der Wert für die neuen

Bundesländer verwendet wird, dient lediglich der Vereinfachung und stellt keinerlei Wertung dar.

Mögliche steuerliche Abzüge sollen außer Acht gelassen werden. Generell gilt, dass jeder Rentner steuerpflichtig ist. Ob er letzten Endes Steuern zahlen muss, ist unter anderem von der Höhe der Rentenbezüge abhängig. Die Höhe der steuerlichen Abgaben kann infolge der Einführung der sogenannten nachgelagerten Besteuerung im Jahr 2005 nicht verallgemeinert werden. Auch deshalb empfiehlt es sich, bei den kommenden Berechnungen allein die Nettorente vor Steuern zu berücksichtigen.

Dividiert man nun die zuvor in diesem Abschnitt errechnete Summe von 393.638 Euro durch den Wert der Durchschnittsrente, also 1.442,60 Euro, erhält man die Zahl an Monaten, die der Durchschnittsrentner von dieser Summe auf dem Niveau der Durchschnittsrente leben kann: Es handelt sich um rund 272,87 Monate und damit rund 22,74 Jahre.

Auch wenn knapp 23 Jahre eine verhältnismäßig lange Zeit sind, ist damit die eigentliche Kernfrage, ob 393.638 Euro ausreichen, um die Rente zu ersetzen, noch nicht vollständig beantwortet. Dazu muss noch ein wichtiger Faktor einbezogen werden, der wie die Standardrente einen Durchschnittswert darstellt: die durchschnittliche Lebenserwartung.

Laut dem Demografieportal, das im Auftrag des Bundesministeriums des Innern und für Heimat vom Bundesinstitut für Bevölkerungsforschung herausgegeben und redaktionell betreut wird, betrug die durchschnittliche Lebenserwartung von Jungen in der Berichtsperiode 2019/2021 78,5 Jahre und diejenige von Mädchen 83,4 Jahre.

Gleichwohl ist zu bedenken, dass die Zeit, die Menschen von ihrem Renteneintritt bis zu ihrem Tod noch haben, eine höchst individuelle Größe ist. Während der eine die freie Zeit vielleicht nur ein halbes Jahr genießen kann, wird die nächste über 100 Jahre alt – und hat damit für die Zeit vom Renteneintritt bis zum Tod bei gleichem Lebensstandard einen ungleich höheren finanziellen Bedarf.

Dennoch liefert die durchschnittliche Lebenserwartung Menschen, die sich mit der Rentenvorsorge beschäftigen, einen wichtigen Baustein zu der Frage, welche Summe für ein sorgenfreies Dasein im Alter nötig ist.

Für die Frage, wie lange Arbeitnehmerinnen und Arbeitnehmer nach dem Ausscheiden aus dem Berufsleben Rente beziehen werden, ist neben der durchschnittlichen Lebenserwartung das Renteneintrittsalter maßgeblich. Subtrahiert man das Renteneintrittsalter von der durchschnittlichen Lebenserwartung, erhält man einen Zeitraum, wie viele Jahre man als Rentner voraussichtlich von seinen Rücklagen zehren können muss.

Für Männer und Frauen ergibt sich dabei ein unterschiedliches Bild: Bei einem angenommenen Renteneintrittsalter von 67 Jahren und der zuvor genannten durchschnittlichen Lebenserwartung von 78,5 Jahren bleiben Männern rechnerisch 11,5 Jahre, in denen sie Rentenzahlungen in Anspruch nehmen können.

Frauen bleibt hingegen durchschnittlich ein Zeitraum von 16,4 Jahren (83,4 Jahre – 67 Jahre), in denen sie ihre Rente genießen können.

Stellt man den 11,5 beziehungsweise 16,4 Jahren nun die zuvor errechneten 22,74 Jahre – so lange kommt man mit 393.638 Euro bei monatlichen Ausgaben in Höhe der Durchschnittsrente aus – gegenüber, ergibt sich ein klares und deutliches Ergebnis: 393.638 Euro reichen aus, um die Rente zu ersetzen – wenn man die zuvor genannte durchschnittliche Lebenserwartung, die Standardrente und die anderen angeführten Faktoren als Eckpfeiler der Berechnung voraussetzt.

Und nicht nur das: Unter den genannten Bedingungen können Frauen die Standardrente 6,34 Jahre über die durchschnittliche Lebenserwartung hinaus ausgeben, Männer sogar 11,24 Jahre.

Nach vielen Zahlen und Fakten ist es an dieser Stelle sinnvoll, das Wichtigste kompakt auf den Punkt zu bringen: Die manchen vielleicht zunächst kühn erscheinende These, dass jungen erwerbstätigen Arbeitnehmern, die früh in Aktien zu investieren beginnen, 100 Euro pro Monat genügen können, um die Rente zu ersetzen, ist keineswegs zu kühn!

Im Gegenteil: Wenn man eine allgemeine Relevanz schaffende Werte wie die durchschnittliche Lebenserwartung und die Standardrente sowie eine keinesfalls unrealistische Rendite von 8,2 Prozent in die Rechnungen einbezieht, reicht die nach einer langen Zeit wie 45 Jahren zur Verfügung stehende Summe mehr als aus, um die Durchschnittsrente zu ersetzen.

Natürlich gibt es auch eine gemessen an der großen Masse der Deutschen eher kleine Gruppe derjenigen, die eine deutlich höhere Rente als die Standardrente beziehen werden. Diesen Menschen dürfte es im Regelfall nicht schwerfallen, mehr als 100 Euro pro Monat in Aktien zu investieren. Dadurch kann der womöglich höhere Rentenbedarf bei einem langfristigen Anlagehorizont gedeckt werden.

Mit Blick auf die vorangegangenen Berechnungen ist zu bedenken, dass ihnen ein für die Kapitalvermehrung ungünstiger Fall zugrunde liegt: Sie gehen davon aus, dass ein Anleger mit Renteneintritt alle Positionen seines Depots verkauft und den Erlös dann sukzessive für den Lebensunterhalt verbraucht – ohne das Vermögen weiterhin gewinnbringend anzulegen.

Etwaige Zinseffekte ab dem Renteneintritt wurden in der vorangegangenen Darstellung nicht berücksichtigt, weil diese die Berechnungen stark verkompliziert hätten. Gleichwohl würden sie sich für Anleger positiv auswirken und die These, dass 100 Euro monatlich die Rente ersetzen können, weiter stärken.

Obgleich 100 Euro pro Monat in der Hand von jungen Arbeitnehmern die Macht besitzen, die Rente zu ersetzen, verbindet sich damit noch lange keine Garantie, dass dieses Vorhaben tatsächlich Realität wird. Denn jedem Anleger, jedem Leser und damit auch Ihnen sollte von Anfang an klar sein, dass die Aktienmärkte dieser Welt volatil sind und es immer wieder zu Kursverlusten kommen kann. Zwar handelt es sich bei der angenommenen Rendite von 8,2 Prozent, wie bereits erwähnt, nicht um einen unrealistisch hohen, sondern um einen bei einem langfristigen Anlagehorizont durchschnittlichen Wert. Aber das heißt nicht, dass Sie als Anleger von einer Gewinngarantie in der genannten Höhe ausgehen dürfen.

Nicht ohne Grund ist die in diesem Kapitel als Berechnungsgrundlage verwendete Beispielrendite von 8,2 Prozent so gewählt worden, dass ihr ein langfristiger Anlagehorizont von 20 Jahren zugrunde liegt. Es ist ebendieser langfristige Anlagehorizont, der zwischenzeitlich an der Börse immer wieder auftretende Kursverluste nivellieren kann.

Wer ansehnliche Renditen erwirtschaften möchte, hat eine Reihe von Faktoren zu berücksichtigen, die erfolgreiches Investieren an der Börse wahrscheinlicher machen und im späteren Verlauf dieses Buches vorgestellt werden sollen. Dazu zählt unter anderem die Fähigkeit, auch in hitzigen Zeiten sinkender Kurse einen kühlen Kopf zu bewahren, anstatt sofort automatisch die eigenen Aktien unter starken Verlusten zu verkaufen. Diese bisweilen nötige innere Standfestigkeit verlangt gerade der Psyche noch unerfahrener Anleger häufig viel ab.

Eine weitere Grundvoraussetzung für erfolgreiches Investieren ist die Auswahl und der Kauf von Qualitätsaktien. Der längste Anlagehorizont nützt Ihnen nichts, wenn Ihr Depot voll von Wertpapieren ist, deren Substanz sich als leere Hülse erweist. Je solider die Substanz eines Unternehmens ist und je besser es sich am Markt behaupten kann, desto größer ist die Chance, mit Aktien auf lange Sicht ansprechende Gewinne einzufahren und ein sorgenfreies Dasein im Alter führen zu können.

Versprochen ist versprochen Teil 2: 100 Euro pro Monat können die Rentenlücke schließen!

Wer einmal lügt, dem glaubt man nicht, wenn er auch die Wahrheit spricht. Es reicht also nicht, ein Versprechen nur einmal zu halten. Versprechen sollte man immer halten!

Insofern gilt es in diesem Kontext nicht nur die These zu verifizieren, dass erwerbstätige Menschen ihre Rente durch Aktieninvestments mit 100 Euro pro Monat ersetzen können, sondern auch diejenige, dass sie auf dieselbe Weise alternativ auch die Rentenlücke schließen können.

Dadurch eröffnet sich eine konkrete Möglichkeit, das Rentenproblem zu lösen und die Rente so weit aufzubessern, dass man im Rentenalter den Gürtel im wahrsten Sinne des Wortes nicht enger schnallen muss, als es zuvor im Berufsleben der Fall war.

Der erste Schritt zur Überprüfung der zweiten der genannten Thesen besteht darin, eine in Zahlen fassbare Annäherung an die Größe der Rentenlücke zu bestimmen, die über die individuelle Ebene hinausgeht.

Unter der Rentenlücke versteht man gemeinhin die Differenz, die sich zwischen der Nettorente und dem letzten Nettoeinkommen ergibt.

Als Zahlenwert für die Nettorente, mit dem sich ein großer Teil der Arbeitnehmer identifizieren kann, wurde bereits im vorangegangenen Teilkapitel die Durchschnittsrente verwendet. Diese betrug mit Stand vom 1. Juli 2022 vor Steuern 1.442,60 Euro in den alten und 1.422,58 Euro in den neuen Bundesländern.

Für das Nettoeinkommen lässt sich ein ähnlich aussagekräftiger Durchschnittswert hingegen sehr viel schwieriger benennen, da unterschiedliche Steuerklassen und Abzüge zu berücksichtigen sind.

Einfacher lässt sich das durchschnittliche Bruttogehalt beziffern: Das Durchschnittsgehalt von Vollzeitbeschäftigten in Deutschland lag nach Angaben des Statistischen Bundesamtes im April 2022 bei 4.105 Euro brutto.

Doch da man Äpfel mit Birnen vergliche, wenn man einen Bruttowert anstelle eines Nettowertes zur Berechnung der Rentenlücke verwendete, führt die Betrachtung des durchschnittlichen Bruttogehaltes abgesehen von dem reinen Informationsgehalt an dieser Stelle nicht weiter.

Insofern gilt es, nach einem anderen Wert zu fragen. Hier kommt das sogenannte Rentenniveau ins Spiel. Dieses wird – analog zur Durchschnittsrente – als Nettowert vor Steuern angegeben. Das Rentenniveau zeigt, wie man auf der Webseite der Deutschen Rentenversicherung nachlesen kann, *„die Relation zwischen der Höhe einer Rente (45 Jahre Beitragszahlung auf Basis eines durchschnittlichen Einkommens) und dem durchschnittlichen Einkommen eines Arbeitnehmers/einer Arbeitnehmerin"*[2].

Ferner heißt es: *„Das Rentenniveau wird als Netto-Wert vor Steuern angegeben. Von der normalen Rente werden die Sozialabgaben (Kranken- und Pflegeversicherung) abgezogen. Vom durchschnittlichen Brutto-Einkommen ebenfalls die durchschnittlichen Sozialabgaben (Kranken-, Pflege-, Renten- und Arbeitslosenversicherung) sowie zusätzlich der durchschnittliche Aufwand zur privaten Altersvorsorge. Steuern werden nicht berücksichtigt, da mit Einführung der nachgelagerten Besteuerung seit 2005 Renten nicht mehr einheitlich besteuert werden."*

Möchte man nun eine in Zahlen fassbare Annäherung an die Rentenlücke bestimmen, lässt sich wie folgt vorgehen: Die Deutsche Rentenversicherung gibt an, dass das Standardrentenniveau in Westdeutschland im Jahr 2022 netto vor Steuern 48,1 Prozent betrug. In den alten Bundesländern lag die Durchschnittsrente bei 1.442,60 Euro netto vor Steuern. Davon ausgehend lässt sich ein durchschnittliches monatliches Einkommen in Höhe von rund 2.999,17 Euro errechnen.

Subtrahiert man davon die Durchschnittsrente in Höhe von 1.442,60 Euro, ergibt sich ein Wert von 1.556,57 Euro. Dabei handelt es sich – ausgehend vom Rentenniveau und der Durchschnittsrente – um einen Durchschnittswert zur Bezifferung der Rentenlücke.

Dieser Durchschnittswert darf nicht den Blick darauf verstellen, dass die Rentenlücke eine individuelle Größe ist. Sie hängt ebenso vom

---

[2] Rentenniveau (o. D.): Deutsche Rentenversicherung, [online] https://www.deutsche-rentenversicherung.de/DRV/DE/Rente/Allgemeine-Informationen/Wissenswertes-zur-Rente/FAQs/Rente/Rentenniveau/Rentenniveau_Liste.html#b0fa8f9d-62cd-428f-afaf-e5488a4b4ffe.

persönlichen finanziellen Bedarf des Einzelnen wie von etlichen anderen Faktoren ab, die jeder selbst am besten kennt.

Spezielle Rentenlücken-Rechner können Ihnen dabei helfen, eine Prognose für die Höhe Ihrer persönlichen Rentenlücke zu erstellen.

Da eine individuelle Berechnung der Rentenlücke im Kontext dieses Kapitels keinen Sinn ergibt, wird der Durchschnittswert von 1.556,57 Euro für die weiteren Berechnungen verwendet – eine Zahl, mit der sich eine möglichst große Gruppe von Arbeitenden identifizieren können soll.

Nach der vorangegangenen Berechnung ist die Frage, ob 100 Euro pro Monat jungen Erwerbstätigen zum Schließen der Rentenlücke genügen, nicht mehr allzu schwer zu beantworten.

Dabei gelten dieselben Rahmenbedingungen, wie sie im vorigen Abschnitt ausgeführt wurden. Das heißt unter anderem: Ein Anleger investiert über einen Zeitraum von 45 Jahren 100 Euro pro Monat in Aktien, realisiert eine durchschnittliche jährliche Rendite von 8,2 Prozent und verkauft seine Aktien mit Renteneintritt im Alter von 67 Jahren. Wie schon zuvor bleibt diesem Anleger schließlich eine Summe von 393.638 Euro, um die Rentenlücke zu schließen.

Dividiert man nun diese Summe durch den Wert der durchschnittlichen Rentenlücke, also 1.556,57 Euro, erhält man die Zahl an Monaten, die ein „Durchschnittsrentner" ohne finanziellen Verzicht im Vergleich zum vorigen Nettogehalt leben kann: Es handelt sich um rund 252,89 Monate, was rund 21,07 Jahren entspricht.

Bei einem angenommenen Renteneintrittsalter von 67 Jahren bleiben Männern bei der bereits genannten durchschnittlichen Lebenserwartung rechnerisch 11,5 Jahre Lebenszeit, Frauen dagegen 16,4 Jahre.

Stellt man den 11,5 beziehungsweise 16,4 Jahren die zuvor errechneten 21,07 Jahre entgegen, ergibt sich folgendes Ergebnis: Männer können die Rentenlücke unter den genannten Voraussetzungen 9,57 Jahre, Frauen 4,67 Jahre länger schließen, als sie rechnerisch leben werden.

Damit ist auch die zweite wichtige These dieses Buches hinreichend belegt.

Auch mit Blick auf die gerade angestellten Berechnungen ist zu beachten, dass sie für die Kapitalvermehrung günstige Zinseffekte, die Rentner erzielen können, wenn sie ihr Vermögen weiterhin gewinnbringend anlegen, nicht berücksichtigen.

Zudem geht die vorherige Rechnung von dem Ziel aus, die Rentenlücke mit Blick auf das Nettogehalt vollständig zu schließen. Um im Alter den gewohnten Lebensstandard halten zu können, brauchen Arbeitnehmer im Rentenalter laut Angaben der Stiftung Warentest aber nur rund 80 Prozent ihres letzten Nettogehaltes – und damit 20 Prozent weniger, als in den vorigen Berechnungen vorausgesetzt wurde.

Wer zu spät kommt, verpasst das Beste – oder doch nicht?

Wer zu spät kommt, verpasst das Beste! Oftmals behält diese Regel recht. Und auch in diesem Kapitel hat sich bereits gezeigt: Je früher man für die Rente vorzusorgen beginnt, desto besser.

Gleichwohl hat sich ebenfalls herausgestellt, dass es sich auch in späteren Jahren noch auszahlt, mit der Vorsorge für das Rentenalter zu beginnen und in Aktien zu investieren. Die in der Tabelle auf Seite 20 zusammengefassten Berechnungen zeigen nicht nur, welch hohe Summen bei monatlichen Sparraten in Höhe von 100, 200 und 500 Euro bei einer durchschnittlichen jährlichen Rendite von 8,2 Prozent nach 45 Jahren entstehen können. Sie zeigen dies auch für einen Anlagezeitraum von nur 20 oder 30 Jahren.

Auch wenn Sie als Anleger beispielsweise erst im Alter von 37 oder gar 47 Jahren damit beginnen, monatlich 100 Euro oder mehr in Aktien zu investieren, können Sie dadurch die Rentenlücke bis zu einem Renteneintrittsalter von 67 Jahren zu einem spürbaren Teil verkleinern.

Daran können auch die Abgeltungssteuer und der Solidaritätszuschlag nichts ändern, die fällig werden, wenn ein Anleger mit Renteneintritt seine Aktien verkauft.

Schauen wir auf konkrete Zahlen: Einem Anleger, der erst im Alter von 47 Jahren 100 Euro pro Monat in Aktien zu investieren beginnt und eine durchschnittliche jährliche Rendite von 8,2 Prozent realisiert, steht nach 20 Jahren eine Summe von rund 58.640 Euro vor Steuern zur Verfügung. 24.000 Euro davon gehen auf Einzahlungen der monatlichen Sparrate von 100 Euro zurück, 34.640 Euro sind Kapitalerträge.

Nach Abzug der Abgeltungssteuer und des Solidaritätszuschlages verbleiben davon rund 25.767 Euro. In der Berechnung berücksichtigt ist der Sparerpauschbetrag in Höhe von 1.000 Euro für Alleinstehende. Die Zahlung einer Kirchensteuer wurde außen vorgelassen.

Rechnet man zu den rund 25.767 Euro die 24.000 Euro an Einzahlungen der monatlichen Sparrate von 100 Euro hinzu, ergibt sich eine Summe von rund 49.767 Euro, die dem besagten Anleger bei Rentenantritt mit 67 Jahren zur Verfügung stehen.

Bei der bereits genannten durchschnittlichen Lebenserwartung von 78,5 Jahren verbleiben Männern nach einem Renteneintritt mit 67 Jahren noch 11,5 Jahre, um mit der Summe von 49.767 Euro ihre Rente aufzubessern. Auf den Monat gerechnet stehen damit in diesem Zeitraum rund 360,63 Euro zur Verfügung – eine Summe, mit der sich so manches finanzielle Loch stopfen lässt.

Unter ansonsten gleichen Voraussetzungen bleibt Frauen wegen ihrer längeren durchschnittlichen Lebenserwartung von 83,4 Jahren pro Monat eine Summe in Höhe von rund 252,88 Euro übrig.

Wer mit 37 Jahren damit beginnt, 100 Euro pro Monat in Aktien zu investieren, darf sich bei Renteneintritt mit 67 Jahren über eine deutlich größere Summe freuen. Nach 30 Jahren steht in diesem Fall unter den gleichen Anlagebedingungen wie zuvor eine Summe von rund 147.293 Euro vor Steuern zur Verfügung. Davon gehen 36.000 Euro auf Einzahlungen der monatlichen Sparrate von 100 Euro zurück, während 111.293 Euro Kapitalerträge sind.

Davon bleiben nach Abzug der Abgeltungssteuer und des Solidaritätszuschlages und unter Berücksichtigung des Sparerpauschbetrages in Höhe von 1.000 Euro für Alleinstehende rund 82.203 Euro übrig – Kirchensteuer erneut nicht eingerechnet.

Rechnet man zu diesen 82.203 Euro die 36.000 Euro an Einzahlungen der monatlichen Sparrate von 100 Euro hinzu, ergibt sich eine Summe von 118.203 Euro, die bei Rentenantritt mit 67 Jahren zur Verfügung steht.

Legt man die durchschnittliche Lebenserwartung von 78,5 Jahren zugrunde, verbleiben Männern nach ihrem Renteneintritt mit 67 Jahren für die rechnerisch noch verbleibende Lebenszeit rund 856,54 Euro pro Monat zur freien Verfügung – eine stolze Summe!

Frauen bleibt in diesem Beispiel unter den ansonsten gleichen Voraussetzungen wegen der längeren durchschnittlichen Lebenserwartung von 83,4 Jahren eine geringere Summe übrig, und zwar rund 600,63 Euro pro Monat.

Denjenigen Anlegern, die nicht nur 100, sondern 200 oder sogar 500 Euro pro Monat in Aktien anlegen, stehen nach 20, 30 und erst recht nach 45 Jahren rechnerisch deutlich höhere Summen zur Verfügung, als wenn sie nur 100 Euro pro Monat investierten.

Dies und die zuvor angestellten Berechnungen machen deutlich: Der Rentenlücke lässt sich unter den genannten Anlagebedingungen auch dann noch effektiv entgegenwirken, wenn man nicht schon in jungen Jahren mit dem Investieren in Aktien begonnen hat. An der Börse fängt also nicht nur der frühe, sondern auch der späte Vogel den Renditewurm!

Als Rentner von Dividenden leben – ist das möglich?

Totes Kapital ist schlechtes Kapital! Mit gutem Grund würden dieser Aussage wohl die meisten Anleger zustimmen. Wer sämtliche Aktien in seinem Depot mit Renteneintritt – wie in den vorangegangenen Beispielrechnungen dieses Kapitels angenommen – verkauft und den Erlös nicht mehr gewinnbringend anlegt, erzeugt ungenutztes, also totes Kapital. Wäre das nicht schon schlimm genug, so dürften die meisten Anleger nur mit großem Widerwillen dabei zusehen, wie ihr Vermögen nach und nach wie Eis in der Sonne schmilzt.

Die Gründe dafür können ganz verschieden sein: Während der eine fürchten mag, irgendwann mittellos dazustehen, mag der andere vielleicht an seine Nachkommen denken und ihnen nicht nichts hinterlassen wollen.

Aus welchem Grund auch immer: Ein Dahinschmelzen des Vermögens, das sie sich über Jahre und Jahrzehnte aufgebaut haben, werden die meisten zu verhindern suchen, so gut es ihnen nur möglich ist.

Doch was lässt sich tun, um möglichst wenig der aufgebauten Rücklagen zu verbrauchen? Gewiss: Sparen wäre eine Lösung. Aber wozu sollte man über Jahre und Jahrzehnte sparen, um dann doch wieder verzichten zu müssen?

Also ist nach einer anderen Lösung zu suchen – und die ist schnell gefunden! Wenn Sie sich bereits ein wenig mit finanziellen Fragen und dem Geschehen an der Börse beschäftigt haben, wird Ihnen mit großer Wahrscheinlichkeit schon einmal die Idee über den Weg gelaufen sein, allein von Dividendenzahlungen zu leben.

Das Konzept berührt populäre Themen wie passives Einkommen und finanzielle Freiheit unmittelbar und wirkt einem Zusammenschmelzen des mühsam aufgebauten Kapitals wirksam entgegen.

Doch ist es wirklich möglich, ein so großes Vermögen aufzubauen, dass sich das Rentnerdasein nur durch Dividendenzahlungen bestreiten lässt, während das in Aktien investierte Kapital unangetastet bleibt? Und wenn ja: Wie hoch müsste dann der Depotwert zum Renteneintritt sein, wenn man nur von Dividendenzahlungen leben können möchte?

Um diese Fragen zu klären, gilt es zunächst, einen Faktor zu betrachten, der entscheidend für die Frage ist, wie hoch der Depotwert sein muss, um nur von Dividendenausschüttungen leben zu können: die sogenannte Dividendenrendite. Sie beschreibt das Verhältnis der Dividende pro Aktie zum Aktienkurs und wird in Prozent angegeben.

Die Dividendenrendite gibt Aktionären Auskunft darüber, wie eine Aktie verzinst wird.

Unter Dividenden wiederum versteht man – ganz vereinfacht gesagt – Ausschüttungen, mit denen Unternehmen ihre Aktionäre am Gewinn beteiligen. Diese variieren in der Höhe und sind von Unternehmen zu Unternehmen verschieden, sodass es immer empfehlenswert ist, einen genauen Blick auf die Dividendenausschüttungen zu werfen.

Um die Frage beantworten zu können, wie hoch der Depotwert zum Renteneintritt sein müsste, um nur von Dividendenzahlungen leben zu können, ist die durchschnittliche Dividendenrendite von maßgebender Bedeutung. Diese ist von der Zusammensetzung des Depots abhängig und somit variabel.

Für die folgenden Überlegungen soll zur Konkretisierung beispielhaft von einer durchschnittlichen Dividendenrendite von drei Prozent ausgegangen werden. Da viele Unternehmen recht ansehnliche Dividenden ausschütten, ist dieser Wert nicht zu hoch angesetzt.

Bestätigt wird dies auch dadurch, dass die durchschnittliche Dividendenrendite im DAX für das Geschäftsjahr 2022 bei 3,4 Prozent lag.

Nimmt man die Standardrente aus dem Jahr 2022 in Höhe von 1.442,60 Euro in den alten Bundesländern als Orientierung, so müsste das Depot jährlich rund 17.311 Euro an Dividendenerträgen erwirtschaften, um die jährliche Standardrente zu ersetzen.

Wer nun voller Neugier kurzerhand überschlagsweise oder sogar genau auf den Depotwert geschlossen hat, der jährlich einen Betrag von rund 17.311 Euro bei einer Dividendenrendite von 3 Prozent erwirtschaften würde, hat die Rechnung ohne den Wirt – oder besser gesagt den Staat – gemacht: Denn auch an dieser Stelle schlagen wiederum die Abgeltungssteuer und der Solidaritätszuschlag und gegebenenfalls die Kirchensteuer zu. Sie haben zur Folge, dass das Depot jährlich tatsächlich einen Betrag von rund 23.154 Euro an Dividendenzahlungen abwerfen muss, um nach Steuern auf rund 17.311 Euro an

Dividendenerträgen zu kommen (wie in den vorigen Berechnungen ist hierbei keine Kirchensteuer, aber ein Sparerpauschbetrag in Höhe von 1.000 Euro berücksichtigt).

Möchte man nun errechnen, wie hoch der Depotwert sein muss, um bei einer Dividendenrendite von drei Prozent Dividendenzahlungen in Höhe von rund 23.154 Euro zu erwirtschaften, braucht man nicht mehr zu tun, als einen einfachen Dreisatz zu bemühen. Das Ergebnis: Das Depot muss einen Wert von 771.800 Euro aufweisen.

Da in diesem Fall die Lebenserwartung keine Rolle spielt, gilt dieses Ergebnis für Männer und Frauen gleichermaßen.

771.800 Euro klingen nach einer großen Summe. Doch wer einen Blick in die Tabelle auf Seite 20 wirft, wird schnell feststellen, dass dieser Wert nicht fernab der Berechnungen dieses Kapitels liegt und dass die monatlichen Sparraten, die nötig sind, um ihn zu erreichen, bei einem langfristigen Anlagehorizont nicht allzu unrealistisch sein können.

Wer es genau wissen möchte und nachrechnet, kommt zu folgenden Ergebnissen: Um eine Summe von 771.800 Euro anzusparen, müsste die monatliche Sparrate bei einer jährlichen Durchschnittsrendite von 8,2 Prozent bei einem Anlagezeitraum von 45 Jahren rund 150 Euro monatlich betragen – unter den Voraussetzungen, dass kein Anfangskapital zur Verfügung steht und die monatliche Sparrate vorschüssig eingezahlt wird.

Bei einem Anlagezeitraum von 30 Jahren wären es rund 524 Euro und bei einem solchen von 20 Jahren rund 1.316 Euro.

Doch wie verhält es sich mit der Rentenlücke? Lässt auch sie sich mit Dividendenzahlungen schließen? Stellen wir ein paar Berechnungen an!

Legt man den zuvor auf 1.556,57 Euro bezifferten Wert für die durchschnittliche monatliche Rentenlücke zugrunde, so ergibt sich daraus eine jährliche Rentenlücke von rund 18.679 Euro, die es zu schließen gilt.

Bedenkt man auch an dieser Stelle Abgeltungssteuer und Solidaritätszuschlag, so muss das Depot Dividendenzahlungen in Höhe von rund 25.012 Euro pro Jahr vor Steuern abwerfen.

Um nun aber diese Summe zu erwirtschaften, müsste das Depot bei 3 Prozent durchschnittlicher Dividendenrendite einen Wert von rund 833.733 Euro aufweisen.

Damit dieser Wert bei Renteneintritt zur Verfügung steht, bedarf es bei einem Anlagezeitraum von 45 Jahren und einer jährlichen Durchschnittsrendite von 8,2 Prozent einer monatlichen Sparrate von rund 162 Euro. Bei einem Anlagezeitraum von 30 Jahren müsste man rund 566 Euro im Monat zurücklegen und bei einem solchen von 20 Jahren rund 1.422 Euro.

Als Voraussetzung gilt abermals, dass kein Anfangskapital zur Verfügung steht und die monatliche Sparrate vorschüssig eingezahlt wird.

Auch hier zeigt sich: So unerreichbar der zu Renteneintritt nötige Depotwert in Höhe von rund 833.733 Euro auf den ersten Blick zu sein scheint, so gering fällt bei einem langen Anlagezeitraum wie 45 Jahren die monatliche Sparrate aus.

Wie die vorangegangenen Berechnungen gezeigt haben, ist es gerade für junge Sparer alles andere als unrealistisch, ihre künftige Rentenlücke allein durch Dividendenzahlungen zu schließen oder die Rente nur durch diese zu ersetzen.

Wer dies erreicht, lebt im Rentenalter den Traum so vieler Menschen: Über hohe Rücklagen zu verfügen, diese aber nicht antasten zu müssen, weil sich der Lebensunterhalt nur durch die generierten passiven Einkünfte bestreiten lässt.

Masterplan statt Geldmangel: Die Aktienrente 2.0

Rentenproblem, Rentenchaos, Rentenmangel – Zeitungen über Zeitungen lassen sich mit alarmierenden Berichten zum Thema Rente füllen und wurden bereits damit gefüllt.

So richtig es ist, über die gravierenden Probleme des deutschen Rentensystems zu sprechen, so wichtig ist es, dass es nicht allein beim Reden über die Rentenproblematik bleibt. Denn Worte allein füllen keine Konten und keine Kühlschränke!

Doch wer Worten Taten folgen lassen möchte, braucht zunächst etwas, das von der Ratlosigkeit befreit, die einen angesichts der Rentenproblematik leicht überkommen kann: einen Plan – oder noch besser – einen Masterplan der Rentenvorsorge!

Dieses Kapitel hat Ihnen mit der Idee der Aktienrente 2.0 das Grundkonzept eines solchen Masterplanes erläutert und zudem belegt, dass es alles andere als ein seifenblasenartiger Wunschtraum ist, die Rente mit 100 Euro pro Monat ersetzen oder in späteren Jahren zumindest stark aufbessern zu wollen.

Es liegt allein bei Ihnen, ob Sie sich mit einem Rentenmangel in den späten Lebensjahren abfinden, ganz der staatlichen Form der Aktienrente, dem Generationenkapital, vertrauen oder sich dem Lösungsansatz dieses Buches öffnen.

Das Konzept der Aktienrente 2.0 geht weit über dasjenige des Generationenkapitals hinaus, macht Sie unabhängig von Dritten und legt die Zukunft Ihrer Rente in Ihre eigenen Hände. Wenn Sie 100 Euro pro Monat in Aktien investieren, haben Sie – je nachdem, wie alt Sie sind – die Möglichkeit, sich komplett oder zumindest zu einem guten Teil von der staatlichen Rente unabhängig zu machen. Sie – und nicht mehr der Staat – entscheiden dann darüber, ob Sie im Alter ein Leben ohne finanzielle Probleme führen können. Ein Leben ohne die Sorge darum, ob Sie hohe Inflationsraten ausgleichen, die nächsten größeren Rechnungen begleichen oder sich den nächsten Urlaub leisten können.

Vielleicht geht es Ihnen aber auch darum, sich später einmal einen Traum zu verwirklichen, den Sie schon lange träumen. Wenn Sie Ihr Geld wie in den Musterrechnungen dieses Kapitels investieren, kann für Sie im Rentenalter eine Summe bereitstehen, mit der sich auch große Wünsche erfüllen lassen.

Möglicherweise ist Ihnen an dieser Stelle noch nicht klar, wie Sie die Grundidee dieses Buches wirklich in die Tat umsetzen können. Eventuell haben Sie keine 100 Euro pro Monat übrig, um sie in Aktien zu investieren. Vielleicht scheuen Sie sich wie viele andere Deutsche aber auch davor, den Schritt an die Börse zu wagen. Genau deshalb endet dieses Buch nicht an dieser Stelle! Es reicht nicht aus, nur zu belegen, dass eine These oder ein Plan aufgehen können, solange nicht klar ist, wie aus der Theorie Praxis werden kann.

Wie können Sie als Erwerbstätiger oder als Erwerbstätige monatlich 100 Euro einsparen, selbst wenn Ihre Kasse derzeit am Monatsende vollkommen leer ist? Wie maximieren Sie an der Börse Ihre Chancen auf Gewinne, minimieren aber gleichzeitig die Risiken? Wie wählen Sie die richtigen Aktien aus, die dafür sorgen können, dass sich Ihr angespartes Vermögen nach etlichen Jahren vervielfachen kann?

Fragen über Fragen! Aber keine Sorge: Nicht nur für die Rentenvorsorge gibt es einen Masterplan, sondern auch für den weiteren Inhalt dieses Buches. Dieser endet erst dann, wenn Sie Antworten auf die gerade aufgeworfenen Fragen erhalten haben und wissen, wie Sie aus der Theorie der Altersvorsorge in die Praxis einer finanziell abgesicherten Zukunft gelangen können.

3. Ohne Moos nichts los: Die erste Säule erfolgreicher Rentenvorsorge

„Ohne Moos nichts los!" Wer kennt diese Redewendung nicht, die uns unter anderem in Form eines Songs von Gunter Gabriel aus dem Jahr 1978 und als „Ohne Moos nix los!" in Form eines Familienspieles begegnet?

„Ohne Moos nichts los!" – dieses Motto gilt nicht zuletzt auch bei der Altersvorsorge! Denn wer vorsorgen will, braucht vor allem eines: Geld zum Investieren. Dieses Geld braucht Ihnen gleichwohl nicht ad hoc in Form einer größeren Summe bereits zur Verfügung zu stehen. Aber Sie müssen es – wie das vorangegangene Kapitel gezeigt hat – über einen langen Zeitraum hinweg ansparen können.

Manche Bürgerinnen und Bürger der Bundesrepublik Deutschland verfügen über so viel Geld, dass sie sich um ihr Auskommen keinerlei Sorgen zu machen brauchen. Manche wissen sogar nicht einmal mehr, was sie sich von ihrem Vermögen noch alles kaufen sollen, und können ohne Probleme große Summen in Form von Einmalanlagen oder Sparplänen anlegen.

Auf die große Masse der Menschen trifft dies aber leider nicht zu. So berichtete FOCUS online im Jahr 2022 unter Berufung auf Angaben des Statistischen Bundesamtes, dass unerwartete größere Ausgaben bei fast einem Drittel der Menschen in Deutschland im vorangegangenen Jahr die eigenen Finanzmittel überstiegen hätten. 31,9 Prozent der Bevölkerung seien nicht in der Lage gewesen, spontan 1.150 Euro oder mehr aus dem vorhandenen Budget aufzubringen.

Bereits im Jahr 2019 hatte WELT berichtet, dass es einer Studie der Bank ING, damals noch ING Diba, zufolge vielen Menschen in

Deutschland nicht gelinge, überhaupt irgendetwas zu sparen. Fast jeder dritte Deutsche habe angegeben, dass er von seinem Einkommen nichts beiseitelegen könne.

Möglicherweise gehören auch Sie zu der Gruppe derjenigen, auf die die genannten Fakten zutreffen. Vielleicht werden Sie sagen: „Ich habe einfach kein Geld, das ich in meine Altersvorsorge investieren kann. Ich bin ja schon froh, wenn ich irgendwie über die Runden komme! Woher soll ich 100 Euro pro Monat für meine Rentenabsicherung nehmen?"

Vielleicht gehören Sie aber auch zu denjenigen, die in den Zeiten der Corona-Pandemie erleben konnten, dass sie am Ende des Monats plötzlich mehr Geld zur Verfügung hatten als zuvor.

Aus einer Studie der Bundesbank, die die Finanzen der Haushalte regelmäßig untersucht, geht hervor, dass die Vermögen privater Haushalte in Deutschland zwischen 2017 und 2021 gestiegen sind und sich das durchschnittliche Nettovermögen der Haushalte in der genannten Zeit um 83.600 Euro auf 316.500 Euro erhöhte. Insbesondere bei Haushalten mit geringem Vermögen gab es relativ zum bisher vorhandenen Vermögen starke Zuwächse. Die Sparquote privater Haushalte habe sich vor allem während der Corona-Pandemie erhöht, da die Konsummöglichkeiten begrenzt waren.

Diese vielleicht wenig verwunderliche, aber doch bemerkenswerte Entwicklung zeigt: In vielen Haushalten ist Potenzial zum Sparen vorhanden, auch wenn die Betroffenen vor der Corona-Pandemie möglicherweise beklagt haben, dass dies nicht der Fall sei – und dies eventuell aktuell wieder tun.

Wenn Sie also der Meinung sind, dass Sie nichts in Ihre Altersvorsorge investieren können, dann liegt dies womöglich daran, dass Sie dieser keine ausreichend hohe Priorität einräumen. Dass es Ihnen wichtiger ist, ein kostspieliges Auto zu fahren, dreimal im Jahr zu verreisen, zweimal in der Woche schick Essen zu gehen, täglich Ihre zwei Fläschchen Bier zu trinken oder Ihre 40 Zigaretten zu rauchen.

Wenn Sie aber sparen und damit Ihrem Rentenproblem den Kampf ansagen wollen, so finden Sie in diesem Kapitel ab Seite 70 100 effektive Tipps für die Minimierung Ihrer Ausgaben. Diese Tipps betreffen diejenigen Bereiche, in denen Sie nennenswerte Summen einsparen können. Sie werden Ihnen mithilfe von teils überraschenden Fakten neue Denkhorizonte zum Thema Sparen eröffnen.

Wenn es wider Erwarten kein nennenswertes Einsparpotenzial in Ihrem Haushalt gibt oder Sie es nicht allein beim Sparen belassen wollen, so werden Ihnen vielleicht die 15 wichtigen Tipps für die Maximierung Ihres Einkommens, die Sie auf den nächsten Seiten finden, eine Hilfe sein.

Die Minimierung der Ausgaben und die Maximierung der Einnahmen eröffnen Ihnen die Möglichkeit, ausreichend Rücklagen für die Altersvorsorge zu bilden.

100 Euro pro Monat sind dabei eine Summe, die auch diejenigen in Vollzeit beschäftigten Erwerbstätigen, die über niedrige oder mittlere Einkommen verfügen, durch Sparen und/oder eine Steigerung der Einnahmen zusätzlich aufbringen können. Damit liefert dieses Buch zusätzlich zur Theorie auch die praktische Grundlage dafür, dass sich das Konzept der Aktienrente 2.0 in die Tat umsetzen lässt.

Zusammengenommen bilden die Minimierung der Ausgaben und die Maximierung der Einnahmen die erste Säule erfolgreicher Rentenvorsorge. Sie können Ihnen – jeweils für sich oder in Kombination – die Ausgangsbasis dafür verschaffen, Ihre Rente zu ersetzen, Ihre Rentenlücke zu schließen oder Ihre Rente zumindest aufzubessern.

Die zweite Säule erfolgreicher Altersvorsorge besteht darin, die für das Rentendasein gebildeten Rücklagen möglichst gewinnbringend in Aktien zu investieren. Sie wird ab Seite 139 ausführlich behandelt werden.

Der Erfolg Ihrer Bemühungen um Ihre Altersvorsorge wird selbstredend umso größer ausfallen, je stärker die Minimierung Ihrer Ausgaben und die Maximierung Ihrer Einnahmen Hand in Hand gehen.

Je mehr Sie für Ihre Rente zurücklegen, desto kleiner wird im Endeffekt Ihr Rentenproblem ausfallen. Nicht immer mag viel auch viel helfen, doch in diesem Falle trifft dies ohne jeden Zweifel zu.

Viel hilft viel: 15 wichtige Tipps für mehr Einkommen

Manche Sachverhalte sind so klar, dass sie keiner Erklärung bedürfen. So verhält es sich auch mit der Frage, wie sich die Beträge, die Sie in Ihre Altersvorsorge investieren können, erhöhen lassen. Die Antwort ist so klar wie einfach: indem Sie Ihre Einnahmen steigern! Und zwar gemäß dem Motto: Viel hilft viel!

Diffiziler ist schon die Frage, wie genau es Ihnen gelingen kann, höhere Einnahmen zu generieren. Viele Menschen stellt genau dieses Vorhaben vor ernste Herausforderungen. Sie bemühen sich nach Kräften, doch es will Ihnen einfach nicht gelingen, am Ende des Monats ein Plus im Vergleich zum Vormonat zu erschaffen.

Wenn Sie zu dem Kreis derjenigen gehören, die gerne mehr Einkommen erwirtschaften würden, aber nicht recht wissen, wie sich dies umsetzen lässt, dann können die folgenden 15 Tipps Ihren Bemühungen auf die Sprünge helfen.

Der erste Ansatzpunkt auf dem Weg zu höheren Einnahmen dürfte für die meisten ihre berufliche Haupttätigkeit sein.

Doch es wäre ein gravierender Fehler zu glauben, dass Sie sich nur darauf stützen könnten: Es gibt noch eine Vielzahl weiterer Möglichkeiten, die Sie nutzen können, um zusätzliche Einnahmen zu generieren.

So steigern Sie die Einnahmen aus Ihrem Haupterwerb!

In allen Gesellschaften gibt es viele, ja unzählige geschriebene und ungeschriebene Gesetze.

Wichtige Gesetze finden sich in schriftlich abgefasster Form in Deutschland beispielsweise im Grundgesetz, im Strafgesetzbuch, im

Bürgerlichen Gesetzbuch, im Sozialgesetzbuch und in der Straßenverkehrsordnung.

Ein ungeschriebenes Gesetz unserer Gesellschaft besagt, dass ein Mensch nach seinem Schulabschluss einen Beruf erlernt oder ein Studium absolviert und dann bis zu seinem Renteneintritt einer geregelten Arbeit nachgeht. So ist es seit Jahrhunderten und so ist es noch heute, selbst wenn diese klassische Sichtweise in der jüngeren Vergangenheit durch alternative Lebensformen zumindest in Teilen ein Stück aufgeweicht worden zu sein scheint.

Was läge für die meisten Menschen da näher als der Gedanke, bei ihrer Haupttätigkeit anzusetzen, wenn sie ihre Einkünfte steigern möchten? Tatsächlich dürfte dies der effektivste Weg sein, wenn Sie Ihre Einnahmen erhöhen und monatlich mehr Geld auf Ihrem Konto eingehen sehen möchten. Denn in Ihre Haupttätigkeit stecken Sie nicht nur den Großteil Ihrer beruflichen Kraft, sondern hier liegen mit großer Wahrscheinlichkeit auch Ihre vornehmlichen Qualifikationen!

Im Folgenden sollen wichtige Tipps vorgestellt werden, wie Sie mehr Geld aus Ihrer Haupttätigkeit herausholen können.

Die Möglichkeiten dabei sind sehr vielfältig. Das Internet kann Sie an vielen Stellen unterstützen. So können Sie über das World Wide Web nicht nur nach Jobs suchen, sondern manche Tätigkeit sogar vollständig aus dem Home-Office ausüben. Durch das Internet stehen Ihnen heutzutage ganz andere Möglichkeiten offen, als dies früher der Fall war.

Lassen Sie sich Überstunden bezahlen!

Wie viele Überstunden werden Ihrer Meinung nach in Deutschland jährlich geleistet? Einhunderttausend Überstunden? Eine Million Überstunden? Oder gar einhundert Millionen Überstunden?

Tatsächlich lag die Anzahl der Überstunden, die Arbeitnehmende in Deutschland im Jahr 2021 leisteten, noch weit höher: Es waren sage und schreibe rund 1.711 Millionen Überstunden. Bei rund 818 Millionen von diesen handelte es sich um bezahlte, bei 893 Millionen dagegen um unbezahlte Überstunden.

Multipliziert man die Zahl der unbezahlten Überstunden mit dem durchschnittlichen Nettostundenlohn von 19,88 Euro, der in Deutschland im Jahr 2021 verdient wurde, ergibt sich daraus eine Summe von 17.752,84 Millionen Euro. Die unbezahlten Überstunden haben also einen Wert von fast 18 Milliarden Euro.

Laut Statistischem Bundesamt haben im Jahr 2021 durchschnittlich 4,5 Millionen Menschen mehr gearbeitet, als in ihrem Arbeitsvertrag vereinbart ist. Von diesen leisteten knapp 22 Prozent unbezahlte Überstunden, knapp 18 Prozent wurden bezahlt. 72 Prozent nutzten ein Arbeitszeitkonto, über das die Überstunden später wieder ausgeglichen werden können.

Gehören auch Sie zu denjenigen, die gelegentlich oder regelmäßig Überstunden machen, dafür aber keine angemessene Vergütung erhalten? Dann ist es Zeit, sich die geleistete Arbeit mit dem Ziel einer Steigerung Ihrer Einnahmen bezahlen zu lassen. Gute Arbeit sollte auch gut bezahlt werden!

Wenn Sie regelmäßig Überstunden ohne vertragliche Regelung leisten, sollten Sie als Arbeitnehmer das Gespräch mit dem zuständigen Vorgesetzten suchen, um zu einer vernünftigen und einvernehmlichen Regelung im Arbeitsvertrag zu finden.

Fragen Sie nach einer Gehaltserhöhung!

Nicht nur In Zeiten hoher Inflationsraten freuen sich wohl alle Arbeitnehmer über Gehaltserhöhungen, vermitteln diese doch häufig auch das gute Gefühl, dass die eigene Arbeitsleistung Anerkennung findet.

Doch welche Faktoren sind entscheidend dafür, ob Sie eine Gehaltserhöhung erhalten? Unter anderem mit dieser Frage beschäftigte sich die „Kienbaum Gehaltsentwicklungsprognose 2022“. Die Studie bot einen Überblick über die Gehälter in 48 ausgewählten Ländern – darunter auch Deutschland – mit mehr als 600 Teilnehmenden aus Unternehmen unterschiedlicher Größen und Branchen.

Die gute Nachricht: Mit 26 Prozent ist die individuelle Performance nach Ansicht der Studienteilnehmer für die Gehaltsentwicklung in der EU ein bedeutendes Kriterium.

Anders als auf Faktoren wie die wirtschaftliche Situation des jeweiligen Landes oder die entsprechende Preisentwicklung, die laut der Studie noch als wichtiger eingeschätzt wurden, haben Sie auf Ihre individuelle Performance maßgeblichen Einfluss.

Maßgeblichen Einfluss haben Sie auch darauf, aktiv auf eine Gehaltserhöhung hinzuarbeiten, anstatt passiv bis zum Sankt-Nimmerleins-Tag darauf zu warten, dass Ihr Arbeitgeber Sie aus freien Stücken mit einem Plus an Gehalt beglückt.

Damit ein Gespräch über eine Gehaltserhöhung nicht zu einem Fiasko, sondern zu einem Erfolg wird, finden Sie nachfolgend die wichtigsten Tipps und Tricks für den Gehaltspoker mit Ihrem Arbeitgeber.

Eine Grundregel für erfolgreiche Gehaltsverhandlungen lautet: Ohne finanzielles Ziel kein Erfolg!

Wenn Sie keinerlei Vorstellung davon haben, wie hoch Ihre Gehaltserhöhung realistischerweise ausfallen sollte, können Sie Vergleichsportale im Internet dabei unterstützen, Durchschnittsgehälter nach Branchen zu vergleichen und so einen ersten Orientierungspunkt zu finden.

Ein solcher kann Ihnen dabei helfen, Ihre Forderung nach mehr Gehalt nicht fernab der Realität zu formulieren. Er schützt Sie davor, entweder als zu gierig zu erscheinen oder deutlich zu wenig zu fordern.

Aus strategischer Sicht ist es zudem sinnvoll, mit einer etwas höheren Forderung als der anvisierten in die Gehaltsverhandlung zu gehen.

Denn Sie werden am Ende kaum genau die Summe durchsetzen, mit der Sie in das Gespräch gegangen sind.

Eine der wichtigsten Voraussetzungen für Erfolg versprechende Gehaltsverhandlungen ist die Fähigkeit, sich selbst richtig einzuschätzen. Wo liegen Ihre beruflichen Stärken? Was können Sie besser als andere und woran lässt sich dies auch objektiv festmachen?

Wenn Ihre individuelle Performance erkennbar zugelegt hat, Sie beispielsweise Führungsverantwortung übernommen haben, ein neues, wichtiges Themenfeld in Ihrem Verantwortungsbereich liegt oder Sie einen relevanten Beitrag zu verbesserten Geschäftszahlen geleistet haben, ist das Gold wert bei Vertragsverhandlungen.

Wenn Sie überdurchschnittliche Leistungen erbringen, sollten Sie sich dessen bewusst sein oder bewusst werden. Das Wissen um Ihre beruflichen Verdienste und die Fähigkeit, diese geschickt vorzutragen, kann Ihre Chancen auf eine Gehaltserhöhung deutlich steigern.

Diese erhöhen sich auch durch die richtige Art des Argumentierens. Wer dagegen unvorbereitet in Gehaltsverhandlungen geht, geht meist unverrichteter Dinge wieder aus diesen heraus. Bereiten Sie sich also psychologisch und inhaltlich gut auf den Gehaltspoker vor.

Argumentieren Sie stets sachbezogen und professionell und treten Sie auch dementsprechend auf!

In einer Gehaltsverhandlung zählen keine frommen Wünsche oder persönliche Nöte, so rührend diese auch sein mögen. Ein Unternehmen ist ein profitorientiertes Ganzes. Wenn Sie Ihre Vorgesetzten nicht mit sachlichen Argumenten von einer Gehaltserhöhung überzeugen können, lassen Sie es lieber ganz sein und versuchen Sie, in der kommenden Zeit Ihre individuelle Performance im Betrieb erkennbar zu erhöhen.

Die besten Leistungen helfen manchmal nichts, wenn Sie mit der richtigen Gehaltsforderung zum falschen Zeitpunkt bei Ihren Vorgesetzten vorstellig werden. Befindet sich Ihr Unternehmen beispielsweise gerade wirtschaftlich in einer schwierigen Situation oder boten die jüngst vorgelegten Geschäftszahlen Grund zur Besorgnis, ist es ein denkbar schlechter Zeitpunkt, um mehr Gehalt zu fordern.

Neben der Stimmung, die gerade im Unternehmen herrscht, ist auch die Stimmung der Führungskraft von Bedeutung, die für Ihre Gehaltserhöhung verantwortlich ist. Warten Sie mit Ihrer Frage nach einer Gehaltserhöhung am besten einen Zeitpunkt ab, an dem sich Ihr Vorgesetzter nicht in einer gestressten, sondern entspannten Grundstimmung befindet.

Zusätzlich sollten Sie darauf achten, dass Sie mit Ihrer Forderung nach mehr Gehalt nicht bei Ihren Vorgesetzen vorstellig werden, wenn dies auch viele andere tun, wie es häufig am Jahresende der Fall ist.

Neben dem richtigen Zeitpunkt ist auch der richtige Ort von Bedeutung. Grundsätzlich gilt: Zwischen Tür und Angel werden keine Gehaltsverhandlungen geführt!

Eine Gehaltsverhandlung ist ein ernst zu nehmendes Anliegen, für das Sie sich auch dementsprechend Zeit nehmen sollten. Lassen Sie sich also besser einen offiziellen Termin geben.

Dies bringt auch den Vorteil mit sich, dass auch Ihr Gegenüber auf die Situation vorbereitet ist, Sie in Ruhe argumentieren können und nicht im entscheidenden Moment unterbrochen werden.

Steigen Sie in der Hierarchie Ihrer Firma auf!

Wer die Karriereleiter hinaufklettert, klettert in der Regel auch in finanzieller Hinsicht nach oben.

Doch gibt es die ultimative Formel, mit deren Hilfe Sie Karriere und damit auch Geld machen können? Wie sieht diese aus?

Provokante Thesen zu diesem Thema formulierte der renommierte Wirtschaftspsychologe Prof. Florian Becker: Er geht davon aus, dass nicht das Leistungsprinzip, sondern weit oberflächlichere Faktoren bei Beförderungen die entscheidende Rolle spielen.

Laut Prof. Becker fördert etwa Networking in beträchtlicher Art und Weise den schnelleren Aufstieg in Führungspositionen. So sollen diejenigen, die einen großen Teil ihrer Arbeitszeit mit Networking verbringen und Netzwerke zu bedeutenden Personen innerhalb und außerhalb des Unternehmens knüpfen, bei der Beförderung erkennbare Vorteile haben.

Zudem vertritt der Wirtschaftspsychologe die Ansicht, dass Unternehmen längst nicht so rational funktionieren, wie sie behaupten. So seien in Wahrheit wenig substanzielle Faktoren wie Körpergröße, äußerliche Attraktivität, eine tiefe Stimme oder die Ähnlichkeit mit dem jeweiligen Vorgesetzten auf psychologischer Ebene maßgeblich dafür verantwortlich, dass Mitarbeiter die Karriereleiter hinaufsteigen oder nicht.

Diese Thesen mögen erschreckend wirken, da sie nahelegen, dass in Unternehmen häufig nicht die Richtigen, sondern die Falschen befördert werden.

Unabhängig davon, wie Sie zu den Ansichten von Florian Becker auch stehen mögen, sollten Sie sie im Hinterkopf haben. Denn sie liefern Ihnen zumindest ein Gefühl der Genugtuung, wenn bei der nächsten Beförderung nicht Sie selbst, sondern aus Ihrer Sicht inkompetentere und weniger engagierte Kolleginnen oder Kollegen den Vorzug erhalten.

Davon einmal abgesehen dürfte es kaum Führungskräfte geben, die es nicht gern sehen, wenn ihre Mitarbeiter Leistungsbereitschaft und Leidenschaft für ihren Beruf zeigen, sich beständig fortbilden, sich interessiert an neuen Aufgabenbereichen zeigen, große Erfahrung einbringen und von selbst nach Projekten greifen.

Mit diesen und ähnlichen klassischen Tugenden überzeugen Sie womöglich nicht jede Führungskraft in jedem Unternehmen. Aber Sie bringen damit nicht nur das Unternehmen und sich selbst voran, sondern erhöhen auch die Wahrscheinlichkeit, früher oder später Vorgesetzte zu finden, die Sie nicht weitgehend subjektiv, sondern objektiv bewerten.

Suchen Sie nach einem lukrativeren Job!

Wenn es in Ihrer Firma mit Ihrem Gehalt nicht in Schritten nach oben gehen will, sollten Sie vielleicht einen Sprung wagen – einen Sprung in ein anderes Unternehmen!

Mutige und freiwillige Jobwechsel zahlen sich aus. Sie bringen Arbeitenden in Deutschland im Schnitt ein um 30 Prozent höheres Gehalt ein. Zu diesem Ergebnis kam eine Studie des McKinsey Global Institute mit dem Titel „Human capital at work: The value of experience".

Die Studie analysierte reale Karriereverläufe auf der Grundlage von vier Millionen vollständig depersonalisierten Berufsprofilen aus Deutschland, Großbritannien, Indien und den USA. Zusätzlich wurden Zehntausende von Stellenausschreibungen untersucht, um den beruflichen Werdegang nachzuvollziehen.

Der durchschnittliche Erwerbstätige in dem Datensatz wechselte zwei bis vier Mal in zehn Jahren den Job. Bezogen auf alle Rollen- und Jobwechsel, also auch auf unfreiwillige Veränderungen nach Arbeitsplatzverlust, betrug die Gehaltssteigerung im Schnitt nur 5 Prozent.

Die größten Gehaltssprünge um 30 bis 46 Prozent machten der Untersuchung zufolge diejenigen Berufstätigen, die ihren Job öfter – in Deutschland im Durchschnitt fünfmal – gewechselt haben.

Zudem zeigt die Analyse, dass mutige Rollen- und Jobwechsel ebenso wichtig für Sprünge in höhere Gehaltsklassen sind. Dabei kann es sich beispielsweise um Rollenwechsel handeln, die den Betroffenen ein hohes Ausmaß an neuen Fähigkeiten abverlangen.

Machen Sie sich selbstständig!

Kennen Sie die bekannten Listen, die die reichsten Menschen der Welt oder Deutschlands aufzählen? Haben Sie sich einmal die Mühe gemacht, zu recherchieren, wie viele Angestellte sich darauf finden und wie viele Selbstständige?

Auch wenn Sie einen Blick in Ihr persönliches Umfeld werfen, werden Sie vielleicht den Eindruck haben, dass Selbstständige häufig besser situiert zu sein scheinen als Angestellte. Ist das nur eine subjektive Empfindung oder verdienen Selbstständige tendenziell mehr?

Zieht man zur Beantwortung dieser Frage das Durchschnittseinkommen zu Rate, ergibt sich ein differenziertes Bild. So kam eine Studie des Deutschen Instituts für Wirtschaftsforschung zu dem Ergebnis, dass der Verdienst von Selbstständigen sehr unterschiedlich sein und sich zwischen 616 und 3.158 Euro pro Monat bewegen kann. Bei den genannten Angaben handelt es sich um Mittelwerte für niedrige und hohe Einkünfte von Solo-Selbstständigen.

Aussagekräftiger als der Blick auf Durchschnittswerte kann es sein, die Verdienstmöglichkeiten von Selbstständigen und Angestellten separat nach Branchen und Berufen zu betrachten. Auf diese Weise lässt sich beispielsweise herausfinden, dass in Deutschland Steuerberater, Wirtschaftsprüfer und IT-Spezialisten zu den Selbstständigen mit sehr hohen Einkommen zählen.

Wenn Sie zu Ihren Gunsten an der Einnahmenspirale drehen möchten, sollten Sie überprüfen, ob Sie nicht vielleicht auch zu den Gruppen gehören, für die sich selbstständige Arbeit finanziell auszahlt. Ist dies der Fall, erwägen Sie am besten, den Schritt in die Selbstständigkeit zu wagen!

Unabhängig von der Frage nach den Verdienstmöglichkeiten scheint sich Selbstständigkeit im Vergleich zu früheren Zeiten in Deutschland deutlich größerer Beliebtheit zu erfreuen. So kann sich knapp die Hälfte aller Festangestellten hierzulande offenbar grundsätzlich vorstellen, als Freiberufler zu arbeiten. Dies belegte eine Studie, die das Meinungsforschungsinstitut Forsa im Jahr 2019 im Auftrag von HalloFreelancer, einem Service des sozialen Netzwerks für berufliche Kontakte XING, durchführte.

Zu diesem Ergebnis tragen sicherlich maßgeblich die handfesten Vorteile bei, die neben der Chance auf ein höheres Einkommen mit einer selbstständigen Tätigkeit verbunden sein können. Viele Selbstständige wissen es zu schätzen, dass sich Ihnen zahlreiche Möglichkeiten eröffnen, die Angestellten nicht offenstehen: Wenn Sie selbstständig sind, sind Sie ihr eigener Chef und damit nicht mehr an die Anweisungen eines Vorgesetzten gebunden.

Sie können Ihre Arbeitszeiten, Ihre Urlaubstage und Ihren Arbeitsort weitgehend frei wählen und eigenverantwortlich entscheiden, wie und in welche Richtung Sie in Ihrer geschäftlichen Tätigkeit agieren möchten.

Zudem bietet die Selbstständigkeit die Möglichkeit, sich den Traum vom eigenen Unternehmen zu erfüllen, dieses aufzubauen und den Erfolg zu großen Teilen selbst zu bestimmen.

Doch die Chancen, die in der Selbstständigkeit liegen, bringen gleichzeitig auch Risiken mit sich, die nicht alle Menschen auf sich nehmen möchten. So entfällt etwa die Absicherung durch den Arbeitgeber, der sich nicht zu 50 Prozent an den Kosten für die Sozialversicherung beteiligt.

Dazu kommt, dass sich Selbstständige – besonders kurz nach der Unternehmensgründung, aber auch später – bisweilen mit einer unsicheren Auftragslage und schwankendem Einkommen inklusive des möglichen Verlustes des eigenen Kapitals konfrontiert sehen.

Außerdem sind selbstständige Unternehmer neben ihrer eigentlichen geschäftlichen Tätigkeit und ihren Kernkompetenzen häufig noch für andere, vielleicht für sie neue Aufgabenbereiche wie Marketing und Kundenakquise verantwortlich.

Wenn Sie derartige Risiken der Selbstständigkeit scheuen, aber gleichzeitig dennoch mit ihr liebäugeln, kann es sich anbieten, sich zunächst nebengewerblich selbstständig zu machen und erst dann den Weg hauptgewerblicher Selbstständigkeit zu wählen, wenn Sie überzeugt sind, dass Sie damit Ihren Lebensunterhalt bestreiten können.

Unabhängig von dem Für und Wider bleibt festzuhalten: Wer sich selbstständig machen möchte, braucht eine gute Portion Mut. Chancen stehen Risiken gegenüber und in den meisten Fällen lässt sich im

Vorhinein nicht sicher sagen, ob der Schritt in die Selbstständigkeit ein Schritt in eine Goldgrube oder in ein finanzielles Mörderloch ist. Doch wie sagt man so schön? Wer nicht wagt, der nicht gewinnt!

Steigern Sie den Gewinn Ihres Hauptgewerbes!
Wenn Sie selbstständig sind, sollten Sie sich eine provokative Frage stellen: Wie gewinnschwach ist Ihr Unternehmen? Dies hat folgenden Hintergrund: Der Unternehmensberater und emeritierte Professor für Betriebswirtschaftslehre und Marketing Hermann Simon zeigt in seinem 2020 erschienenen Buch „Am Gewinn ist noch keine Firma kaputtgegangen" auf, dass deutsche Unternehmen gewinnschwach sind. So sei das Institut der deutschen Wirtschaft Köln für Deutschland von einer Gewinnmarge von 3,3 Prozent ausgegangen, die Bundesbank von 3,24 Prozent. Der Durchschnitt der OECD-Länder lag dagegen bei 5,71 Prozent.

Als Unternehmer haben Sie es in erster Linie selbst in der Hand, Umsatz und Gewinn anzukurbeln.

Eine Steigerung des Gewinns kann durch verschiedene Maßnahmen erreicht werden. Dazu zählen Preiserhöhungen ebenso wie Einsparungen, die etwa durch eine Reduktion von Material- und Personalkosten oder sonstigen Kosten erfolgen können. Auch können das Vermeiden von Verlustaufträgen und eine Steigerung des Umsatzes zu einem Mehr an Gewinn führen.

Konkrete Maßnahmen zur Steigerung des Unternehmensgewinns durchzuführen, kann äußerst komplex und individuell sein und geht weit über den Rahmen dieses Buches hinaus.

Wenn Sie unsicher oder sogar ratlos sind, wie Sie Ihren geschäftlichen Erfolg steigern können, holen Sie am besten fachkundigen Rat ein. So können Ihnen geeignete Unternehmensberater – auch Consultants genannt – mit Rat und Tat zur Seite stehen. Nicht selten ist es gerade ein Blick von außen, der ein Unternehmen voranbringen kann.

Auch wenn es einen nicht unerheblichen Aufwand verursachen kann, effektive Maßnahmen zur Gewinnsteigerung durchzuführen, ist dies ein lohnenswerter Ansatz – nicht nur für Ihr Hier und Jetzt, sondern auch für Ihre Zukunft. Denn schwächelt Ihr Gewinn, schwächelt auch Ihre Altersvorsorge!

So erwirtschaften Sie Einkünfte aus einem Nebenerwerb!

„Man kann nicht auf zwei Hochzeiten tanzen", sagt ein bekanntes Sprichwort. Es sagt nichts anderes aus, als dass man nicht gleichzeitig zwei Dinge tun kann.

Unmöglich ist es in der Regel auch, zwei haupterwerbliche Tätigkeiten auszuführen, zumindest wenn man von ganz wenigen Ausnahmen einmal absieht. Der Grund liegt auf der Hand: Sowohl die Zeit als auch die Energie der meisten Menschen lassen es schlichtweg nicht zu, auf zwei hauptberuflichen Hochzeiten gleichzeitig zu tanzen.

Doch wer sich zu seinem Hauptberuf etwas dazuverdienen möchte, kann beruhigt sein, gibt es doch viele Tätigkeiten, die sich auch im Nebenerwerb ausführen lassen.

Darunter versteht man eine – nicht selbstständige oder selbstständige – Erwerbstätigkeit, sofern diese neben einer zeitlich überwiegenden Tätigkeit, einem Studium, einer Tätigkeit im Haushalt oder während der Arbeitslosigkeit ausgeübt wird.

Wer an das Thema Nebentätigkeit denkt, dem werden vielleicht nicht zuerst die Verhältnisse auf dem Arbeitsmarkt Deutschlands in den Sinn kommen, sondern diejenigen im Land der unbegrenzten Möglichkeiten. Dass in den USA etliche Menschen nicht nur einer Tätigkeit, sondern zwei oder mehr nachgehen (müssen), ist vielen geläufig.

Wie die Frankfurter Allgemeine Zeitung im Jahr 2019 berichtete, hatten einer damaligen Arbeitsmarkt-Statistik zufolge in den USA etwa acht Millionen Menschen mehr als eine Arbeitsstelle. Dies entsprach 4,9 Prozent der beschäftigten Arbeitnehmer in den Vereinigten Staaten.

Die USA sind eine Sache, Deutschland ist eine ganz andere, werden Sie nun vielleicht denken. Weit gefehlt! In Deutschland gingen laut Statistischem Bundesamt im Jahr 2021 rund 1,8 Millionen Menschen und damit 4,4 Prozent aller Erwerbstätigen neben ihrer Haupttätigkeit mindestens einer weiteren Tätigkeit nach. Für zahlreiche Menschen in Deutschland ist damit Realität, was viele klassischerweise dem Arbeitsmarkt der USA zuschreiben.

Der größte Vorzug einer Nebentätigkeit liegt auf der Hand: Wenn Sie Ihr Einkommen steigern möchten, stellt eine solche ohne Zweifel ein probates Mittel dar.

Auf jeden Fall gilt es zu beachten, dass ein Nebenerwerb zu einer Doppelbelastung führt und in Stress ausarten kann.

Eine Vernachlässigung des Haupterwerbs sollte unbedingt vermieden werden.

Letztlich müssen Sie selbst entscheiden, ob das Mehr an Einkommen das Mehr an Belastung rechtfertigt.

Die Möglichkeiten eines Nebenerwerbs gehen, wie Sie auf den folgenden Seiten sehen werden, weit über den klassischen Minijob hinaus.

Freilich können Sie auch in diesem Falle von den Möglichkeiten des Internet erheblich profitieren. Nicht selten dürften es gerade sie sein, die es überhaupt erst ermöglichen, neben der Haupttätigkeit einem Nebenerwerb nachzugehen.

Nehmen Sie einen Minijob an!

Klassiker gibt es in vielen Bereichen, beispielsweise in der Literatur, der Malerei oder im Radsport. Aber auch im Bereich des Nebenerwerbs!

Wer über dieses Thema nachdenkt, wird mit großer Wahrscheinlichkeit zuerst an einen Minijob denken. Dieser Begriff, für den auch die Bezeichnungen 520-Euro-Job (beziehungsweise ehemals

450-Euro-Job), geringfügige Beschäftigung oder kurzfristige Beschäftigung geläufig sind, dürfte im Grunde jedem bekannt sein.

Tatsächlich bieten Minijobs, deren Rechtsgrundlage das Vierte Buch Sozialgesetzbuch (SGB IV) bildet, vielfältige Möglichkeiten eines zusätzlichen Einkommens.

Grundsätzlich werden zwei verschiedene Arten von Minijobs unterschieden: Zum einen der 520-Euro-Minijob, zum anderen der kurzfristige Minijob.

Bei Ersterem darf das Arbeitsentgelt monatlich 520 Euro nicht übersteigen. Die Anzahl der Stunden, die Minijobber hierbei monatlich arbeiten dürfen, ergibt sich aus dem Stundenlohn, wobei auch für Minijobs der gesetzliche Mindestlohn gilt.

Im zweiten Fall darf der Arbeitseinsatz während eines Kalenderjahres drei Monate oder insgesamt 70 Tage nicht überschreiten, wobei das monatliche Entgelt schwanken kann.

Wer sich für einen Minijob interessiert oder einen solchen annimmt, sollte sich zuvor sorgfältig informieren. Denn es gilt, einiges zu beachten.

Im Folgenden sollen nur einige wenige Aspekte rund um das Thema kurz umrissen werden, um Interessierten eine erste Orientierung zu geben.

Minijobber gelten nach dem Teilzeit- und Befristungsgesetz als Teilzeitbeschäftigte und genießen damit im Arbeitsrecht grundsätzlich die gleichen Rechte wie Vollzeitbeschäftigte. Diese Rechte beziehen sich unter anderem auch auf die Vergütung an Sonn- und Feiertagen, Mutterschaftsgeld oder Kündigungsschutz.

Auch haben Minijobber Anspruch auf Urlaub. Die Anzahl der ihnen zustehenden Urlaubstage hängt davon ab, wie viele Tage sie in der Woche arbeiten.

Doch Vorsicht: In der Praxis werden Minijobbern Ihre Rechte nicht selten verwehrt und sie werden nicht genauso behandelt wie sozialversicherungspflichtige Beschäftigte.

Wer einen Minijob ausübt, muss keine Beiträge an die Arbeitslosenversicherung abführen. Damit erwerben Minijobber keinen Anspruch auf Arbeitslosengeld, worin man einen wesentlichen Nachteil dieser Form von Beschäftigung sehen kann.

Minijobber sind in der Rentenversicherung pflichtversichert, können sich aber auf Antrag bei der Deutschen Rentenversicherung auch von dieser Pflichtversicherung befreien lassen.

Wie wenig überraschend sein dürfte, hat im Alter nur einen sehr geringen Rentenanspruch, wer langfristig einen Minijob als einzige Erwerbstätigkeit ausübt, weil der Pflichtbeitrag entsprechend der geleisteten Arbeitszeit nur sehr niedrig ist.

Keine Rentenansprüche am Ende seines Erwerbslebens hat, wer ausschließlich in Minijobs gearbeitet hat und von der Rentenversicherung befreit war.

Ebenfalls wichtig zu wissen: Zwar führt der Arbeitgeber bei Minijobs pauschal Beiträge zur Sozialversicherung ab, jedoch sind Minijobber damit nicht automatisch kranken- und pflegeversichert. Vielmehr zahlen Arbeitnehmer erst ab einem Verdienst von über 520 Euro in die Kranken- und Pflegeversicherung ein – und erwerben damit Versicherungsschutz. Bis zu einem Verdienst von 520 Euro im Monat müssen sie sich anderweitig versichern, etwa durch Pflichtversicherung in der gesetzlichen Krankenversicherung oder freiwillige (gesetzliche oder private) Krankenversicherung.

Nur der Vollständigkeit halber sei erwähnt, dass für Bezieher von Arbeitslosengeld oder Bürgergeld, solange ein Leistungsanspruch besteht, die Arbeitsagenturen beziehungsweise Jobcenter die Beiträge zur Kranken- und Pflegeversicherung übernehmen, wenn diese einen Minijob ausüben.

Nimmt man zusätzlich zum sozialversicherungspflichtigen Hauptjob einen Minijob an, so ist dieser nicht versicherungspflichtig.

Wenn jedoch weitere Minijobs hinzukommen, so sind dafür Beiträge an die Sozialversicherung abzuführen.

Sie haben keinen sozialversicherungspflichtigen Hauptberuf, aber mehrere Minijobs bei verschiedenen Arbeitgebern? Dann gilt für Sie die Geringfügigkeitsgrenze von 520 Euro: Überschreitet Ihr monatliches Arbeitsentgelt diesen Betrag, so werden Sozialversicherungsbeiträge fällig.

Im Übrigen benötigt, wer ergänzend zum sozialversicherungspflichtigen Hauptberuf einen Minijob ausüben möchte, das Einverständnis seines Arbeitgebers.

Gründen Sie ein Nebengewerbe!

Wenn einige Seiten zuvor bereits die Rede von einem Hauptgewerbe war, so impliziert dieser Begriff, dass es noch etwas anderes gibt. Und tatsächlich wird von einem Haupt- ein Nebengewerbe unterschieden.

Es gibt mehrere Definitionen, was unter einem Nebengewerbe zu verstehen ist. Eine recht allgemeine lautet wie folgt: Von einem Nebengewerbe spricht man, wenn dieses nicht hauptberuflich oder in Vollzeit ausgeübt wird.

Konkreter ist folgende Definition: Von einem Nebengewerbe ist die Rede, wenn man weniger als die Hälfte der wöchentlichen Arbeitszeit damit verbringt und weniger als die Hälfte des Einkommens damit erwirtschaftet.

Andere Definitionen legen genaue Grenzen fest, so etwa eine maximale Arbeitszeit von 15 Stunden wöchentlich.

Viele, die ein Nebengewerbe gründen, arbeiten hauptberuflich in einer sozialversicherungspflichtigen Festanstellung, die regelmäßiges Einkommen und soziale Sicherheit gewährleistet.

Allerdings ist diese Konstellation nicht Voraussetzung für die Gründung eines Nebengewerbes. Auch wer ein Hauptgewerbe betreibt, kann ein Nebengewerbe gründen. Gleiches gilt etwa für Auszubildende, Studenten oder Rentner.

Die Fortschritte, die wir in unserer heutigen Welt genießen dürfen, erleichtern die Gründung eines Gewerbes ungemein und machen es auch Angestellten möglich, ein Nebengewerbe ins Leben zu rufen und zu betreiben. Auch lässt sich heutzutage nahezu alles über das Internet vermarkten und eine Vielzahl praktischer Tools kann bei der Gründung eines Unternehmens und dessen Führung helfen.

Gerade für diejenigen, die – zumindest vorerst – nicht auf die Vorzüge eines Angestelltenverhältnisses verzichten möchten, kann die Gründung eines Nebengewerbes die richtige Entscheidung sein.

Auf jeden Fall sollten Sie die Gründung gut vorbereiten und bereits im Vorfeld genau abwägen, ob sich der Aufwand, den Sie in Ihr Nebengewerbe investieren müssen, auch für Sie auszahlt beziehungsweise in Zukunft einmal auszahlen wird.

Steigern Sie den Gewinn Ihres Nebengewerbes!

Sie haben sich bereits eine Geschäftsidee überlegt, alle Formalia hinter sich und betreiben schon ein Nebengewerbe? Dann liegt es doch auf der Hand, mehr Einnahmen mit diesem zu generieren!

Für die Frage, wie Ihnen dies gelingen kann, gelten dieselben Hinweise, die bereits zur Gewinnsteigerung eines Hauptgewerbes gegeben wurden.

Grundsätzlich sollten Sie auch hier stets überprüfen, ob der Aufwand, den Sie investieren, in angemessenem Verhältnis zum erwirtschafteten Gewinn steht.

Wenn Sie zu dem Ergebnis kommen, dass dies nicht der Fall ist und Sie Ihren Gewinn nicht steigern können, sollten Sie in Erwägung ziehen, Ihre Ressourcen produktiver einzusetzen.

Waren die letzten Tipps etwas allgemeinerer Natur, sollen im Folgenden noch drei ganz konkrete Möglichkeiten vorgestellt werden, die Ihnen zu mehr Einkommen verhelfen können.

Geben Sie Nachhilfe!

Das Geschäft mit schlechten Noten läuft gut: Weltweit betrachtet ist die Nachhilfeindustrie ein boomendes Milliardengeschäft, in dem Macher zu Millionären werden können! Ein Nachhilfelehrer als Millionär – das glauben Sie nicht?

Bereits im Jahr 2018 berichtete das Nachrichtenmagazin Stern von den teils extrem hohen Verdienstmöglichkeiten im Nachhilfesektor. Der Report „The Value of Education: Higher and Higher" aus dem Jahr 2017 untersuchte die Ausgaben, die Eltern weltweit für die Ausbildung ihrer Kinder auf sich nehmen. Der Durchschnittswert lag bei fast 100.000 Dollar für die Zeit vom Kindergarten bis zu den ersten vier Jahren an einer Universität.

Mit dem Verdienst eines Jahresgehaltes in Höhe von umgerechnet rund vier Millionen Euro erregte der Hongkonger Yat-Yan Lam, der für eine der angesehensten Nachhilfeschulen der chinesischen Sonderverwaltungszone tätig war, vor einigen Jahren großes Aufsehen. Die konkurrierende Nachhilfeschule Modern Education bot Yat-Yan Lam sogar ein Jahresgehalt von umgerechnet 9,6 Millionen Euro für den Fall an, dass er den Arbeitgeber wechsele.

Yat-Yan Lam ist bei Weitem nicht der einzige Spitzenverdiener unter den Nachhilfelehrern. Wer sich darauf versteht, den Nachwuchs der Millionäre und Milliardäre geschickt durch Schule und Studium zu lotsen, kann sich damit eine goldene Nase verdienen.

Doch auch wenn Ihnen dies nicht gelingt, haben Sie durch das Erteilen von Nachhilfe die Möglichkeit, Ihre Einnahmen effektiv zu steigern. Bei einem Stundenlohn, der in Deutschland je nach Qualifikation in den meisten Fällen zwischen 10 und 20 Euro liegt, können Sie die Summe von 100 Euro, mit der sich das Rentenproblem ganz oder zumindest teilweise lösen lässt, jedenfalls auch dann relativ schnell erreichen, wenn Sie nicht Yat-Yan Lam heißen.

Treten Sie der Gig-Community bei!

Guter Auftritt, gute Gage! Mit Gigs ist es heute nicht mehr nur Bands möglich, Geld zu verdienen, sondern auch Ihnen. Das Wort Gig stammt aus der Event- und Veranstaltungsbranche und bedeutet aus dem Englischen übersetzt *Auftritt*.

Der Begriff Gig Economy bezeichnet einen Teil des informellen Arbeitsmarktes, bei dem zeitlich befristete Aufträge flexibel und kurzfristig an Auftragnehmer vergeben werden.

Gig-Working ist fast in jedem Bereich möglich, wobei ein Internetzugang und eigene Arbeitsmaterialien häufig grundlegende Voraussetzungen sind, um Aufträge über entsprechende Plattformen wie Fiverr oder Upwork zu erhalten. Solche Plattformen dienen als Vermittler zwischen Auftraggeber und Auftragnehmer. Eine wichtige Rolle dabei spielen Bewertungen.

Die Bezahlung der Gigs kann sich auf sehr unterschiedlichem Niveau befinden und auf Stundenlohnbasis oder durch eine Pauschale erfolgen, die nach Abschluss eines Projektes bezahlt wird.

Auch wenn es eher ungewöhnlich ist, ist bei längerfristigen Jobs, die zum Beispiel in Vollzeitarbeit übergehen, auch die Zahlung von Gehältern möglich.

Ebenso unterschiedlich wie die Bezahlung ist das Repertoire an Aufträgen, die Arbeitswillige zur Steigerung ihres Einkommens auf Plattformen wie Fiverr oder Upwork übernehmen können. Es reicht von der Gestaltung von Logos oder Hochzeitseinladungen über die Hilfestellung beim Aufbau von Social-Media-Präsenzen bis hin zu Essenslieferungen als Fahrradkurier.

Die Arbeit in der Gig Economy bietet Vor- und Nachteile: Als Gig-Worker können Sie frei entscheiden, welche Aufträge Sie annehmen und welche nicht.

Da es sich bei der Mehrheit der Gig-Jobs um Teilzeitarbeit handelt, können die Auftragnehmer diese häufig zeitlich vorteilhaft um ihre anderen Termine herum gruppieren.

Die oftmals kurze Dauer der Aufträge aus der Gig Economy sorgt außerdem dafür, dass sich die Arbeit abwechslungsreicher gestaltet als bei Arbeitnehmern, die bisweilen über Wochen und Monate an demselben Projekt arbeiten und daher unter Langeweile leiden.

Doch die Kurzfristigkeit der Aufträge führt dazu, dass einzelne Gigs in der Regel nur kurzfristig Geld in die Kasse spülen. Wer mithilfe der Gig Economy seine Einnahmen beständig erhöhen möchte, muss mehrere Auftraggeber finden – und das wieder und wieder. Je nach Tätigkeitsfeld ist das nicht immer einfach.

Zudem ist das System der Gig Economy hauptsächlich auf Kurzfristigkeit ausgelegt, der einzelne Auftragnehmer austauschbar und die Auftragslage daher nicht sonderlich sicher.

Verkaufen Sie gebrauchte Dinge!

Gebrauchte Dinge werden noch gebraucht! Vielleicht nicht von Ihnen, aber von anderen. Eine schnelle und oft lukrative Möglichkeit zur Steigerung der Einnahmen liegt im Verkauf von Gegenständen, die Ihnen gehören, die Sie aber nicht mehr benötigen.

Entrümpeln Sie Ihren Speicher, misten Sie Ihren Kleiderschrank aus, durchsuchen Sie Ihre Schubladen! Sie werden vielleicht überrascht sein, wie viele unnötig gewordene Dinge sich in Ihrem Haushalt angesammelt haben.

Nicht jeder Gegenstand wird Ihnen ein Vermögen einbringen, aber viele verkaufte Dinge vermögen oft ansehnliche Summen zusammenzubringen. Anstatt Gegenstände von Wert verstauben zu lassen, machen Sie diese lieber zu Kapital! Kleidung, Accessoires, Möbeln, Spielzeugartikeln, Büchern und technischen Geräten ist eines gemeinsam: Andere Menschen werden sich noch daran erfreuen und vor allem zahlen sie Geld dafür.

Der Kauf von Secondhand-Waren ist nicht nur eine effektive Maßnahme auf dem Weg zu einem nachhaltigeren Konsumverhalten, sondern erfreut sich auch großer Beliebtheit. Bereits im Jahr 2016 lag der Umsatz mit Gebrauchtwaren im stationären Einzelhandel laut Daten des Statistischen Bundesamts bei 617 Millionen Euro, Online-Plattformen nicht eingerechnet.

Laut dem Statista Consumer Survey Re-Commerce 2017 gaben rund 78 Prozent von insgesamt 1.050 befragten Personen an, gebrauchte Artikel im Internet zu erwerben.

Verkaufsmöglichkeiten für gebrauchtes Hab und Gut gibt es viele. Egal ob analog auf Flohmärkten oder auf digitalen Marktplätzen: Heutzutage lässt sich für fast alle Gegenstände ein Käufer finden, wenn Sie das Ganze richtig anstellen.

Besonders auf digitalen Marktplätzen wie eBay, Momox oder rebuy gilt für gute Verkaufsergebnisse folgende Grundregel: Ihre Ware darf alt sein, die Präsentation aber darf niemals von gestern sein!

Gute und ansehnliche Fotos vom Original-Artikel sind ebenso verkaufsfördernd wie die geschickte Bezeichnung des Produktes in der Titelzeile mitsamt beliebten Suchwörtern.

Zudem ist die Beschreibung des Artikels maßgeblich am Verkaufserfolg beteiligt. Sie soll das Produkt in das rechte Licht rücken, gerade bei Gebrauchtartikeln aber auch ehrlich und möglichst genau sein. Denn wer gebraucht kauft, möchte wichtige Informationen zum Alter, der Funktionsfähigkeit, dem Lieferumfang und den technischen Daten des Artikels erfahren.

Beim Verkauf von Angesicht zu Angesicht gilt es, neben der verbalen zusätzlich die nonverbale Kommunikationsebene zu berücksichtigen: Anhand Ihrer Körpersprache senden Sie Signale aus, die erfahrene Käufer oft zu deuten wissen. Wer unsicher ist und seine Ware für Ramsch hält, erzielt tendenziell schlechtere Preise. Versuchen Sie also am besten, souverän, selbstbewusst und gleichzeitig offen sowie freundlich aufzutreten. Denn ein Lächeln auf den Lippen kann nicht nur die Stimmung heben, sondern auch die Verkaufspreise.

Zu guter Letzt noch ein rechtlicher Hinweis: Laut der Webseite JuraRat könnten Privatpersonen bei Privatverkäufen im Internet schnell als Gewerbetreibende eingestuft werden (Deshalb findet sich dieser Tipp auch unter dem Abschnitt „So erwirtschaften Sie Einkünfte aus einem Nebenerwerb!").

Wie JuraRat ausführt, existiert für die Bestimmung, wann ein Verkäufer noch als Privatverkäufer gilt beziehungsweise wann schon eine gewerbliche Tätigkeit angenommen wird, keine einheitliche, feste Kennzahl. Vielmehr haben Gerichte im Laufe der Zeit Maßstäbe entwickelt, anhand derer eine Zuordnung in die eine oder andere Kategorie erfolgen kann. Zunächst sind die Anzahl und die Regelmäßigkeit der abgeschlossenen Verkäufe entscheidend. Eine strenge Auffassung vertritt beispielsweise das Landgericht Hanau, das in einem Urteil schon bei 25 Verkäufen im Zeitraum von zwei Monaten Gewerblichkeit annahm (Urteil vom 28.9.2006–5 O 51/06).

Weiterhin spricht nach Auffassung deutscher Gerichte das Anbieten von mehreren gleichartigen Artikeln für das Vorliegen von gewerblichem Verkauf.

Hierauf kann auch das Auftreten nach Außen hindeuten. So spricht es stark für eine gewerbliche Tätigkeit, wenn der Auftritt professionell aufgemacht erscheint, Werbung geschaltet wird oder der eBay-Shop mit der Bezeichnung „Powerseller" versehen wird.

Je mehr der genannten Kriterien erfüllt sind, desto eher spricht dies für gewerbliches Handeln, wobei letztlich laut JuraRat der Gesamteindruck zähle.

So generieren Sie passives Einkommen!

Wer den Terminus des passiven Einkommens hört, denkt vielleicht zuerst an Einkünfte aus Vermietung und Verpachtung. Wer glaubt, diese seien die einzige Möglichkeit, passives Einkommen zu generieren, hat weit gefehlt: Es gibt noch eine Reihe weiterer Optionen, wie Sie passives Einkommen erzielen können.

Bevor einige von diesen erläutert werden, wollen wir einen Blick auf die Frage werfen, was sich überhaupt hinter dem Konzept des passiven Einkommens verbirgt. Die Antwort ist simpel und lässt sich bereits an dem Attribut „passiv" ablesen: Unter passivem Einkommen versteht man Einnahmen, die sich ganz ohne oder zumindest ohne großen Aufwand erzielen lassen. Anders ausgedrückt: Die Einnahmen generieren sich – mehr oder weniger – von selbst und lassen sich gewissermaßen auch erzielen, wenn Sie schlafen oder Ihren Urlaub in der Hängematte genießen.

Gleichwohl müssen solche Einnahmequellen erst gefunden und erschlossen werden, was seinerseits in den meisten Fällen mit Arbeits-, Zeit- und gegebenenfalls auch Ressourcenaufwand verbunden ist.

Ferner ist zumeist auch Aufwand vonnöten, um passiv erzielte Einnahmen zu verwalten und ihren Zufluss aufrechtzuerhalten.

Alles in allem hält sich der Aufwand, den Sie bei der Erzielung passiven Einkommens betreiben müssen, aber in Grenzen.

Eine typische Quelle passiven Einkommens sind Dividendenzahlungen, an denen Sie sich als Anleger bei vielen Wertpapieren erfreuen können. Da jene den Kern dieses Buches berühren, sollen sie erst später Erwähnung finden und an dieser Stelle zunächst einige andere Möglichkeiten vorgestellt werden, wie Sie passives Einkommen aufbauen können.

Auch dabei eröffnet Ihnen das World Wide Web Möglichkeiten, die es früher nicht gegeben hat.

Vermieten Sie Wohnraum!

Wohnraum ist vielerorts knapp, Kaufpreise und Mieten sind vielerorts hoch. Das gilt nicht nur für die vier deutschen Millionen-Metropolen Berlin, Hamburg, München und Köln, sondern auch für viele andere Gegenden. Die hohe Nachfrage nach Wohnraum sorgt in vielen Regionen dafür, dass auf ein Objekt oft etliche Interessenten kommen. Vermieter müssen sich in diesem Fall über Leerstand kaum Gedanken machen, die Erträge ihrer Immobilien sind gesichert.

Wollen Sie Einnahmen aus der Vermietung einer Immobilie generieren, könnten Sie also ein Objekt als Anlage erwerben, sofern Sie genug Eigenkapital und/oder eine entsprechende Bonität besitzen, die eine Finanzierung erlaubt.

Dabei sollten Sie bedenken, dass der Kauf einer Immobilie viel Kapital bindet und die Nettorendite – zumindest vielerorts in Deutschland – hinter der von Aktien zurücksteht.

Professor Moritz Schularick und andere Wissenschaftlerinnen und Wissenschaftler haben vor einigen Jahren festgestellt, dass die Rendite von Aktien in Deutschland diejenige von Immobilien seit 1950 übersteigt. Dies gilt den Ergebnissen zufolge besonders deutlich ab 1980: Seitdem stiegen die Preise von Immobilien bis 2015 um 4,1 Prozent pro Jahr, während Aktien für rund zehn Prozent Rendite sorgten. Die Forscher hatten große Mengen an Kurs- und Preisdaten aus 16 Ländern von 1870 an analysiert.

Allerdings sei nicht unerwähnt gelassen, dass Immobilien in den rund 150 Jahren des betrachteten Zeitraums insgesamt gesehen eine höhere Durchschnittsrendite als Aktien erzielten. Im Durchschnitt aller 16 Länder erzielten Aktien eine Rendite von 6,9 Prozent pro Jahr, während Immobilien eine Wertsteigerung von durchschnittlich etwa 7,8 Prozent erwirtschafteten.

In Deutschland stiegen die Preise für Immobilien über den analysierten Zeitraum jährlich um rund 7,9 Prozent, die Rendite von Aktien blieb einen Prozentpunkt dahinter zurück. Wie bereits erwähnt, zeichnet sich hierzulande seit 1950 aber ein anderes Bild ab.

Selbst wenn Sie sich gegen eine vermietete Immobilie als Anlage entscheiden, können Sie vielleicht aus Ihrem Haus oder Ihrer Wohnung Kapital schlagen!

Sie sind Eigentümer? Dann bietet sich Ihnen eventuell die Möglichkeit, einen Teil Ihres Objektes zu vermieten oder durch einen Umbau die Voraussetzungen dafür zu schaffen. Möglicherweise haben Sie einen Dachboden oder Räumlichkeiten im Souterrain, die Sie ausbauen (lassen) und hier eine abgeschlossene Wohnung schaffen könnten? Dann ist es Ihnen vielleicht in Zukunft möglich, Geld damit zu verdienen!

Wenn Sie absehen können, dass Sie über längere Zeit nicht zu Hause sein werden, können Sie Ihr Objekt oder Teile davon womöglich kurzfristig vermieten.

Sie sind Mieter und möchten Ihre Einnahmen aufbessern? Dann könnten Sie eventuell Ihr angemietetes Objekt in Teilen untervermieten!

Zuvor sollten Sie unbedingt die Rechtslage prüfen (lassen). In den meisten Fällen ist eine Genehmigung des Vermieters einzuholen.

Vermieten Sie Ihr Auto!

Wenn Sie glauben, Wohnraum sei das Einzige, was Sie vermieten können, dann irren Sie. Auch mit der Vermietung Ihres Autos können Sie Geld verdienen! Dem ein oder anderen bekannt ist sicherlich der Umstand, dass sich mit dieser Möglichkeit schon so mancher Besitzer eines exklusiven Fahrzeugs wie eines Sportwagens oder Oldtimers etwas hinzuverdient hat. Aber auch aus der Vermietung gewöhnlicherer Fahrzeuge können sich Einnahmen generieren lassen.

Auf der einen Seite gab es einer Pressemitteilung aus dem September 2022 zufolge laut Statistischem Bundesamt immer mehr Autos in

Deutschland. Bundesweit kamen demzufolge im Schnitt 580 Autos auf 1.000 Einwohner. Allerdings sind dabei die regionalen Unterschiede groß: So war etwa die Pkw-Dichte im Saarland mit 658 Pkw pro 1.000 Einwohnern fast doppelt so hoch wie in der Hauptstadt Berlin, wo nur 337 Pkws auf 1.000 Einwohner kamen.

Auf der anderen Seite gibt es gegenläufige Tendenzen: So waren laut Bundesverband CarSharing e. V. zum 1. Januar 2023 in Deutschland insgesamt 4.472.800 Fahrberechtigte zum CarSharing angemeldet – und damit 1.079.800 Fahrberechtigte, mithin 31,8 Prozent, mehr als genau ein Jahr zuvor.

Von diesem Bedarf können vielleicht auch Sie profitieren, indem Sie Ihren PKW vermieten.

Das Internet bietet heutzutage Vermietern und Mietern von Autos viele Möglichkeiten zusammenzufinden.

Wenn Sie auf diese Weise passives Einkommen generieren möchten, sollten Sie unbedingt einige Aspekte bedenken: So ist zum einen die Abnutzung Ihres PKW zu berücksichtigen. Zum anderen sollten Sie sich über alle Versicherungspflichten informieren und sich um eine geeignete Versicherungspolice bemühen, die Risiken absichert.

Platzieren Sie zeitlose Produkte!

Es gibt eine ganze Reihe von Produkten, die Sie verkaufen und damit passives Einkommen generieren können. Besonders digitale Produkte, die Sie einmal erstellen und darauf automatisiert in beliebiger Zahl und zu jeder Zeit über das Internet vertreiben können, bieten sich für diesen Zweck an. Beispiele für solche Produkte sind Online-Kurse und Webinare, E-Books und Bücher, Stockfotos und -grafiken, Musik und Audiodateien oder Software und Apps.

Manchmal lässt sich beim Erstellen und Vertrieb dieser Art von Produkten das Angenehme mit dem Nützlichen verbinden. Wenn Sie etwa leidenschaftlich gern fotografieren, finden sich womöglich Interessenten, die Ihre qualitativ hochwertigen Bilder über das Internet kaufen.

Wenn Sie ein Ass im Programmieren sind, werden Sie kreativ und programmieren Ihre eigene App, die Ihnen dabei hilft, passives Einkommen zu generieren.

Wenn Sie weitreichendes Fachwissen in einem bestimmten Themengebiet angesammelt haben, können Sie Ihr Wissen niederschreiben und anderen Menschen als kostenpflichtiges E-Book zur Verfügung stellen.

Für welchen der vorangegangenen 15 Ratschläge zur Maximierung Ihrer Einnahmen Sie sich auch entscheiden mögen: Ihre Rente wird sich über jeden Euro freuen, den Sie mehr verdienen und in Ihre Altersvorsorge investieren. Und Ihr zukünftiges Ich wird Ihrem heutigen einmal danken, dass Sie sich in Ihren jüngeren Jahren vorausschauend um Ihr Dasein im Alter gekümmert haben.

Selbstverständlich handelt es sich bei den dargestellten Tipps nur um eine Auswahl an Möglichkeiten, mit denen Sie Ihre Einkünfte aufbessern können. Fühlen Sie sich frei, zum Wohle Ihrer Rentenvorsorge auch andere geeignete Mittel in Erwägung zu ziehen und in die Tat umzusetzen!

Wie zu Beginn dieses Kapitels ausgeführt, stellt eine Maximierung der Einnahmen nicht die einzige Stellschraube dar, an der Sie drehen können, um besser für Ihre Rente vorsorgen zu können. Die zweite besteht in der Minimierung der Ausgaben, um die es auf den folgenden Seiten gehen soll.

Geiz hat seinen Reiz: 100 effektive Tipps für weniger Ausgaben

Kennen Sie Mike Tyson? In den 1980er- und 1990er-Jahren wurde Iron Mike, so sein Spitzname, Boxweltmeister im Schwergewicht. Doch Mike Tyson war nicht nur Weltmeister im Boxen. Er war auch Weltmeister im Geldausgeben! Laut Manager Magazin soll Iron Mike, bevor er zahlungsunfähig wurde, eine Summe von fast 500 Millionen Dollar ausgegeben haben. Allein zwischen 1995 und 1997 habe der ehemalige Boxweltmeister über neun Millionen Dollar auf den Kopf gehauen, darunter 65.000 Dollar für den Taxi-Service, 230.000 Dollar fürs Telefonieren mit dem Handy und 410.000 Dollar für eine Geburtstagsparty.

Das Beispiel des früheren Boxweltmeisters Mike Tyson verdeutlicht folgenden Zusammenhang wie kaum ein anderes: Hohe Einnahmen sind noch lange kein Garant dafür, dass am Ende auch viel Geld übrigbleibt. Hohe Einnahmen sind auch noch lange kein Garant dafür, hohe Rücklagen für die Altersvorsorge bilden zu können. Vielmehr sind Einnahmen und Ausgaben zwei verschiedene Seiten ein und derselben Medaille. Selbst wenn Sie Ihre Einnahmen beispielsweise von 2.000 auf 3.000 Euro im Monat erhöhen, gleichzeitig aber auch Ihre Ausgaben auf 3.000 Euro pro Monat steigen, können Sie für Ihre Altersvorsorge kein zusätzliches Geld zurücklegen. Höhere Einnahmen allein sind also noch kein Garant dafür, dass Sie im Rentenalter ohne finanzielle Sorgen werden leben können.

Dies wird Ihnen, wenn Sie nicht anderweitig Vermögen besitzen oder dazu kommen, nur gelingen, wenn Sie einen Überschuss erwirtschaften, den Sie für Ihre Rente zurücklegen können. Dafür steht Ihnen mit der Erhöhung Ihrer Einnahmen nicht nur eine wichtige Stellschraube zur Verfügung, an der Sie drehen können, sondern mit der Verringerung Ihrer Ausgaben noch eine zweite.

Diese Stellschraube ermöglicht es auch all denen, für die Rente vorzusorgen, deren Einkünfte eher bescheiden ausfallen. Denn solange Sie weniger ausgeben, als sie einnehmen, können Sie Rücklagen bilden.

Am effektivsten werden Ihre Bemühungen gewiss sein, wenn Sie an beiden Stellschrauben zugleich drehen und sich sowohl um eine Steigerung Ihrer Einkünfte als auch um eine Reduzierung Ihrer Ausgaben bemühen.

Nachdem der Aspekt der Einnahmensteigerung bereits auf den vorangegangenen Seiten behandelt wurde, wird es in der Folge um 100 effektive Tipps gehen, mit denen Sie bares Geld sparen können.

Wenn Sie diese gelesen haben, werden Sie vielleicht überrascht sein, wo überall Sparpotenzial liegen kann.

Manchmal sind es größere Summen, die sich mit der Umsetzung einer Maßnahme einsparen lassen, manchmal kleinere. Doch vergessen Sie nie, dass in der Summe auch kleine Beträge große Resultate bewirken können gemäß dem bekannten Sprichwort „Kleinvieh macht auch Mist".

Klar ist, dass es am Ende einzig und allein Ihre Entscheidung ist, ob Sie einen oder mehrere der folgenden Spartipps umsetzen und mit welcher Entschlossenheit Sie dies tun. Klar ist aber auch: Wer in den fetten Jahren der Jugend nicht zum Sparen bereit ist, wird womöglich magere Jahre des Rentenalters erleben. Wenn Sie klug sind, öffnen Sie sich der Dynamik des Sparens. Denn auch Geiz hat seinen Reiz!

So sparen Sie Wohnkosten!

Ein festes Dach über dem Kopf zu haben, ist ein hohes Gut. Das weiß spätestens, wer bei einem Aufenthalt im Freien schon einmal von einem plötzlichen Regenschauer überrascht wurde oder bei eisigen Temperaturen länger draußen ausharren musste. Aufgrund seiner physischen Eigenschaften ist der Mensch auf Dauer fast überall auf der Erde auf eine schützende Behausung angewiesen.

Diese Notwendigkeit im Zusammenspiel mit weiteren Gründen wie Bequemlichkeit, Prestigedenken und vielerorts einem Mangel an Wohnraum macht leicht verständlich, dass der Faktor Wohnen Menschen teuer zu stehen kommt. Wie das Statistische Bundesamt ermittelt hat, gaben private Haushalte im Jahr 2021 für Wohnen, Energie und Wohnungsinstandhaltung mit 36,8 Prozent den größten Anteil ihres Konsumbudgets aus. Dies entspricht deutschlandweit 966 Euro durchschnittlich je Haushalt und Monat.

Angesichts dieses erheblichen Anteils sind die Wohnkosten der erste Posten, den Sie auf den Prüfstand stellen sollten. Möglicherweise haben Sie hier großes Einsparpotenzial.

Dies gilt für Eigentümer und Mieter gleichermaßen, auch wenn sich die Belastungen, die beide Gruppen zu tragen haben, zum Teil unterscheiden.

Auf den folgenden Seiten finden Sie einige Tipps, die Ihnen dabei helfen können, Ihre Wohnkosten zu senken und auf diese Weise den ein oder anderen Euro für Ihre Altersvorsorge zurückzulegen.

Obgleich sie klassischerweise zu den Wohnkosten gehören, soll einer besseren Übersichtlichkeit wegen auf die Kosten für Heizung, Strom, Wasser und Abfall in den folgenden Abschnitten separat eingegangen werden.

Reduzieren Sie Ihre Wohnfläche!

Egal ob Sie Eigentümer oder Mieter sind und in Zukunft zur Miete oder in Ihren eigenen vier Wänden wohnen möchten: Sie sollten überdenken, ob Sie nicht im wahrsten Sinne des Wortes Wohnraum sparen können.

Vielleicht bewohnen Sie als Single eine Drei-Zimmer-Wohnung und ein Zimmer ist immer ungenutzt? Wenn Sie es nicht vermieten oder untervermieten möchten oder können, sollten Sie überlegen, ob es nicht auch eine kleinere Wohnung tut.

Vielleicht wohnen Sie in einer Wohngemeinschaft und gerade ist ein kleineres Zimmer frei geworden, das Sie weniger Miete kosten würde? Wenn Ihnen der Platz ausreicht, entlasten Sie doch durch einen Umzug innerhalb der WG Ihren Geldbeutel!

Vielleicht misst Ihr Wohnzimmer stolze 40 Quadratmeter oder mehr? Dann ist die Frage, ob Sie diesen Platz wirklich benötigen.

Überprüfen Sie Ihren Platzbedarf und passen Sie Ihre vier Wände Ihrem tatsächlichen Bedarf an! Auf diese Weise können Sie Ihren Rücklagen etwas Gutes tun.

Einer Reduzierung der Wohnfläche kommt es auch gleich, wenn Sie einen Teil Ihres Domizils vermieten oder untervermieten und damit passives Einkommen generieren.

Wählen Sie die Lage mit Bedacht!

Ein bekannter Grundsatz bei der Immobilienbewertung lautet: Lage, Lage, Lage! Doch wenn Sie – egal ob als Eigentümer oder Mieter – in der Lage sind, bei der Wohnlage gewisse Abstriche zu machen, kann dies am Ende viel Geld einsparen. Wer beispielsweise mitten im Stadtzentrum lebt, zahlt häufig erheblich mehr als jemand, der am Stadtrand wohnt. Sie sollten also genau prüfen, ob es Ihnen wirklich auf die bestmögliche Lage ankommt oder ob Sie nicht auch in ein günstigeres Wohngebiet umziehen könnten. Dadurch lässt sich bares Geld sparen, das Sie in Ihre Altersvorsorge investieren können.

Nur weil Sie hinsichtlich der Lage Ihres Domizils Einsparungen vornehmen, heißt das nicht, dass Sie dies auch in anderen Belangen tun müssen. Es gibt in Deutschland zahlreiche Häuser und Wohnungen, die zwar nicht in den teuersten Wohngebieten liegen, Ihnen aber mit Blick auf Faktoren wie Infrastruktur, Verkehrsanbindung oder die Ausstattung zu einem günstigeren Preis dennoch eine Eins-A-Qualität bieten.

Bei Ihrer Entscheidung für eine Wohnlage sollten Sie auch den Weg zu Ihrer Arbeitsstätte und andere Wegstrecken berücksichtigen, die Sie zurücklegen müssen. So bringt es Ihnen nichts, wenn Sie durch einen Umzug in eine günstigere Lage Geld sparen, die Einsparung aber wieder verlieren, weil Sie auf einmal höhere Kosten für den Weg zu Ihrem Arbeitsplatz haben.

Rechnen Sie genau nach und berücksichtigen Sie dabei auch die Zeit, die Sie durch weitere Wegstrecken möglicherweise verlieren würden.

Suchen Sie im Winter nach Ihrem neuen Heim!
Im Winter liegt das Ende des Jahres, aber womöglich der Beginn der optimalen Immobiliensuche: Kühle und triste Witterung sorgen eventuell dafür, dass Menschen weniger gern aus dem Haus gehen, und können Interessenten abschrecken. Die kürzeren Tage lassen die Besichtigungsmöglichkeiten unter Tageslicht abnehmen. Gärten wirken im Winter in der Regel weniger attraktiv. All diese Gründe können dazu führen, dass im Winter weniger Menschen nach einem Haus oder einer Wohnung suchen.

Die Hektik der Feiertage im Dezember nimmt zudem manchen so in Beschlag, dass an ein Immobiliengeschäft nicht zu denken ist.

Andere Verhältnisse schafft das Frühjahr, das etliche Menschen zur Suche nach einem neuen Heim motiviert. Das Wetter wird wieder freundlicher, die Tage werden länger und die Vegetation zeigt sich oft von ihrer schönsten Seite. Diese Faktoren können dazu beitragen, dass wieder mehr Leben in den Immobilienmarkt kommt.

Im Sommer drängen sich dann in den Universitätsstädten viele Studierende auf dem Wohnungsmarkt. Zusätzlich suchen in dieser Zeit zahlreiche Absolventen erstmalig ein Dach über dem Kopf oder ziehen in andere Städte um. Familien nutzen womöglich die Sommerferien für einen Umzug, für den sonst die Zeit fehlt.

Andererseits kann die Ferienzeit im Sommer Immobiliensuchenden auch Gelegenheiten bieten, die sich sonst nicht ergeben. Denn viele Menschen nutzen diese Zeit für Urlaub oder andere Aktivitäten und bleiben dem Immobilienmarkt fern.

Wie die vorigen Gedanken zeigen, kann die Jahreszeit einen nicht unbedeutenden (finanziellen) Einfluss bei der Wahl eines Zuhauses haben. Gerade im Winter ist manchmal die Chance groß, dass Sie beim Mieten oder dem Kauf einer Wohnung oder eines Hauses nennenswerte Kosten einsparen können.

Sparen Sie Handwerkerkosten!
Dass die Arbeit von Handwerkern kein günstiges Vergnügen ist, hat wohl so gut wie jeder schon einmal erlebt – gleich ob Eigentümer oder Mieter. Wie die Handwerkskammer Reutlingen auf Ihrer Webseite wissen lässt, kostet eine Handwerkerstunde im Durchschnitt zwischen 45 und 65 Euro, wobei sich die Sätze in den einzelnen Branchen teilweise erheblich unterscheiden.

Wer hier sparen möchte, sollte immer mehrere Angebote einholen und sich nicht davor scheuen, Preise zu verhandeln. Auf diese Weise lassen sich oft unnötige Ausgaben vermeiden.

Doch Vorsicht: Achten Sie darauf, dass der günstigste Betrieb nicht an der Qualität seiner Arbeit und an der des verwendeten Materials spart!

Am meisten sparen können Sie, wenn Sie ganz auf Handwerker verzichten und stattdessen selbst Hand anlegen. Wer handwerklich einigermaßen begabt ist, kann viele rund um das Heim anfallende Arbeiten selbst erledigen – und damit großes Sparpotenzial nutzen.

Beim Materialkauf gilt auch an dieser Stelle: Vergleichen Sie Preise und handeln Sie gegebenenfalls nach, ohne auf Qualität zu verzichten. Denn auch hier trifft oft die alte Weisheit zu: Wer billig kauft, kauft zweimal.

Bevor Sie als Heimwerker selbst Hand anlegen, sollten Sie sich genau informieren, welche Arbeiten sie ausführen dürfen – und welche nicht. Denn nicht alles, was man sich zutraut, darf man auch tatsächlich selbst erledigen.

Und Sie sollten nur Arbeiten übernehmen, die Sie sich auch zutrauen. Sie haben nichts gewonnen, wenn Sie vielleicht den ein oder anderen Euro sparen, dies aber im ungünstigsten Fall mit Ihrer Gesundheit oder Ihrem Leben bezahlen.

In doppelter Hinsicht sparen kann, wer in Eigenarbeit energetische Sanierungen durchführt. Wer über ein wenig handwerkliches Geschick verfügt, kann in Eigenleistung beispielsweise die oberste Geschoss- oder die Kellerdecke dämmen und sich über eine Senkung der Energiekosten freuen.

Sparen Sie Nebenkosten!
Die zuvor genannten Tipps kommen für Sie nicht infrage? Dann gibt es dennoch einen Posten, bei dem Sie vielleicht viel Geld sparen können: Die Wohnnebenkosten oder kurz Nebenkosten. Diese sind – zum Teil in unterschiedlicher Weise – sowohl von Eigentümern als auch von Mietern zu tragen.

Die Nebenkosten stellen eine erhebliche finanzielle Aufwendung für die eine wie die andere Gruppe dar. Nicht umsonst wird die Belastung für Mieter zuweilen als die zweite Miete bezeichnet.

Auf manche der Positionen, die unter die Nebenkosten fallen, haben Sie stärkere Einflussmöglichkeiten als auf andere. So können Eigentümer zum Beispiel auf die Höhe der Verwaltergebühren nur sehr begrenzt Einfluss nehmen.

Im Sinne Ihrer Rentenvorsorge gilt: Sparen Sie bei Ihren Nebenkosten, wo immer Sie können.

Bevor Sie eine Immobilie kaufen oder anmieten, sollten Sie sich genau über die Höhe der Nebenkosten und deren Zusammensetzung informieren. Diese können entscheidenden Einfluss auf Ihre Entscheidung für oder gegen ein Objekt haben. Frühzeitiges Einholen von Informationen erspart Ihnen in diesem Falle, dass Sie irgendwann ein böses Erwachen erleben.

Sowohl Eigentümer als auch Mieter sollten zudem stets alle Abrechnungen genau überprüfen. Denn es ist nicht ausgeschlossen, dass sich – aus welchen Gründen auch immer – Fehler in diese einschleichen.

Dies gilt vielleicht noch mehr für Mieter. Denn die Erfahrung zeigt, dass nicht alle Kosten, die vom Vermieter auf den Mieter umgelegt werden, auch genauso umgelegt werden dürfen.

Die Nebenkosten sind ein so wichtiger Faktor, dass einigen von ihnen in der Folge jeweils eigene Abschnitte gewidmet werden sollen.

So sparen Sie Heizkosten!

Der 24. Februar 2022 hat nicht nur für die Bevölkerung der Ukraine weitreichende Veränderungen mit sich gebracht, sondern auch für den Rest der Welt.

Relativ bald waren die plötzlich stark ansteigenden Energiekosten in aller Munde – und damit viele Ängste, etwa dass man im Winter im Kalten sitzen werde oder man sich sein Heim nicht mehr leisten könne.

Auch wenn die Preise wieder gefallen sind, bleibt Energie ein wesentlicher Kostenfaktor.

Ein Großteil des Energieverbrauchs im Haushalt entfällt dabei laut der vom Bundesministerium für Wirtschaft und Klimaschutz ins Leben gerufenen Kampagne 80 Millionen gemeinsam für Energiewechsel mit 67 Prozent auf das Heizen.

Damit bietet der Faktor Heizen (und Warmwasserverbrauch) großes Sparpotenzial. Bedenken Sie stets: Mit jedem Euro, den Sie für Heizkosten ausgeben, haben Sie monatlich nicht nur weniger finanziellen Spielraum, sondern verheizen auch einen Teil Ihrer Altersvorsorge!

Da dieses Thema in der jüngeren Vergangenheit starkes mediales Interesse erfahren hat und sich viele Menschen damit befasst haben, sind die folgenden Hinweise zur Einsparung von Heizkosten auf den kommenden Seiten recht knapp gehalten.

Manche der folgenden Tipps sind ohne oder mit einem sehr geringen finanziellen Aufwand umzusetzen, andere erfordern Investitionen, die zum Teil beträchtlich sein können.

Dabei gilt: Wie bei jeder größeren Investition sollten Sie genau überprüfen (oder von entsprechenden Experten überprüfen lassen), ob sich der finanzielle Aufwand am Ende auch rechnet.

Wenn Sie Sanierungen ins Auge fassen, empfiehlt es sich, Ihr Objekt als Ganzes zu betrachten und Maßnahmen aufeinander abzustimmen. Wer etwa die Fenster tauschen möchte, sollte auch eine Dämmung der Außenwände erwägen.

Hierbei können Sie professionelle Hilfe in Form einer Energieberatung in Anspruch nehmen.

Viele Investitionen – etwa den Austausch von Heizung oder Fenstern sowie Dämmmaßnahmen – müssen Eigentümer im Übrigen nicht allein tragen, sondern können Förderungen in Anspruch nehmen. Daher empfiehlt es sich, stets zu prüfen, ob es entsprechende Fördermöglichkeiten gibt.

Senken Sie die Raumtemperatur!

Runter mit der Temperatur, rauf mit dem gesparten Geld! Bereits ein Grad weniger Raumtemperatur spart der Kampagne „80 Millionen gemeinsam für Energiewechsel" zufolge bis zu sechs Prozent Energie. Schon durch eine kaum spürbare Absenkung der Temperatur können Sie also spürbar sparen – und müssen keineswegs frieren.

Sinnvoll ist es auch, die Raumtemperatur in Räumen, in denen sich längere Zeit niemand aufhält, zu senken. Dies gilt beispielsweise für das Wohnzimmer, in dem Sie am Abend die Heizung deutlich herunterfahren können.

Im Schlafzimmer sind kühlere Temperaturen bekanntlich ohnehin empfehlenswert.

Verwenden Sie smarte Thermostate!
Das Thermostat ist am besten smart! Eine perfekte Kombination aus Komfort und Energiesparmöglichkeiten bieten smarte, programmierbare Thermostate. Sie helfen dabei, die richtige Raumtemperatur und die von Ihnen gewünschten Heizzeiten einzustellen.

Die Installation smarter Thermostate ist meist auch für Laien ohne größeren Aufwand durchführbar, da es in vielen Fällen ausreicht, wenn Sie an Ihren Heizkörpern den alten Thermostatkopf abschrauben und ein neues smartes Thermostat installieren.

Befreien Sie Ihre Heizkörper!
Heizkörper dürfen nicht verdeckt sein, wenn sie energiesparend heizen sollen. Stellen Sie also Möbelstücke wie Sofas nicht direkt an einen Heizkörper und verhindern Sie, dass Vorhänge die Heizung überdecken.

Wenn Sie Ihre Heizkörper befreien, befreit das auch Sie – und zwar laut der Kampagne 80 Millionen gemeinsam für Energiewechsel von bis zu 12 Prozent der Heizkosten.

Entlüften Sie Ihre Heizkörper!
Heizenergie lässt sich auch durch regelmäßiges Entlüften der Heizkörper einsparen – und zwar 1,5 Prozent der jährlichen Heizkosten, wie die Kampagne 80 Millionen gemeinsam für Energiewechsel angibt.

Das Entlüften dauert pro Heizkörper im Durchschnitt nur rund fünf Minuten.

Isolieren Sie Heizungsrohre!
Ihr Keller ist nicht bewohnt und die Heizungsrohre sind nicht isoliert? Dann machen Sie es allein für ungebetene Untermieter aus dem Tierreich wohlig warm! Da diese aber keine Miete zahlen, sollten Sie Ihre Heizungsrohre isolieren.

Dadurch können Sie im Keller laut der gemeinnützigen Beratungsgesellschaft co2online pro Meter Rohr zwischen 11 und 19 Euro im Jahr sparen – und das mit verhältnismäßig wenig Aufwand, da die Dämmung der Rohre schnell gemacht ist.

Aufgrund des hohen Einsparpotenzials amortisiert sich die Isolierung der Heizungsrohre in aller Regel bereits im ersten Jahr.

Stellen Sie Ihre Heizung richtig ein!

Wer seine Heizungsanlage nicht nur regelmäßig warten, sondern auch optimieren lässt, kann nach Angaben der Kampagne 80 Millionen gemeinsam für Energiewechsel bis zu 15 Prozent Energiekosten sparen.

Optimierung bedeutet, dass die Heizung an Ihren tatsächlichen Bedarf anzupassen ist. Moderne Heizungsanlagen können beispielsweise über Nacht automatisch die Temperaturen absenken oder diese werktags um einige Grad herunterfahren, wenn niemand zu Hause ist.

Lassen Sie einen hydraulischen Abgleich durchführen!

Haben Sie Heizkörper, die glühen, nicht ordentlich warm werden oder ein Gluckern von sich geben? Dann ist eventuell Ihre Heizungsanlage nicht optimal eingestellt. In diesem Fall kann ein hydraulischer Abgleich helfen, der dafür sorgt, dass die Wärme gleichmäßig in der Wohnung oder im Gebäude verteilt wird.

Fachbetriebe stellen sicher, dass sämtliche Heizkörper die notwendige Wärme abgeben, um die gewünschte Raumtemperatur zu erreichen. Auch individuelle Kriterien wie die Eigenschaften des Hauses, Fenster und die Dämmung der Außenwände werden dabei beachtet.

Mit dieser Maßnahme lässt sich der Energieverbrauch laut der Kampagne „80 Millionen gemeinsam für Energiewechsel" um 10 bis 15 Prozent senken.

Erneuern Sie Ihre Heizungsanlage!

Je oller, desto doller – dieses Motto lässt sich auf manche Menschen beziehen, aber in abgewandelter Form auch auf alte Heizungsanlagen übertragen. Denn je oller Ihre Heizung ist, desto doller treibt sie die Energiekosten in die Höhe!

Auch wenn die Erneuerung einer alten Heizungsanlage durch das Gebäudeenergiegesetz (GEG) noch nicht vorgeschrieben ist, sollten Eigentümer über einen Tausch nachdenken. Veraltete Technik verbraucht viel Energie, was in diesem Fall besonders schwer wiegt: 67 Prozent der Haushaltsenergie entfallen auf das Heizen und die Bereitstellung von Warmwasser.

Laut der Webseite Heizsparer.de gibt das Alter der jeweiligen Anlage eine erste Orientierung, ob sich ein Austausch lohnt. Als Faustregel kann dabei gelten: Je älter eine Heizungsanlage ist, desto eher lohnt sich eine energetische Modernisierung.

Falls Haus oder Wohnung älter als 20 Jahre sind, wird sich ein Austausch der Heizungsanlage lohnen, selbst wenn die Heizung noch funktionsfähig ist.

Schon bei Heizsystemen, die 10 bis 15 Jahre alt sind, beträgt die Energieeinsparung nach dem Austausch im Schnitt bis zu 20 Prozent.

Rechnen Sie also genau nach, ob sich ein Tausch für Sie auszahlt – oder lassen Sie sich entsprechend beraten.

Gründlich informieren (lassen) sollten Sie sich auch, welche Heizung zu Ihrem Objekt und Ihnen passt.

Schließen Sie Türen!

Schließen Sie Ihre Türen und andere Türen gehen auf, nämlich die zur Einsparung von bis zu fünf Prozent an Heizkosten, wie die Kampagne 80 Millionen gemeinsam für Energiewechsel angibt. Es hat also eine große Wirkung, wenn Sie konsequent die Türen zwischen den Räumen Ihrer Wohnung oder Ihres Hauses schließen.

Auch Türen zum Flur, zum Keller und zum Dachboden sollten Sie geschlossen halten, um nicht unnötig Wärme entweichen zu lassen.

Lüften Sie effizient!

Effizient zu lüften, bedeutet, effizient zu sparen! Am wirkungsvollsten lüften Sie folgendermaßen: Fenster weit öffnen, Innentüren aufmachen! Auf diese Weise sollten Sie für fünf bis zehn Minuten durchlüften und im besten Fall mit geöffneten Türen querlüften.

Heizkörper sollten, sofern sie eingeschaltet sind, dafür kurz heruntergedreht werden.

Extrem ineffizient lüften Sie dagegen, wenn Sie Fenster den ganzen Tag über gekippt stehen lassen. Denn dann kühlen auch Ihre Möbel aus und die Heizung braucht deutlich mehr Energie, um später wieder die gewünschte Temperatur zu erreichen.

Dichten Sie Türen und Fenster ab!

Wer zugige Türen und Fenster nicht abdichtet, ist nicht mehr ganz dicht – wenn es um Energie- und Kosteneinsparung geht.

Abhilfe gegen undichte Türen und Fenster zu schaffen, ist nicht teuer, aber wirksam. Elastische Dichtungsbänder für Türunterkanten und bewegliche Dichtprofile und Bürstendichtungen kosten beispielsweise wenig Geld, zeigen aber eine große Wirkung. Besonders effektiv sind derartige Abdichtungen bei Türen zu unbeheizten Räumen des Hauses, wie bei der Tür zum Keller, zum Dachboden oder zum Treppenhaus.

Tauschen Sie Fenster und Türen!

Wenn Sie noch mehr Energiekosten einsparen möchten, als es mit der Abdichtung von Fenstern und Türen möglich ist, und Sie über das nötige Budget verfügen, sollten Sie als Eigentümer den Tausch dieser Bauteile in Betracht ziehen.

Die Einsparungen, die durch diese Maßnahme entstehen, können beträchtlich sein: So ist es laut der Kampagne 80 Millionen gemeinsam für Energiewechsel möglich, mit energieeffizienten Fenstern die Energiekosten für Wohnräume um 10 bis 20 Prozent zu senken.

Schließen Sie Rollläden, Vorhänge und Jalousien!
·Laut Angabe des Bundesverbandes Rollladen + Sonnenschutz e.V. stellte das Fraunhofer Institut für Bauphysik in einer Untersuchung fest, dass geschlossene Rollläden den Wärmedurchgang bei älteren Fenstern bis zu einem Drittel reduzieren können. Selbst bei modernen Fenstern können Rollläden den Wärmeschutz noch verbessern.

Schließen Sie also besonders bei Kälte und Sturm Rollläden, aber auch Vorhänge und Jalousien!

Dämmen Sie Kellerdecke und oberste Geschossdecke!
Durch ungedämmte Kellerdecken geht unnötig Wärme aus dem beheizten Wohnbereich in den darunter liegenden unbeheizten Keller verloren. Dadurch kühlt der Wohnbereich aus – und die Heizkostenrechnung steigt. Eine nachträgliche Dämmung der Kellerdecke kann diesen Missstand beseitigen und wertvolles Geld sparen.

Nicht nur ungedämmte Kellerdecken können Probleme bereiten: Warme Luft steigt nach oben. Wenn sie über ungedämmte Bauteile leicht entweichen kann und es zu hohen Energieverlusten kommt, steigen die Kosten. Dem wirkt eine Dämmung der obersten Geschossdecke wirkungsvoll entgegen, durch die Energie und Kosten eingespart werden und im Sommer zudem Hitze ferngehalten wird.

Dämmen Sie Fassade und Dach!
Eine Fassadendämmung stellt eine große Investition dar, die mit großen Kosten, aber auch mit großer Ersparnis verbunden sein kann. Laut co2online können mit einer Fassadendämmung bei einem durchschnittlichen Gebäude bis zu 19 Prozent der Heizenergie gespart werden.

Ob sich die Dämmung der Außenfassade lohnt und wie schnell sie sich amortisiert, hängt vom individuellen Zustand eines Gebäudes ab.

Doch da das mit ihr verbundene Einsparpotenzial groß ist, lohnt es sich für Eigentümer, den Rat eines Experten einzuholen und die Maßnahme zumindest in Erwägung zu ziehen.

Wenn Wärme durch ein ungedämmtes Dach entweicht, geht viel Energie und damit Geld verloren. Sofern nicht ohnehin gesetzlich vorgeschrieben, kann eine Dachdämmung auch finanziell Sinn machen. Denn sie sorgt für spürbare Einsparungen: Wie co2online angibt, lassen sich mit dieser Maßnahme rund 8 Prozent Heizenergie einsparen.

Wer das Dach dämmt, kann nicht nur an kalten Tagen profitieren. Denn die Dämmung schützt auch besser vor Wärme und steigert damit den Wohnkomfort.

Zudem lässt sie sich womöglich mit einem Ausbau des Daches verbinden, wodurch zusätzlicher Wohnraum geschaffen werden kann.

Nutzen Sie kaltes Wasser!

67 Prozent der Haushaltsenergie entfallen, wie bereits erwähnt, auf das Heizen und die Bereitstellung von Warmwasser. Daher ist es im Sinne der Kostenersparnis sinnvoll, kaltes anstatt warmes Wasser zu verwenden.

Es gibt im Alltag viele Ansatzpunkte, um warmes Wasser einzusparen. Ihre Hände können Sie sich beispielsweise auch mit kaltem Wasser waschen, da Seife Schmutz auch ohne Warmwasser entfernt.

Weitere Tipps, um Wasser und warmes Wasser zu sparen, finden Sie ab Seite 96.

So sparen Sie Stromkosten!

Die Abhängigkeit von Elektrizität ist im Deutschland des 21. Jahrhunderts (und nicht nur dort, sondern in großen Teilen der Welt) immens. Ein Leben ohne Elektrizität ist im privaten und öffentlichen Bereich gar nicht mehr vorstellbar. Licht, Haushaltsgeräte, Fernsehapparate, Computer, Smartphones, Elektrofahrzeuge – all diese Errungenschaften sind ohne Strom nicht denkbar. Supermärkte, Banken, Börsen,

Krankenhäuser und Altenheime können ohne Strom nicht funktionieren. Kurzum: Unser gesamtes Leben ist mehr oder weniger von Elektrizität abhängig.

Entsprechend hoch ist der Stromverbrauch in Deutschland. Dieser erreichte mit der gewaltigen Menge von 624 Terawattstunden 2007 seinen Höhepunkt. Im Jahr 2010 setzte sich die damalige Bundesregierung in ihrem Energiekonzept das Ziel, den Verbrauch bis zum Jahr 2020 um 10 Prozent im Vergleich zu demjenigen des Jahres 2008 zu senken, was im Jahr 2020 mit einem Rückgang von etwa 10,5 Prozent auch erreicht wurde. Im Jahr 2022 sank der Verbrauch auf den niedrigsten Wert seit 1996, wobei Sondereffekte durch den Krieg in der Ukraine zu bedenken sind.

Nach Angaben des Umweltbundesamtes ist künftig aber mit einer Zunahme des Stromverbrauchs zu rechnen.

Wie alles, wonach hoher Bedarf besteht, ist auch Strom teuer. Wie aus der „BDEW-Strompreisanalyse Juli 2023" des Bundesverbandes der Energie- und Wasserwirtschaft e. V. (BDEW) hervorgeht, lag der durchschnittliche Strompreis für Haushalte im bisherigen Jahresmittel 2023 um 15 Prozent höher als im 2. Halbjahr 2022 und betrugt durchschnittlich 46,27 Cent pro Kilowattstunde (Grundpreis anteilig für einen Verbrauch von 3.500 kWh/a enthalten). Die Strompreise für Haushalte seien, wie es heißt, allerdings zu Beginn des 2. Quartals 2023 tendenziell wieder gesunken.

Beachtlich ist die Steigerung, die der Strompreis innerhalb der letzten Jahre und Jahrzehnte erfahren hat: Im Jahr 2000 lag der Preis durchschnittlich noch bei umgerechnet 13,94 Cent pro Kilowattstunde, wie Finanztip unter Berufung auf Informationen des BDEW angibt.

Wie sich die Strompreise in der Zukunft weiter entwickeln ist nur schwer prognostizierbar, da hierfür eine Vielzahl von Faktoren verantwortlich ist. Der Krieg in der Ukraine hat beispielsweise deutlich gemacht, welchen Einfluss unvorhersehbare Ereignisse auf den Strompreis ausüben können.

Schon angesichts der Höhe der Preise und der Unsicherheit über die künftige Entwicklung sollten Sie Strom sparen, wo Sie nur können. Vielleicht gelingt es Ihnen auf diese Weise sogar, Einsparungen vorzunehmen, die Sie dann in Ihre Altersvorsorge investieren können.

Das Positive dabei: Sparen bedeutet in diesem Zusammenhang nicht einmal zwangsläufig Verzicht, wie Ihnen die folgenden Tipps zeigen werden.

Doch wo sollen Sie mit dem Sparen beginnen? Als Orientierung können folgende Informationen dienen: Auf der Webseite der Kampagne 80 Millionen gemeinsam für Energiewechsel lässt sich nachlesen, wofür die Deutschen zu Hause am meisten Strom verbrauchen. Unterhaltungselektronik und große Haushaltsgeräte sind demzufolge die größten Energieverbraucher.

Auf Informationstechnik, TV und Audio entfallen 28 Prozent des Verbrauchs, auf Waschen und Trocknen 14 Prozent, auf Licht 13 Prozent, auf Kühl- und Gefriergeräte 11 Prozent, auf das Kochen 9 Prozent und auf das Spülen 8 Prozent. 17 Prozent gehen auf sonstigen Verbrauch zurück.

Wenn der Stromverbrauch auch eine individuelle Größe ist, geben diese Zahlen doch wertvolle Informationen preis, wo sich effektiv Strom einsparen lässt.

Stellen Sie Ihre Heizungspumpe niedriger oder tauschen Sie diese aus!

Manche Menschen hüten in ihrem Keller wahre Schätze und eine Menge Geld – manchmal sogar, ohne es selbst zu wissen. Andere wiederum lassen in ihrem Keller bares Geld liegen – auch das häufig, ohne es selbst zu wissen! So soll denn der Blick, bevor auf mögliche Einsparungen an anderer Stelle eingegangen wird, auf ein Bauteil gerichtet werden, das sich häufig in Kellern findet: Einer der stärksten Motoren der Geldverschwendung im Haushalt ist häufig die Heizungspumpe, auch Umwälzpumpe genannt.

Deren Aufgabe besteht darin, in einer Warmwasserheizung das erwärmte Wärmeträgermedium – zumeist Wasser – zu den Heizkörpern oder Hausanschlussstationen zu befördern und das abgekühlte Wärmeträgermedium aus dem Rücklauf wieder zurückzubefördern, damit es erneut erwärmt werden kann. Heizungspumpen laufen ständig, solange geheizt wird.

Nach Angabe von co2online sind vier von fünf Heizungspumpen veraltet und verbrauchen unnötig viel Strom. Das heißt: Wenn das Wasser in Ihrem Gebäude zentral erwärmt wird, liegt in Ihrem Heizungskeller womöglich großes Sparpotenzial! Dieses können Sie nutzen, indem Sie überprüfen, ob Sie die Leistung der Umwälzpumpe auf eine niedrigere Stufe einstellen können. Bei älteren Pumpen, die häufig auch in den Sommermonaten arbeiten, können Sie erwägen, Heizung und Pumpe ganz abzuschalten.

Weil moderne, hocheffiziente Pumpen 70 bis 80 Prozent weniger Strom als alte Pumpen verbrauchen und sich laut co2online bereits innerhalb weniger Jahre rechnen, sollte man mit einem Tausch gegebenenfalls nicht bis zum Ausfall des alten Modells warten. Weiter heißt es, dass eine neue, hocheffiziente Pumpe in einem durchschnittlichen 3-Personen-Haushalt bis zu 144 Euro im Jahr im Vergleich zu einem alten Modell spart.

Nutzen Sie effiziente Geräte!

Hat Ihre Stromrechnung Sie schon einmal elektrisiert, weil der Stromverbrauch Ihres Haushaltes im Vergleich zu anderen zu hoch ist? Der Grund dafür könnte zu einem guten Teil in der Verwendung großer und ineffizienter Haushaltsgeräte liegen.

Alte Röhrenfernseher können beispielsweise wahre Stromfresser sein. Jedoch gibt es auch bei Flachbildfernsehern große Unterschiede hinsichtlich des Energieverbrauchs. Als Faustregel gilt: Je größer der Bildschirm und je umfassender die Ausstattung ist, desto mehr Strom braucht der jeweilige Fernseher. Ineffiziente Großbildfernseher mit Bildschirmdiagonalen von über einem Meter benötigen über das Jahr oftmals mehr Strom als Kühlschränke.

Daher ist besonders bei großen Geräten die Energieeffizienzklasse wichtig, wenn Sie den Stromverbrauch in Ihrem Haushalt reduzieren möchten. Achten Sie darauf, dass Neugeräte nicht nur eine erstklassige Bildqualität, sondern auch erstklassige Energieeffizienz-Werte aufweisen. Diese werden vom EU-Energielabel angezeigt.

Auch alte und ineffiziente Waschmaschinen erweisen sich oft als Stromfresser. Moderne Geräte waschen effizienter und passen die benötigte Energie- und Wassermenge automatisch an die jeweilige Wäsche an, welche sich in der Trommel befindet. Außerdem haben sie meist etliche auf die einzelnen Fasern abgestimmte Spezialprogramme.

Die Anschaffung einer effizienten Waschmaschine kann also eine saubere Sache sein, von einem schmutzigen Gewissen gegenüber der Umwelt befreien und für Ihren Geldbeutel eine Wohltat sein.

Kühl- und Gefrierschränke laufen permanent und stellen eventuell Ihre Stromsparbemühungen kalt. Sie verursachen laut co2online im schlechtesten Fall bis zu einem Viertel des Stromverbrauchs.

Angesichts dessen verwundert es kaum, dass das Einsparpotenzial hier besonders groß ist. Moderne Geräte der besten Energieeffizienzklasse verbrauchen im Vergleich zu älteren, ineffizienten Modellen bis zu 50 Prozent weniger Strom. Wenn Sie also die Anschaffung eines neuen Kühlschranks planen, ist es dringend zu empfehlen, die im Energielabel ausgewiesene Energieeffizienz zu beachten.

Selbst der Austausch noch funktionsfähiger Geräte lohnt sich oftmals schon nach wenigen Jahren durch die eingesparten Stromkosten, wenn ein entsprechend effizientes Neugerät angeschafft wird.

Auch bei Backöfen und Geschirrspülmaschinen sollten Sie den Stromverbrauch im Auge haben.

Effiziente Spülmaschinen verbrauchen im Durchschnitt 30 Prozent weniger Strom als zehn Jahre ältere Modelle, wie co2online angibt.

Vermeiden Sie den Stand-by-Modus!

Wenn Sie Geräte in den Stand-by-Modus versetzen, heißt das noch nicht, dass Ihre Kosten auf Stand-by geschaltet werden: Das Umweltbundesamt schätzt nach Angaben von co2online, dass der Stand-by-Betrieb von Geräten deutschlandweit Stromkosten in Höhe von circa vier Milliarden Euro im Jahr verursacht.

Für Ihren Haushalt bedeutet dies, dass Sie jährlich durchschnittlich rund 115 Euro Stromkosten einsparen können, wenn Sie elektrische Geräte richtig ausschalten, anstatt sie nur in den Stand-by-Modus zu versetzen.

Waschen Sie effizient!

Wer effizient wäscht, wäscht seine Hände in ökologischer Unschuld – und spart Geld! Wer beispielsweise ohne Vorwäsche wäscht, übt keinen Verzicht, reduziert aber Kosten. Vorwäsche ist in aller Regel überflüssig. Vor allem bei Textilien wie Handtüchern oder Bettwäsche sind die Verschmutzungen fast nie so gravierend, dass vor der Hauptwäsche noch die Vorwäsche laufen müsste.

Zudem ist es empfehlenswert, Wäsche mit 30 °C zu waschen: Mit modernen Waschmaschinen und Waschmitteln wird Ihre Wäsche in den meisten Fällen auch mit weniger heißem Wasser sauber. Das spart Kosten, da mehr als drei Viertel der Energie in die Wassererwärmung eines Waschgangs fließen.

Auch Eco-Programme können beim Waschen sparen helfen. Da die meiste Energie für das Erwärmen des Wassers verwendet wird, verbrauchen Eco-Programme trotz der längeren Laufzeit weniger Energie: Das Wasser wird weniger stark erwärmt und insgesamt gesehen wird sogar weniger Wasser verbraucht. Wasser und Reinigungsmittel erhalten mehr Zeit zum Einwirken und längeres Schleudern durch Waschwasser sorgt für Wäsche, die auch unter hygienischen Aspekten sauber ist.

Laut co2online kann, wer konsequent auf das Öko-Programm setzt, im Vergleich zu anderen, längeren Programmen 36 Euro im Jahr sparen.

Rund alle drei Monate sollten Sie Ihre Waschmaschine allerdings reinigen oder heiß durchlaufen lassen, um Keime abzutöten.

Verzichten Sie auf einen Wäschetrockner!

Nichts verbraucht weniger Strom als ein Gerät, das nicht genutzt wird. In diesem Sinne gilt, wenn Sie Wäsche trocknen müssen: Lassen Sie die Luft und keinen Wäschetrockner für sich arbeiten! Es ist im Vergleich mit einem Wäschetrockner stets der energiesparendere Weg, Wäsche auf einer Wäscheleine, einem Wäscheständer oder einer Wäschespinne zu trocknen.

Wenn Sie auf einen Wäschetrockner verzichten, lassen sich im Jahr ganze 96 Euro an Stromkosten einsparen, wie co2online zu berichten weiß.

Nutzen Sie LEDs als Lichtquelle!

Seien Sie eine Leuchte und nutzen Sie LEDs als Lichtquelle! Wenn Sie alte Glüh- und Halogenlampen durch neue LEDs ersetzen, können Sie laut der Kampagne 80 Millionen gemeinsam für Energiewechsel bis zu 80 Prozent des Energieverbrauchs einsparen, der auf die Beleuchtung zurückgeht.

Das wiegt umso schwerer, wenn man bedenkt, dass immerhin 13 Prozent des häuslichen Stromverbrauchs auf den Faktor Licht entfallen.

Schalten Sie das Licht aus!

Kennen Sie folgende Situation? Sie kommen in einen Raum und das Licht brennt, obwohl Sie sich länger nicht darin aufgehalten haben. Dann geht es Ihnen sicher wie vielen anderen auch. In solchen Momenten können Sie sicher sein: Sie haben gerade Energie verschwendet!

Was nicht eingeschaltet ist, verbraucht in aller Regel keinen Strom. Diesen Grundsatz sollte sich der ein oder andere zu Herzen nehmen, wenn es um das Thema Licht geht. Wer das Licht löscht, wenn es in den nächsten Minuten oder Stunden nicht benötigt wird, kann Strom sparen.

Wenn Sie einen Raum nur kurz verlassen, um dann zurückzukehren, brauchen Sie das Licht nicht auszuschalten, da Sie dadurch nicht merkbar Strom sparen werden. Zudem benötigen einzelne Typen von Lampen beim Einschalten für den Bruchteil einer Sekunde ein Mehrfaches an Strom im Vergleich zum laufenden Betrieb.

Im Übrigen: Laut co2online haben LED-Lampen eine vielfach längere Lebensdauer als Glühlampen und Energiesparlampen. Eine Glühlampe hält etwa 1.000, eine Energiesparlampe etwa 8.000 und eine LED-Lampe bis zu 15.000 Betriebsstunden durch.

Zudem lassen die Elektrizitätswerke des Kantons Zürich auf ihrer Webseite wissen, dass LEDs normalerweise über 50.000 Schaltzyklen durchhalten, bevor sie in der Leistung nachlassen oder durchbrennen. Bei veralteten Glühbirnen liegt dieser Wert bei etwa 1.000, bei Energiesparlampen bei rund 30.000 Schaltzyklen.

Lassen Sie den Kühlschrank nicht offenstehen!

Wer die Kühlschranktür offenstehen lässt, verschwendet unnötig Energie. Denn Kühlschränke kompensieren den entstehenden Kälteverlust mit viel Energie.

In einem Durchschnittshaushalt lassen sich pro Jahr laut co2online immerhin etwa 10 Euro einsparen, wenn die Kühlschranktür nicht unnötig offensteht.

Lassen Sie Kühlschrank und Gefriertruhe abtauen!

Wird der Reifansatz an den Innenwänden Ihres Kühlschranks oder Ihrer Gefriertruhe zu einer dickeren Schicht oder bildet sich gar eine richtige Eisschicht, erhöht sich der Stromverbrauch des betreffenden Gerätes. Dann ist es spätestens Zeit, Kühlschrank oder Gefriertruhe abtauen zu lassen. Um Kosten zu sparen, sollten Sie diesen Vorgang regelmäßig etwa zweimal im Jahr wiederholen.

Nach Angaben von co2online erhöht eine Vereisung von 5 Millimetern Stärke den Stromverbrauch eines Kühlschranks um rund 30 Prozent, was bei einem Gerät der Klasse B über 10 Euro im Jahr ausmacht.

Stellen Sie den Kühlschrank auf 7 Grad ein!

Ein bisschen mehr Wärme in der Kälte des Kühlschranks kann dafür sorgen, dass Sie Energie und damit Geld sparen. Mit durchschnittlich 5,8 Grad sind Kühlschränke häufig zu kalt eingestellt. Sieben Grad Celsius reichen aus, um Lebensmittel zuverlässig zu kühlen.

Die Temperatur im Kühlschrank in angemessenem Maß zu erhöhen, zahlt sich finanziell aus: Bereits ein Grad Celsius reicht laut der Kampagne 80 Millionen gemeinsam für Energiewechsel aus, um die Stromkosten um rund sechs Prozent zu senken.

Verfügt Ihr Kühlschrank über ein Gefrierfach, sollten Sie wissen, dass in diesem minus 18 Grad Celsius ausreichen, um Lebensmittel gefroren zu halten.

Kochen und backen Sie effizient!

Wenn Ihre nächste Stromrechnung Sie nicht zum Kochen bringen soll, ist es das Beste, wenn Sie effizient kochen und backen. Dies trägt einen Teil zum Energiesparen bei und funktioniert mit ein paar einfachen Tipps und Tricks, die jeder einfach umsetzen kann.

Wer etwa am Backofen die Umluft-Funktion nutzt, backt klimafreundlich und kann nach Angabe der Kampagne 80 Millionen gemeinsam für Energiewechsel bis zu 15 Prozent Energie einsparen.

Auf das Vorheizen des Backofens sollten Sie in der Regel verzichten. Nur die wenigsten Gerichte benötigen einen bereits vorgewärmten Backofen. Durch den Verzicht auf das Vorheizen des Backofens können Sie den Stromverbrauch um bis zu acht Prozent reduzieren.

Sparen können Sie auch, wenn Sie mit niedriger Temperatur backen und mehrere Ebenen im Ofen gleichzeitig benutzen.

Wenn Sie Ihren Herd bereits kurz vor Ende des Garvorgangs ausstellen, können Sie – Induktionsherde ausgenommen – Energie sparen. Dem Garvorgang tut das kaum einen Abbruch, da die Restwärme häufig stärker ist als gedacht.

Nicht nur in zwischenmenschlichen Beziehungen, sondern auch beim Kochen passt auf jeden Topf ein Deckel, der dort auch hingehört. Kochen mit Deckel kann den Energieverbrauch nämlich um bis zu zwei Drittel verringern, wie die Kampagne 80 Millionen gemeinsam für Energiewechsel angibt.

Nutzen Sie einen Wasserkocher!
Wasserkocher sind für das Erhitzen von Wasser effizienter als Elektroherde, weil weniger Abwärme freigesetzt wird. Dies gilt insbesondere für kleinere Mengen.

Achten Sie zudem darauf, nicht mehr Wasser als nötig zu kochen. Laut co2online können Sie im Durchschnitt 16 Euro pro Jahr sparen, wenn Sie beim Wasserkocher auf die richtige Füllmenge achtgeben.

Nutzen Sie das Ökoprogramm des Geschirrspülers!
Auch beim Abwasch können Sie Strom sparen, indem Sie das Ökoprogramm Ihres Geschirrspülers anstelle des Kurzprogramms nutzen.

Im Übrigen ist ein Geschirrspüler dem Abwaschen mit der Hand in Sachen Energieverbrauch überlegen: Mit ihm können der Kampagne 80 Millionen gemeinsam für Energiewechsel zufolge bis zu 50 Prozent des Verbrauchs an Energie (und 30 Prozent desjenigen an Wasser) eingespart werden, da die Maschine Wasser sparsamer einsetzt als menschliche Spülhände.

Installieren Sie eine Photovoltaikanlage!
Aus dem Licht der Sonne Energie zu gewinnen und den eigenen Strom zu produzieren – das ist für viele Menschen ein Traum. Ein Traum, für

den es ganz unterschiedliche Motivationen geben kann: Neben ökologische Beweggründe können auch wirtschaftliche treten sowie der Wunsch nach Unabhängigkeit.

Vor allem die beiden letzten Beweggründe dürften dazu beigetragen haben, dass Photovoltaikanlagen, kurz auch PV-Anlagen genannt, seit dem Aufleben der Energiekrise in aller Munde sind. Diese wandeln mittels Solarzellen einen Teil der Sonnenstrahlung in elektrische Energie um und können dazu beitragen, Unabhängigkeit von den hohen Strompreisen herzustellen.

Wenn Sie Besitzer eines Gebäudes sind und langfristig Stromkosten einsparen möchten, sollten Sie die Installation einer Photovoltaikanlage in Betracht ziehen. Gewiss handelt es sich dabei in der Regel um eine große Investition. Jedoch zahlt diese sich langfristig gesehen aus.

Wie lange es dauert, bis sich eine Anlage amortisiert, lässt sich nicht pauschal beantworten, weil hierbei viele Faktoren eine Rolle spielen. Wie die Plattform EFAHRER.com und das Unternehmen Wegatech aber auf ihren Webseiten angeben, amortisieren sich Photovoltaikanlagen nach etwa zehn bis 15 Jahren.

Die Anschaffung eines Speichers verlängert den Amortisationszeitraum, führt aber nach der Amortisation zu höheren Einsparungen. Auch eine Finanzierung einer Photovoltaikanlage über einen Solarkredit verlängert den Amortisationszeitraum.

Wer die Investition scheut, hat die Möglichkeit, in ein sogenanntes Balkonkraftwerk, auch Mini-PV genannt, zu investieren, das sich relativ schnell amortisiert.

Diese Möglichkeit können gegebenenfalls sogar Mieter nutzen.

Für Eigentümer kann von Interesse sein, dass es inzwischen eine Reihe von Unternehmen gibt, die Miet- oder Pachtmodelle für Photovoltaikanlagen anbieten. Hier sollten Sie genau nachrechnen und vergleichen.

So sparen Sie Wasserkosten!

Wasser ist ein knappes Gut. Diese Tatsache macht sich inzwischen nicht mehr nur in entfernten Ländern, sondern auch in Deutschland bemerkbar. Kaum jemandem dürfte entgangen sein, dass einige Sommer in den letzten Jahren hierzulande anhaltende Perioden mit zu wenig Niederschlag aufwiesen.

Zu viel Niederschlag findet die Knappheit der Ressource Wasser hingegen in den Preisen, die Sie für das lebenswichtige Element bezahlen müssen. In den letzten Jahren sind die Wasserpreise in Deutschland stark angestiegen. Laut dem Statistischen Bundesamt lag das verbrauchsabhängige Entgelt für einen Kubikmeter Trinkwasser im Jahr 2022 in Deutschland durchschnittlich bei 1,83 Euro brutto.

Dabei ist zu berücksichtigen, dass sich die Wasserpreise sowohl von Bundesland zu Bundesland als auch von Region zu Region deutlich unterscheiden können.

Die weltweite Wasserknappheit und die gestiegenen Preise halten die Deutschen allerdings nicht davon ab, viel Wasser zu verbrauchen. Wie das Statistische Bundesamt anlässlich des Weltwassertages im März 2022 mitteilte, nutzt jeder Einwohner in Deutschland im Schnitt 128 Liter Wasser pro Tag.

Obgleich nur rund 25 Prozent der Versorgungskosten vom tatsächlichen Trinkwasserverbrauch abhängen, besteht angesichts der gestiegenen Wasserpreise und des hohen durchschnittlichen Pro-Kopf-Verbrauchs die Möglichkeit, durch eine Verringerung des Wasserverbrauchs nennenswert Geld einzusparen.

Ziehen Sie Duschen dem Baden vor!

Ein wohltuendes Vollbad zu nehmen, ist für viele Menschen etwas Schönes. Hässlich sind dagegen die Kosten, die das Baden in der Wanne gegenüber dem Duschen verursacht. Während eine herkömmliche Badewanne 150 bis 200 Liter fasst und der Wasserverbrauch dementsprechend hoch ist, liegt der Verbrauch beim Duschen co2online zufolge im Schnitt nur bei rund 70 Litern Wasser. Wenn Sie also sparen möchten, sollten Sie lieber duschen, anstatt ein Vollbad zu nehmen.

Duschen Sie kürzer!

Duschen ist nicht gleich Duschen. Zwar dient der Vorgang in erster Linie der Reinigung des Körpers, aber da er auch in Verbindung zu unserem Wohlbefinden und unserer Gesundheit steht, gibt es individuelle Vorlieben beim Duschen.

Eine davon betrifft die Länge des Duschvorgangs: Laut dem Bund der Energieverbraucher duscht jeder Deutsche durchschnittlich sechs Minuten. Jeder Zehnte lässt es langsam angehen und braucht länger als zehn Minuten.

Die Duschzeit zu verkürzen, spart nicht nur Geld, sondern ist auch der Gesundheit förderlich: Dermatologen empfehlen grundsätzlich, schnell zu duschen. Drei Minuten Duschzeit gelten als ideal. Lange Duschvorgänge können die Haut austrocknen.

Wer seine Duschzeit merklich verkürzt, kann erhebliche Wassermengen und spürbar Geld einsparen, wie der Bund der Energieverbraucher auf seiner Webseite wissen lässt. Duschen Sie also kurz und nutzen Sie auf lange Sicht den entstehenden Spareffekt!

Verwenden Sie einen Sparduschkopf!

Mit einem herkömmlichen Duschkopf verbraucht man laut co2online rund 12 bis 15 Liter Wasser pro Minute, mit einem Sparduschkopf hingegen nur 6 bis 7 Liter – bei gleichem Komfort. Wenn Sie noch keinen Sparduschkopf verwenden, können Sie damit auf Anhieb Geld sparen.

Wenn Sie eine Zweigriffarmatur nutzen, bei der Sie die Wassertemperatur jedes Mal mühsam regeln müssen, können Einhebelmischer oder Thermostat-Mischbatterien weiterhelfen, mit denen Sie den Komfort steigern und die Kosten senken können.

Optimieren Sie Ihren Wasserhahn!
Nicht nur beim Duschen und Baden können Sie Wasser einsparen. Auch beim Waschen am Waschbecken lassen sich Einsparungen vornehmen. Neben einem Tausch der Armatur können etwa Strahlregler oder Wassermengenregler beim Sparen helfen. Mögen sie auch unscheinbar wirken, können diese Helfer co2online zufolge doch bis zur Hälfte des Wasserverbrauchs einsparen.

Strahlregler vereinheitlichen, verbreitern und verlangsamen den aus der Armatur tretenden Wasserstrahl, in der Regel durch Zumischung von Luft. Wassermengenregler limitieren zudem die Menge des fließenden Wassers.

Waschen Sie Ihre Hände nicht länger als nötig!
Nicht zu lang und nicht zu kurz! Darauf kommt es beim Händewaschen an. Wenn Sie Ihre Hände zu kurz waschen, reduzieren Sie die Anzahl der Keime an Ihren Händen nicht wirksam. Wenn Sie sie zu lange waschen, verursacht dies auf Dauer zu hohe Wasserkosten.

Als Richtwert für normal verschmutzte Hände gilt laut der Webseite infektionsschutz.de, für die die Bundeszentrale für gesundheitliche Aufklärung verantwortlich ist: Mit gründlichem Händewaschen von rund 20 Sekunden Dauer lässt sich die Anzahl der Keime an den Händen erheblich senken.

Bei dieser Dauer des Händewaschens bleiben auch die entstehenden Wasserkosten in einem vertretbaren Rahmen.

Lassen Sie den Wasserhahn nicht unnötig laufen!
Drehen Sie den Wasserhahn während des Einseifens der Hände ab oder nicht? Eine kleine Zeitspanne kann hier auf die Dauer eine große Wirkung entfalten. Denn allein die Unterbrechung des Wasserflusses während des Einseifens der Hände spart laut dem Unternehmen energis im Schnitt etwa 15 Liter Wasser ein.

Natürlich sollten Sie den Wasserhahn auch sonst nicht unnötig laufen lassen, zum Beispiel wenn Sie Speisen zubereiten. Jeder verschwendete Liter Wasser kostet Sie letzten Endes Geld.

Verwenden Sie eine Spartaste!
Im Haushalt ist die Toilette hinter der Dusche in den meisten Fällen der zweitgrößte Wasserverbraucher. Wie das Unternehmen energis wissen lässt, werden je nach Spülung pro Spülvorgang zwischen sieben und neun Liter Wasser in die Kanalisation geleitet. Doch das lässt sich ändern: Mit einer entsprechenden Spartaste kann die genannte Menge auf nur fünf Liter pro Betätigung reduziert werden.

Verwenden Sie effiziente Geräte!
Was für den Verbrauch von Strom gilt, gilt auch für denjenigen von Wasser: Setzen Sie auf effiziente Geräte! Dies zahlt sich nicht nur beim Geschirrspüler aus. Hier nutzen effiziente Geräte nur geringe Mengen an Wasser, um eine gute Reinigungsleistung zu erreichen. Dabei ist ein Vorspülen nicht erforderlich. Vielmehr müssen das zu spülende Geschirr und Besteck und andere Gegenstände nur grob von Essensresten befreit werden.

Auch effiziente Waschmaschinen können viel Wasser und damit Geld sparen. Während dem Online-Magazin Hausjournal zufolge etwa 30 Jahre alte Modelle 180 bis 200 Liter Wasser verbrauchen, kommen neue nur noch auf 40 bis 45 Liter. Nicht nur das Alter kann hier Unterschiede mit sich bringen, auch von Modell zu Modell können die Verbräuche variieren.

Wer effiziente Geräte nutzt, kann viel Geld sparen. Das wird umso plausibler, wenn man bedenkt, dass das Wäschewaschen co2online zufolge durchschnittlich etwa 12 Prozent des Wassers im Haushalt verbraucht.

Sparen Sie Wasser im Garten!

In Deutschland haben viele Menschen große Freude an ihren Gärten – und lassen sich dies eine große Menge an Geld kosten. Nicht nur die Erstellungskosten eines Gartens können das Konto belasten, sondern auch seine Bewässerung, da hierfür häufig erhebliche Mengen an Wasser verwendet werden. An diesem Punkt können Sie ansetzen und Einsparungen vornehmen.

Schon bei der Planung lässt sich der künftige Wasserverbrauch eines Gartens maßgeblich beeinflussen.

Rasenflächen benötigen beispielsweise sehr viel Wasser. Daher sollten sie auf das Wesentliche reduziert und kein gestalterisches Element sein, das nur zierenden Zwecken dient.

Auch die Schaffung schattiger Areale durch Bäume mit großen Kronen hilft beim Wassersparen, da der Schattenwurf der Bäume die Verdunstung derjenigen Pflanzen reduziert, die unter dem Baum wachsen.

Wer bereits bei der Planung seines Gartens darauf achtet, dass der Boden Wasser möglichst gut speichert, ist später im Vorteil. Dies verhindert nämlich, dass große Wassermengen verlorengehen, wenn Regen oder Gießwasser nicht im Boden gehalten werden und stattdessen in den Untergrund abfließen. Dieser Art von Wasserverschwendung können Sie entgegenwirken: Während Böden mit hohem Sandanteil Wasser nicht gut festhalten, verfügen Ton- und Lehmböden über einen hohen Anteil quellfähiger Tonminerale. Diese können Wasser aufnehmen und speichern. Durch das Einbringen von Ton lässt sich also die Wasserhaltefähigkeit steigern.

Humus ist noch effektiver in der Wasserspeicherung als Ton. Dazu kommt, dass es leichter ist, den Humusgehalt des Bodens zu erhöhen, als große Mengen Ton in Ihrem Garten zu verteilen.

Auch bei der Bewässerung der Pflanzen lässt sich Wasser und damit Geld einsparen. Achten Sie darauf, dass beim Wässern Ihrer Pflanzen möglichst wenig Flüssigkeit direkt verdunstet. Durch direkte Verdunstung kann das Wasser nicht in den Boden eindringen und dort auch nicht von Pflanzen aufgenommen werden.

Sprenger und Kreiselregner, die das Wasser zum Teil fein zerstäuben, lassen mehr Wasser verdunsten als nötig. Eine effektivere Bewässerung lässt sich mit Tropfschläuchen erreichen.

Zudem empfiehlt es sich, zu kühlen Tageszeiten zu gießen – am besten am Abend.

Wenn Sie Ihre Pflanzen gießen, dann am besten mit Regenwasser. Aufgrund seines pH-Wertes und seiner Kalkarmut ist Regenwasser nämlich als Gießwasser sehr gut geeignet. Wenn Sie es auffangen und speichern, machen Sie hochwertiges Wasser für Ihre Zwecke verfügbar.

Das Beste daran aber ist: Das Wasser, das vom Himmel fällt, lässt Sie auch aus finanzieller Sicht nicht im Regen stehen, da Sie dafür keinen Cent bezahlen müssen.

So sparen Sie Abfallgebühren!

Unzählige Tonnen von Müll werden Jahr für Jahr, Monat für Monat unsachgemäß in der Natur entsorgt. Dass die Folgen daraus fatal sind, weiß man nicht erst seit heute. Dennoch gibt es Menschen, denen die Konsequenzen für die Umwelt offensichtlich egal sind. Haben auch Sie schon einmal gedankenlos Abfall in Wäldern, auf Wiesen, auf Bergen und an Stränden entsorgt – oder in Ihrem Zuhause?

Dort mag dies keine Sünde an der Natur sein, aber womöglich eine an Ihrem Geldbeutel. Denn für die Entsorgung Ihres Abfalls müssen Sie bezahlen – und das nicht zu knapp!

Die für die Entsorgung anfallenden Abfallgebühren können sich von Kommune zu Kommune – teilweise deutlich – unterscheiden und sind nur schwer vergleichbar. So kann etwa je nach Gemeinde für die Biotonne eine zusätzliche Leerungsgebühr erhoben werden, was aber nicht überall der Fall ist.

Das Handelsblatt berichtete im Jahr 2022 unter Bezugnahme auf ein Abfallgebührenranking unter den 100 größten Städten Deutschlands, das vom Institut der deutschen Wirtschaft Köln im Auftrag der Eigentümergesellschaft Haus & Grund erstellt wurde, dass die Abfallgebühren in Nürnberg, Flensburg und Wolfsburg am geringsten, in Leverkusen, Trier und Bergisch Gladbach am höchsten waren. So beliefen sich die Kosten in Nürnberg auf 130,60 Euro jährlich, wenn Bürger ihre Tonne in einem siebentägigen Rhythmus selbst an den Straßenrand stellen, während in Leverkusen für den Service 629,70 Euro anfielen.

Beim Thema Abfall lässt sich Geld sparen, und zwar gemäß dem Motto: Weniger Müll, weniger Kosten! Das gilt für Eigentümer und indirekt auch für Mieter.

Dieser Gedanke scheint vielen Menschen allerdings nicht in den Sinn zu kommen, wenn man bedenkt, dass das Abfallaufkommen privater Haushalte in Deutschland im Jahr 2021 laut Statistischem Bundesamt nach vorläufigen Angaben weiter gestiegen ist. Demzufolge wurden pro Kopf 483 Kilogramm Haushaltsabfälle eingesammelt, womit der höchste Wert seit Beginn der Erhebung im Jahr 2004 erreicht wurde.

Wenn Sie nicht nur der Umwelt, sondern auch Ihrer Altersvorsorge etwas Gutes tun möchten, beginnen Sie damit, weniger Abfall zu produzieren, und hören auf, Ihre Rente in die Tonne zu werfen!

Trennen Sie Müll!

Mülltrennung ist nicht überflüssig, wie so manche Menschen glauben, sondern lohnt sich – und das auch finanziell! Sie können dadurch eventuell erheblich Geld sparen: Wie der Zweckverband Abfallwirtschaft Region Hannover auf seiner Webseite angibt, gehört nur ein Drittel des Mülls, der in den Restmüll geworfen wird, auch wirklich dorthin.

Das heißt: Für die Entsorgung von zwei Dritteln des Restmülls zahlen Menschen unnötig Geld. Führt man sich die teilweise hohen

Gebühren für die Entsorgung vor Augen, wird ersichtlich, wie viel Sparpotenzial hier liegt. Wenn Sie sparen möchten, sollten Sie also auf Mülltrennung Wert legen.

Vermeiden Sie Lebensmittelreste!

Die systematische Planung von Einkäufen ermöglicht es, nicht nur in Supermärkten Geld zu sparen, sondern eventuell auch zu Hause. Denn wenn Sie genau planen, was Sie einkaufen wollen, kaufen Sie nur so viel wie nötig. In der Folge landen in Ihren Mülltonnen keine überflüssigen Lebensmittel, deren Entsorgung Sie Geld kosten kann.

Dass hier Sparpotenzial besteht, zeigt ein Fakt, der sich auf der Webseite des Bundesministeriums für Ernährung und Landwirtschaft nachlesen lässt: Jeder Verbraucher wirft im Jahr etwa 78 Kilogramm Lebensmittel weg.

Kaufen Sie Produkte mit wenig Verpackung!

Abgepackte oder verschweißte Waren produzieren Abfall, der entsorgt werden muss. Aus finanzieller Sicht interessant wird dieser Umstand dann, wenn man bedenkt, dass etwa verschmutztes Papier über den Restmüll zu entsorgen ist. Auch um Geld zu sparen, kann es daher sinnvoll sein, Produkte zu kaufen, die wenig oder gar nicht verpackt sind.

Geben Sie Pfandflaschen zurück!

Wenn Sie Pfandflaschen zurückgeben, macht Ihre Haushaltskasse einen Schritt nach vorn. Dennoch verzichten einige Menschen darauf und verschwenden damit unnötig Geld: Schätzungsweise drei Prozent der Einwegflaschen werden nach Angabe des SWR nicht zurückgegeben.

Die Getränkewirtschaft verwendet dafür den Begriff „Pfandschlupf". Früher lag der Anteil sogar noch deutlich höher.

Kompostieren Sie Bioabfälle!
Der letzte Tipp in diesem Zusammenhang richtet sich an alle, die Gebühren für die Entsorgung ihres Biomülls zahlen müssen: Hier können Sie sparen, indem Sie Biomüll kompostieren. Bioabfälle lassen sich über den heimischen Kompost entsorgen, wo sie zu Humus werden.

So sparen Sie Kosten für Lebensmittel!

Dass es mit dem irdischen Dasein relativ schnell ein Ende nimmt, wenn Menschen keine Nahrung mehr zu sich nehmen, und dies noch viel schneller geht, wenn sie ohne Wasser sind, ist eine wohlbekannte Tatsache. Seit jeher sind wir auf die Versorgung mit ausreichend Nahrungsmitteln und Wasser angewiesen. Angesichts dessen verwundert es kaum, dass der Versorgung des Körpers im menschlichen Dasein schon immer größte Priorität zukommt.

Doch die Ernährung ist weit mehr als ein bloßes Erhalten körperlicher Funktionen: Sie nimmt maßgeblichen Einfluss auf die Gesundheit und Leistungsfähigkeit eines Individuums und ist für viele pure Lebensfreude.

Der Bedeutung der Ernährung entsprechend gaben private Haushalte im Jahr 2021 durchschnittlich 402 Euro beziehungsweise 15,3 Prozent ihres Konsumbudgets für Nahrungsmittel, Getränke, Tabakwaren und Ähnliches aus. Damit nimmt dieser Posten unter den privaten Konsumausgaben den zweiten Platz nach den Aufwendungen für Wohnen, Energie und Wohnungsinstandhaltung ein.

Aufgrund der Höhe der Ausgaben für Nahrungsmittel und Getränke (auf den Faktor Genussmittel soll im folgenden Abschnitt separat eingegangen werden) liegt es nahe, zu prüfen, ob sich nicht auch hier der Rotstift ansetzen und Geld sparen lässt.

Dieser Gedanke liegt umso näher, wenn man sich die Entwicklung der Preise für Lebensmittel vor Augen führt, die vielen Menschen stark zusetzt. Wie die Verbraucherzentrale angibt, sind Nahrungsmittel zwischen Juni 2022 und Juni 2023 um 13,7 Prozent teurer geworden. Doch die Preise sind, wie man auf der Webseite der Verbraucherzentrale ferner nachlesen kann, bereits in der Zeit zuvor deutlich angestiegen.

Besonders problematisch ist, dass die Teuerung insbesondere Grundnahrungsmittel betrifft.

Bei aller Notwendigkeit zum Sparen sollten Sie jedoch nie aus den Augen verlieren, dass durch Einschränkungen keinesfalls Ihre Gesundheit und Leistungsfähigkeit beeinträchtigt werden sollten.

Vergleichen Sie Preise!

Wer Preise vergleicht, kann sparen. Das ist nichts Neues und gilt auch für den Kauf von Lebensmitteln.

Doch Sie sollten unbedingt darauf achten, was sie miteinander vergleichen. Vergleichen Sie Preise nicht beliebig, sondern zum Beispiel nach Gewicht und Volumen! Zu beachten ist dabei vor allem der Grundpreis der Waren am Regal, weil dieser den vollen Kilo- oder Literpreis angibt. Das hilft Ihnen dabei, die Preise einzelner Marken besser miteinander vergleichen zu können.

Bei Ihrer Recherche können Ihnen Webseiten und Apps wie marktguru behilflich sein.

Kaufen Sie Angebote!

Gut informiert zu sein, ist nicht nur an der Börse eine Grundvoraussetzung für gute Geschäfte. Gute Geschäfte können Sie auch beim Einkauf von Lebensmitteln machen, wenn Sie sich die nötigen Informationen zu aktuellen Angeboten beschaffen.

Lesen Sie also Prospekte, informieren Sie sich online und nutzen Sie Webseiten und Apps wie marktguru, die Ihnen bei der Suche nach Angeboten helfen. Suchen Sie auch Coupons heraus. Auf diese Weise sind Sie bereits vor einem Einkauf informiert, welche Produkte aktuell besonders günstig zu kaufen sind.

Sie werden erstaunt sein, wie viel Geld der konsequente und akribisch geplante Kauf von Angeboten im Monat einsparen kann.

Um beim Einkauf nichts zu vergessen, ist es sinnvoll, die entsprechenden Angebote separat zu notieren.

Erhöhen können Sie die Einsparungen auch dadurch, dass Sie zum richtigen Zeitpunkt einkaufen: Wer erst kurz vor Ladenschluss in den Supermarkt geht, findet dort oft günstige Angebote, und zwar besonders in der Gemüse-, Obst-, Fleisch- und Joghurt-Theke. So können Sie bei den entsprechenden Produkten manchmal bis zu 50 Prozent sparen, wie FOCUS online zu berichten weiß.

Verzichten Sie auf Marken!
Es kommt nicht immer auf den Markennamen an. Speziell im Handel spielen Eigenmarken beziehungsweise No-Name-Produkte schon seit Längerem eine große Rolle. Mit der Marke ja! findet sich ein bekanntes Beispiel für eine Eigenmarke im Sortiment der Supermarktkette REWE.

Wenn Sie clever sind und die meist deutlich günstigeren Produkte von Eigenmarken beziehungsweise No-Name-Produkte kaufen, heißt das nicht automatisch, dass diese von schlechterer Qualität sind als namhaftere Waren oder dass sie generell von unbekannten Herstellern produziert werden. Vielmehr werden die als Eigenmarken beziehungsweise No-Name-Produkte verkauften Waren überwiegend von prominenten Markenherstellern produziert und lediglich anders verpackt. Der Kauf solcher Produkte macht also oft keinen Unterschied in der Qualität an sich, sehr wohl aber in der Qualität des Preises.

Kaufen Sie größere Verpackungseinheiten!
Häufig kleine Verpackungen zu kaufen, ist nicht nur aus ökologischer, sondern auch aus finanzieller

Sicht wenig sinnvoll. Denn kleine Verpackungen haben oft vergleichsweise große Preise.

Besonders wenn Sie in einem Haushalt mit mehreren Personen leben, empfiehlt es sich, beim Einkaufen darauf zu achten, wenn möglich Großpackungen zu kaufen. Damit erhalten Sie fast immer bessere Preise.

Bei Lebensmitteln, die wie Nudeln, Konserven oder Gewürze längerfristig gelagert werden können, macht der Einkauf von Großpackungen keine Probleme.

Lebensmittel, die wie Obst, Gemüse, Milchprodukte oder Fleisch leicht verderblich sind, können Sie beispielsweise zur Konservierung einfrieren, wenn der Packungsinhalt zu groß ist, um ihn mit einem Mal zu verbrauchen.

Kaufen Sie saisonale Produkte!

Kaufen Sie saisonal, dann wird der Preis nicht zur Qual! Besonders beim Erwerb von frischem Obst und Gemüse lässt sich gemäß diesem Leitfaden häufig Geld sparen. Wenn Obst und Gemüse Saison haben, entfallen die Kosten für den Transport aus fernen Ländern.

Ein weiterer Vorteil: Saisonales Obst und Gemüse weisen in der Regel einen höheren Nährstoffgehalt, ein besseres Aroma und einen intensiveren Geschmack auf als Produkte, die vielleicht noch nicht einmal richtig reif geerntet werden und erst um die halbe Welt transportiert werden müssen, bevor sie bei Ihnen auf den Tisch kommen.

Kochen Sie selbst!

Sich von Fertigprodukten zu ernähren, erscheint in unserer heutigen Welt, in der Zeit Mangelware ist, für viele Menschen sinnvoll, zumal es häufig so aussieht, als seien bereits zubereitete Gerichte günstiger als frisch gekochte. Doch dieser Eindruck kann täuschen. Denn zum einen fallen bei der Zubereitung frischer Speisen meist mehrere Portionen an und durch das Kochen größerer Mengen sinkt der Preis pro

Portion. Zum anderen ist es häufig günstiger, bestimmte Ausgangsprodukte für Gerichte wie Kartoffeln im ungekochten Zustand zu kaufen und diese dann selbst zuzubereiten.

Unabhängig von der Preisfrage sprechen der Geschmack und der gesundheitliche Aspekt in vielen Fällen für frische Lebensmittel. Während diese in aller Regel ohne chemische Zusätze auskommen, sind in Fertigprodukten häufig zahlreiche Zusatzstoffe enthalten, die Sie ebenfalls fix und fertig erwerben.

Erstellen Sie Wochenpläne für den Lebensmittelkauf!
Nur eine geplante Woche ist eine gute Woche! Dieses Motto sollten Sie beim Einkauf von Nahrungsmitteln beherzigen, denn Spontankäufe und Sparen gehen nicht Hand in Hand. Erstellen Sie sich am besten einen Speiseplan für eine ganze Woche. Was möchten Sie an welchem Tag der Woche essen und welche Nahrungsmittel benötigen Sie dafür? Wenn Sie Ihren Speiseplan gut planen, können Sie pro Monat erkennbar sparen, da dies teuren Spontankäufen entgegenwirkt.

Schreiben Sie eine Einkaufsliste!
Moderne Supermärkte und Co. sind super darin, das Verlangen von Kunden nach Lebensmitteln zu wecken, die sie brauchen, und vor allem nach denen, die sie nicht brauchen. Mit geschickten psychologischen Tricks gelingt es häufig, Konsumenten dazu zu bringen, mehr und teurere Produkte zu kaufen, als diese eigentlich brauchen.

Eine Liste, die Sie vor dem Einkauf schreiben und dann diszipliniert abarbeiten, kann so manchen Euro sparen, der in langfristig orientierten Anlagestrategien besser investiert ist als im kurzfristigen Konsumgenuss von überflüssigen Nahrungsmitteln oder Getränken.

Gehen Sie nicht hungrig einkaufen!
Bestimmt haben Sie schon einmal den Ratschlag gehört, dass Sie nicht hungrig einkaufen gehen sollten. Er gehört zu den Klassikern

unter den Tipps, wie sich beim Kauf von Lebensmitteln Geld sparen lässt.

Neu ist für Sie vielleicht die Information, dass sich dieser Ratschlag auch wissenschaftlich belegen lässt: Wie Psychologen um Alison Jing Xu von der Universität Minnesota im Fachblatt PNAS berichten, geben Kunden generell mehr Geld aus, wenn ihnen der Magen knurrt – und das selbst dann, wenn es um den Kauf von anderen Gütern als Lebensmitteln geht.

Hungrig einkaufen zu gehen, ist niemals eine gute Idee. Meiden Sie daher Einkäufe, wenn Ihnen der Sinn nach Essen steht. Denn ein leerer Bauch verwandelt so manches Geld in Rauch!

Bauen Sie Gemüse, Kräuter und Obst selbst an!

Urban Gardening liegt im Trend. Dahinter verbirgt sich die gärtnerische Nutzung urbaner Flächen. Der Anbau von Gemüse, Obst und Kräutern erfreut sich im städtischen Raum immer größerer Beliebtheit. Urban Gardening ist auch auf Balkonen oder Terrassen möglich, da es etliche Möglichkeiten gibt, Gemüse, Obst und Kräuter auch ohne Garten anzubauen.

Die Vorteile des Trends liegen auf der Hand: Durch den Eigenanbau lassen sich nicht nur Kosten sparen, es entfallen auch Transportwege und Nährstoffverluste.

Wenn Sie in einem ländlichen Gebiet leben und vielleicht sogar ein Haus mit großem Grundstück bewohnen, bieten sich Ihnen noch weit vielfältigere Möglichkeiten, durch Eigenanbau Geldersparnis und Nachhaltigkeit in Einklang zu bringen.

Trinken Sie Wasser aus der Leitung!

In Deutschland verdienen Unternehmen Milliarden mit Mineralwasser. Leitungswasser dagegen ist rund 100-mal preiswerter als Mineralwasser aus Flaschen und damit ein echter Spartipp.

Wer sich um die Qualität des Leitungswassers sorgt, tut dies in Deutschland ohne Grund, denn hierzulande wird das Wasser aus der Leitung sehr gut überwacht.

Wie sich auf der Webseite des Umweltbundesamtes nachlesen lässt, wird die Qualität des Trinkwassers im Hinblick auf die menschliche Gesundheit definiert. Die gesetzliche Grundlage zur Sicherung und Überwachung der Qualität des Trinkwassers ist das Gesetz zur Verhütung und Bekämpfung von Infektionskrankheiten beim Menschen – kurz Infektionsschutzgesetz (IfSG). Dort heißt es: „*Trinkwasser muss so beschaffen sein, dass durch seinen Genuss oder Gebrauch eine Schädigung der menschlichen Gesundheit insbesondere durch Krankheitserreger nicht zu besorgen ist. Es muss rein und genusstauglich sein.*“[3]

Den Gesundheitsämtern obliegt die gesetzliche Pflicht, Wassergewinnungs- und Wasserversorgungsanlagen regelmäßig zu überwachen.

Leitungswasser ist in Deutschland überall von guter bis sehr guter Qualität und kann getrunken werden, sofern keine Bleileitungen im Haus verbaut sind.

Wenn Sie nicht Hauseigentümer sind, fragen Sie im Zweifelsfall am besten Ihren Vermieter oder Ihre Hausverwaltung, ob im Haus Bleileitungen verbaut sind.

Wenn Sie mehr über die Qualität Ihres Trinkwassers erfahren möchten, können Sie Informationen darüber auf der Website Ihres örtlichen Wasserversorgers einholen.

So sparen Sie bei Genussmitteln!

Genussmittel sind begehrt. So begehrt, dass manche Liebhaber astronomische Summen dafür hinblättern.

Am 13. Oktober 2018 etwa wurde von Sotheby's in New York City ein Burgunderwein für 558.000 US-Dollar inklusive Gebühren versteigert.

---

[3] § 37 Absatz 1 IfSG

Dabei handelte es sich um eine Flasche Romanée Conti 1945 Domaine de la Romanée-Conti.

Im Rahmen einer Wohltätigkeitsauktion in New Orleans wurde eine Sechs-Liter-Flasche Cabernet Sauvignon Glass Slipper Vineyard 2019 vom Weingut The Setting Wines sogar zum Preis von einer Million US-Dollar verkauft.

Doch nicht nur Wein kann teuer sein. Auch Zigarren können in Sammlern eine derart brennende Glut entfachen, dass spektakuläre Preise dafür aufgerufen werden. Die kubanischen Cohiba-Zigarren etwa sind für ihre Exklusivität bekannt. Zum 40-jährigen Markenjubiläum kam die Zigarre Cohiba Behike 2006 auf den Markt – und das lediglich in einer Auflage von 100 Kisten mit jeweils 40 Zigarren. Der Preis pro Kiste betrug 15.000 Euro. Damit kostete jede einzelne Behike stolze 375 Euro.

Unabhängig davon, ob die jeweiligen Besitzer derart teure Genussmittel tatsächlich jemals genießen werden, steht fest, dass unsere Spezies einen Hang dazu besitzt, Produkte zu konsumieren, die über die reinen Bedürfnisse unseres Körpers hinausgehen.

Genau das trifft auf Genussmittel zu: Unter diesem Begriff versteht man zumeist Stoffe, die nicht vorwiegend zu Ernährungszwecken gebraucht werden, sondern deren Aufnahme mit positiven Sinnesempfindungen und gesteigertem Wohlbefinden verbunden wird.

Der Konsum von Genussmitteln ist weit verbreitet. Dafür seien beispielhaft einige Zahlen genannt, die sich der Webseite des Bundesministeriums für Gesundheit entnehmen lassen: Dort ist zu lesen, dass 23,8 Prozent der Frauen und Männer ab 18 Jahren in Deutschland rauchen. 7,9 Millionen Menschen der 18- bis 64-Jährigen konsumieren Alkohol in gesundheitlich riskanter Form, ein problematischer Alkoholkonsum liegt bei etwa 9 Millionen Menschen dieser Altersgruppe vor.

Neben den gesundheitlichen Risiken vieler Genussmittel hat ihr Konsum auch weitreichende finanzielle Auswirkungen: Da diese Produkte häufig teuer sind, mögen sie für viele Menschen ein exklusiver Genuss sein. Ein Graus aber sind sie für den Geldbeutel und die Rentenvorsorge.

Meiden Sie Alkohol!

Ein Glas Wein kann doch so schlimm nicht sein! Das glaubt noch immer eine beträchtliche Anzahl an Menschen. Doch dabei handelt es sich um eine fatale Fehleinschätzung: Forscher aus London gingen in einer Studie, die sie im Fachjournal Clinical Nutrition veröffentlichten, der Frage nach, ob auch moderate Mengen Alkohol gesundheitsschädlich sind. Dabei werteten sie Daten von insgesamt 300.000 Probanden aus, die aus der UK Biobank stammen. Die Wissenschaftler fanden im Rahmen der Studie heraus, dass bereits kleinste Mengen Alkohol das Risiko einer Herz-Kreislauf-Erkrankung erhöhen.

Auch deutsche Experten warnen vor gesundheitlichen Schäden, die von Alkohol verursacht werden können. „*Was moderate Mengen Alkohol auslösen können, wird maßlos unterschätzt.*“[4] So lautet beispielsweise die Warnung von Prof. Volker Ellenrieder, Direktor der Klinik für Gastroenterologie und gastrointestinale Onkologie der Universitätsmedizin Göttingen.

Nüchtern betrachtet können Sie leicht erkennen, dass Alkohol ungesund ist: Alkohol war, ist und wird immer ein Zellgift sein – egal in welcher Menge. Alkohol ist in der Lage, die Zellen des menschlichen Körpers anzugreifen und dort erhebliche Schäden anzurichten. Organe wie die Leber und das Gehirn leiden dabei besonders stark unter erhöhtem Alkoholkonsum. Entzündungen im Magen-Darmtrakt

---

[4] Wie regelmäßiges Trinken krank machen kann (2018): in: Süddeutsche Zeitung, 30.05.2018, [online] https://www.sueddeutsche.de/gesundheit/gesundheit-wie-regelmaessiges-trinken-krank-machen-kann-dpa.urn-newsml-dpa-com-20090101-180530-99-514338.

oder Krebserkrankungen können ebenfalls durch Alkohol verursacht werden.

In Wahrheit ist Alkohol gleich doppelt giftig: einerseits für Ihre Gesundheit, andererseits für Ihr Portemonnaie.

Das hält viele nicht davon ab, viel Geld für Alkohol auszugeben: Laut den Daten des Statista Research Department sind die Konsumausgaben der privaten Haushalte in Deutschland für alkoholische Getränke im Jahr 2022 abermals angestiegen. Insgesamt gaben die Deutschen im Jahr 2022 rund 27,2 Milliarden Euro für alkoholische Getränke aus.

Angesichts dessen sollten Sie sich mit Blick auf Ihre Gesundheit, Ihre Haushaltskasse und Ihre Rente nicht am Alkohol, sondern an Ihren künftigen Gewinnen an der Börse berauschen!

Verzichten Sie auf Zigaretten!

Auch wenn die Lust am Laster der Zigaretten und der Zigarettenabsatz in Deutschland in den letzten Jahren gesunken sind, steigen die Ausgaben der Deutschen für Tabakwaren immer weiter an. Den Daten des Statista Research Department zufolge gaben die privaten Haushalte in Deutschland im Jahr 2022 insgesamt rund 33,3 Milliarden Euro für Tabakwaren aus.

Dass Zigaretten eine gesundheitsschädliche Wirkung entfalten, ist dank intensiver medialer Berichterstattung heute kaum jemandem mehr unbekannt. Wie stark regelmäßiger Zigarettenkonsum die Haushaltskasse belasten kann, wissen dagegen offensichtlich noch immer nicht genug Menschen.

Modellhaft ausgerechnet wurden die Kosten des Rauchens von der Verivox Finanzvergleich GmbH im Jahr 2020. Für die Berechnung wurde unterstellt, dass eine Schachtel Zigaretten (20 Stück Inhalt) knapp 7 Euro kostet und Zigaretten jedes Jahr 2,9 Prozent teurer werden, was der durchschnittlichen Preissteigerung in den 10 Jahren vor der Modellrechnung entsprach. Wer unter diesen Gegebenheiten pro

Tag eine Schachtel Zigaretten raucht, gibt dafür in 5 Jahren fast 13.000 Euro aus. In einem Zeitraum von 30 Jahren summieren sich die Kosten auf über 114.000 Euro.

Die Entscheidung, ob Sie derartig hohe Summen in die Vergiftung Ihres Körpers oder in Ihre Altersvorsorge investieren möchten, liegt letztlich bei Ihnen.

Wollen Sie allerdings sich selbst und Ihrer Umwelt etwas Gutes tun, sollten Sie sich an einen Rat halten, der frei von Nikotin, aber voll von Sparpotenzial ist: Hören Sie auf, Ihre Rente in Rauch aufgehen zu lassen!

Trinken Sie weniger Kaffee!

Deutschland ist eine Kaffeenation. Nach einem erfolgreichen Jahr 2020 verzeichnete der deutsche Kaffeemarkt 2021 ein erneutes Wachstum. Der Pro-Kopf-Konsum von Kaffee stieg dabei von 168 auf 169 Liter. Dies entspricht rund 500 Millionen Tassen, die im Jahr 2021 deutschlandweit mehr als im vorangegangenen Jahr getrunken wurden.

Das Problem daran: Kaffee kostet Kohle! Bereits vor einigen Jahren gaben die Deutschen innerhalb von 12 Monaten – zwischen Anfang Dezember 2017 und Anfang Dezember 2018 – allein in Drogeriemärkten und im Lebensmittelhandel fast vier Milliarden Euro für Kaffee aus. Das entsprach etwa 50 Euro pro Person, die Kosten für den Kaffee, den man beispielsweise in Restaurants, Cafés oder als Coffee-to-go trinkt, nicht eingerechnet. Zu diesem Ergebnis kam eine Studie des Marktforschungsunternehmens Nielsen, wie die Berliner Morgenpost berichtete.

Die Möglichkeiten, am Kaffeekonsum zu sparen, sind vielfältig und reichen von der Einschränkung des eigenen Verbrauchs über den Verzicht auf teuren Kaffee aus gastronomischer Hand bis hin zur Herstellung des eigenen Coffee-to-go.

Sparen kann an dieser Stelle auch die Erkenntnis fördern, was Kaffee eigentlich ist und was nicht: Kaffee ist kein Wasser. Wasser trinkt man, um zu leben, Kaffee dagegen, um zu genießen.

Das eingesparte Geld können Sie als echter Kaffeeliebhaber statt in den Konsum von Kaffee eventuell in geeignete Kaffee-Aktien investieren.

So sparen Sie Kosten für Mobilität!

Manche Fakten sorgen für Überraschungen. Überraschung mag es bei dem ein oder anderen auch hervorrufen, wenn er sich vor Augen führt, was sich private Haushalte Ihre Mobilität kosten lassen: Laut dem Statistischen Bundesamt gaben private Haushalte im Jahr 2021 für die Position Verkehr monatlich durchschnittlich 322 Euro und damit 12,3 Prozent ihres Konsumbudgets aus.

Wie hoch diese Zahlen sind, wird besonders deutlich, wenn man sie zu den Ausgaben für Nahrungsmittel, Getränke, Tabakwaren und Ähnliches in Beziehung setzt. Zur Erinnerung: Diese hat das Statistische Bundesamt mit monatlich durchschnittlich 402 Euro oder 15,3 Prozent der Konsumausgaben privater Haushalte im Jahr 2021 angegeben. Der Vergleich zeigt, dass sich die Deutschen ihre Mobilität nicht viel weniger kosten lassen als einen so wichtigen Faktor wie die Ernährung, was durchaus bemerkenswert ist.

Besondere Bedeutung kommt dabei dem Automobil zu. Einer Pressemitteilung des Statistischen Bundesamtes aus dem September 2021 zufolge entfielen im Jahr 2018 84 Prozent des motorisierten Personenverkehrs in Deutschland auf Pkw, nur 9 Prozent auf Züge, 6 Prozent auf Busse und gar nur 2 Prozent auf Tram und U-Bahnen.

Was die Nutzung des Autos angeht, liegt Deutschland damit knapp über dem Durchschnitt aller EU-Mitgliedstaaten, der den Anteil der Pkw-Nutzung auf 81 Prozent des motorisierten Personenverkehrs beziffert.

Nach Angaben des Statistischen Bundesamtes gaben 68 Prozent der Berufspendler im Jahr 2020 an, normalerweise mit dem Pkw zur

Arbeit zu fahren, während gut 13 Prozent öffentliche Verkehrsmittel wie Bus und Bahn nutzten. Nur jeder Zehnte der Erwerbstätigen verwendete regelmäßig das Fahrrad für den Weg zur Arbeit.

Im Alltag kann man schnell den Blick dafür verlieren, wie teuer Fahrten mit dem Auto sind. Wie das Umwelt-Bundesamt auf seiner Webseite errechnet, kostet jeder gefahrene Kilometer zwischen 30 und 40 Cent, wenn die Ausgaben für Betrieb, Wartung, Versicherung, Steuern und Wertverlust berücksichtigt werden. Bei einer Fahrleistung von rund 15.000 Kilometern pro Jahr kostet ein Fahrzeug der Golfklasse bis zu 500 Euro monatlich, heißt es weiter.

Angesichts der hohen finanziellen Aufwendungen für die Position Verkehr sollten Sie überprüfen, ob Sie hier nicht vielleicht den ein oder anderen Euro sparen können.

Da dem Pkw nach wie vor größte Bedeutung zukommt, richten die folgenden Tipps zunächst den Fokus darauf, wie sich beim Autofahren Geld sparen lässt. Viele davon lassen sich ohne jeden finanziellen Aufwand umsetzen.

Fahren Sie spritsparend!

31 Prozent der CO_2-Emissionen, die durchschnittliche Bundesbürger verursachen, entstammen nach Angaben von co2online dem Verkehrssektor. Unnötig Energie kostet es beim Autofahren vor allem, häufig zu bremsen und zu schalten. Wenn Sie vorausschauend und niedertourig fahren, lässt sich nicht nur CO_2, sondern auch Geld einsparen.

Wie co2online angibt, können Sie bei einem Benzinverbrauch von acht Litern pro 100 km auf einer Strecke von 10.000 km auf diese Weise 160 Liter Benzin sparen – und damit viel Geld.

Stellen Sie den Motor ab!

Wenn Ihr Auto nicht über eine Start-Stopp-Automatik verfügt, lohnt es sich, ab einer Haltezeit von circa 20 Sekunden den Motor abzuschalten. Auf diese Weise lassen sich laut co2online jährlich nicht nur bis zu 85 kg an CO_2-Ausstoß vermeiden.

Mit dem Ausschalten des Motors lässt sich logischerweise auch Geld einsparen.

Eine ungefähre Vorstellung, wie viel Geld Sie durch das konsequente und vorausschauende Abschalten des Motors weniger bezahlen, lässt sich beim vergleichenden Blick auf Start-Stopp-Automatik-Systeme gewinnen: Diese sollen je nach Hersteller, Fahrprofil und Fahrweise annäherungsweise zwischen zehn und 15 Prozent Sprit einsparen, wie mobile.de angibt.

Entrümpeln Sie Ihr Auto!

Zusätzliches Gewicht muss bewegt werden und treibt daher den Spritverbrauch in die Höhe. Auf Ballast wie schwere Gegenstände im Auto, nicht gebrauchte Ersatzreifen, die sich im Pkw befinden, oder Dachgepäckträger sollten Sie daher, wenn möglich, verzichten und Ihr Auto gezielt entrümpeln.

Auf einer Strecke von 100 gefahrenen Kilometern erhöht sich der Kraftstoffverbrauch durch unnötiges Gewicht oder Luftwiderstand nach Angabe von co2online leicht um rund einen Liter. Wer sein Auto um 50 Kilogramm entlastet, kann bei 15.000 gefahrenen Kilometern im Jahr bereits 50 Liter an Treibstoff einsparen.

Achten Sie auf den Reifendruck!

Ein zu niedriger Reifendruck erhöht den Verschleiß und führt zu einem größeren Rollwiderstand der Reifen, wodurch der Spritverbrauch steigt. Liegt der Reifendruck um 0,5 Bar zu niedrig, erhöht dies den Kraftstoffverbrauch schon um rund fünf Prozent, wie co2online wissen lässt.

Auf das Jahr gerechnet können übermäßiger Reifenverschleiß und unnötiger Kraftstoffverbrauch je nach Fahrzeug und Fahrweise leicht rund 90 Euro an Mehrkosten verursachen.

Wechseln Sie die Räder rechtzeitig!
Solange Schnee, Eis und Kälte die Wetterlage dominieren, sind Winterreifen Pflicht. Doch nach dem Ende des Winters wird es zur Sparpflicht, die Winterreifen gegen Sommerreifen zu tauschen. Denn der höhere Rollwiderstand von Winterreifen sorgt für einen höheren Spritverbrauch. Laut co2online werden bis zu 3 Prozent mehr Kraftstoff durch Winterreifen verbraucht.

Nutzen Sie Energiesparreifen!
Bei Energiesparreifen ist der Rollwiderstand gegenüber herkömmlichen Konstruktionen deutlich geringer. In der Folge sinkt der Kraftstoffverbrauch – und zwar laut dem Fachmagazin auto, motor und sport um rund drei Prozent, je nachdem, welche Vergleichsreifen man heranzieht.

Allerdings sollten Sie Folgendes bedenken: Je stärker ein Reifen auf Rollwiderstand optimiert ist, desto deutlicher leiden in der Regel die Nässe-Eigenschaften. Daher ist es empfehlenswert, sich vor dem Kauf – beispielsweise anhand von Reifentests in Fachzeitschriften – über die Nässe-Eigenschaften von Energiesparreifen zu informieren.

Nutzen Sie Sprit-Spar-Apps!
Die Preise an Tankstellen können in erkennbarem Maß differieren. Daher ist es sinnvoll, bereits vor dem Tanken zu wissen, an welcher Zapfsäule die Preise in Ihrem Aktionsradius am günstigsten sind.

Um die preiswerteste Tankstation vor Antritt der Fahrt ausfindig zu machen, eignen sich zahlreiche Tank-Apps für das Smartphone. Mit diesen können Sie Tankstellenpreise in Ihrem Umkreis vergleichen.

Bestenfalls fahren Sie Tankstellen nur an, wenn diese ohnehin auf Ihrem Weg liegen.

Steigen Sie auf Elektromobilität um!

Wenn Sie vorhaben, Ihr aktuelles Fahrzeug zu ersetzen, und über das nötige Kapital verfügen, sollten Sie das Thema Elektromobilität in Ihre Überlegungen einbeziehen.

Der ADAC hat mit Stand April 2023 nachgerechnet, ob sich der Umstieg von Fahrzeugen mit Verbrennungsmotor auf Elektrofahrzeuge wirtschaftlich lohnt. Das Ergebnis: Elektrofahrzeuge sind, alle Kosten vom Kaufpreis über sämtliche Betriebs- und Wartungsaufwände bis zum Wertverlust zusammengenommen, häufig, aber nicht immer günstiger als Benziner oder Diesel. Bei dieser Vollkosten-Berechnung wurden Elektroautos jeweils in Ausstattung und Motorleistung vergleichbaren Verbrennern gegenübergestellt. Datenbasis der Berechnungen ist die ADAC „Autokosten-Datenbank".

Darüber hinaus können Halter eines reinen Elektrofahrzeugs von der sogenannten THG-Quote profitieren, die vom ADAC nicht in die Berechnungen einbezogen wurde. Durch die THG-Quote können Halter eines reinen Elektrofahrzeugs einen zusätzlichen Bonus beantragen.

Bei einem gewährten Bonus von zum Beispiel 350 Euro pro Jahr kann man sich bei einer Fahrleistung von 15.000 km pro Jahr laut ADAC über eine weitere Reduzierung der Kosten um rund 2,3 Cent pro Kilometer freuen.

Doch den Vorteilen, die Elektrofahrzeuge gegenüber ihren mit Verbrennungsmotoren angetriebenen Konkurrenzprodukten aufweisen, stehen auch Nachteile wie eine für etliche Menschen noch immer nicht zufriedenstellende Reichweite gegenüber. Dies sollten Sie bei Ihrer Entscheidung unabhängig vom Kostenfaktor nicht außer Acht lassen.

Reduzieren Sie Ihre gefahrenen Kilometer!

Wer viel fährt, zahlt viel. Wer wenig fährt, zahlt wenig. So einfach diese Logik ist, so effektiv ist sie. Jeder Kilometer, den Sie fahren, kostet Sie Geld. Daher sparen Sie mit jedem Kilometer, den Sie weniger fahren, Geld ein.

Das schont nicht nur Ihren Geldbeutel, sondern kann zusätzlich der Umwelt und Ihrer Gesundheit zuträglich sein, wie auch die folgenden Spartipps zeigen.

Weniger zu fahren, lohnt sich vor allem bei Kurzstrecken. Denn vor allem bei kurzen Strecken ist der Spritverbrauch besonders hoch. Der Motor eines Pkw mit Verbrennungsmotor erreicht erst nach rund vier gefahrenen Kilometern seinen Durchschnittsverbrauch, wie co2online berichtet. Direkt nach dem Start liegt der Verbrauch um ein Vielfaches höher als der Durchschnittsverbrauch, was Kurzstrecken besonders teuer und umweltbelastend macht.

Dieser Umstand spiegelt sich nicht in den Fahrgewohnheiten der Deutschen wider. Das Motto hierzulande scheint zu lauten: Lieber bequem als bewusst fahren! Etwa die Hälfte der Autofahrten ist nach Angabe von co2online kürzer als 5 Kilometer und knapp ein Drittel sogar kürzer als 3 Kilometer.

Gehen Sie zu Fuß oder fahren Sie Rad!

Bewegung und frische Luft sind gut für Gewissen, Gesundheit und Geldbeutel. Wann immer es Ihnen möglich ist und Ihre Zeit es zulässt, sollten Sie die vielleicht klimafreundlichste Art der Fortbewegung nutzen und wie unzählige Generationen unserer Vorfahren zwei Füße anstatt vier Räder zur Fortbewegung nutzen.

Wer nicht ganz auf Räder verzichten, sondern nur deren Anzahl von vier am Pkw auf zwei am Fahrrad halbieren möchte, ist doppelt klug. Denn neben den Vorteilen der körperlichen Ertüchtigung und der Klimaschonung hat das Radfahren gleich zwei handfeste Vorteile: Zum einen hat das Fahrrad gegenüber einem Auto den entscheidenden Vorzug, dass es aufgrund seiner deutlich kleineren Dimensionen wesentlich weniger Verkehrsfläche beansprucht und Ihnen so die oft zeitaufwendige und nervtötende Parkplatzsuche ersparen kann. Zum anderen kommen Sie mit dem Fahrrad gerade in überfüllten Innenstädten und auf kürzeren Strecken häufig sogar schneller an Ihr Ziel als mit dem Pkw.

Falls die Witterung unfreundlich ist, hilft wetterfeste Kleidung, und wer Laptop, Büroutensilien oder Arbeitskleidung trocken und sicher transportieren möchte, kann spezielle Fahrradtaschen verwenden.

Bilden Sie Fahrgemeinschaften!

Eine komfortablere, wenn auch im Vergleich zum Radfahren und der Fortbewegung zu Fuß nicht so günstige Idee zur Kostenreduzierung stellt das Bilden von Fahrgemeinschaften dar. Geteilte Kosten sind halbe Kosten oder, wenn mehr als zwei Personen ein Auto nutzen, noch geringere Kosten. Falls Ihr Weg zur Arbeit nicht allzu kurz ist und Sie jeden Tag mit dem Auto fahren, lohnt es sich, Fahrgemeinschaften zu bilden.

Nutzen Sie Carsharing!

Auf den Komfort eines Autos müssen Sie auch beim Carsharing nicht verzichten. Wenn Sie nur ab und zu ein Auto brauchen, könnte dieses Konzept für Sie ein lohnenswerter Ansatz sein. Dadurch sparen Sie zum einen hohe Anschaffungs- und Haltungskosten für ein eigenes Fahrzeug. Zum anderen werden beim Carsharing häufig sehr moderne Fahrzeuge eingesetzt, die wenig Kraftstoff verbrauchen.

Das Verbrauchermagazin Finanztip hat errechnet, dass die Carsharing-Kosten bei 5.000 km jährlicher Fahrleistung zwischen rund 900 und 1.500 Euro niedriger ausfallen als bei einem eigenen Auto.

Nutzen Sie öffentliche Verkehrsmittel!

Bahn und Bus sind ein Muss, wenn Sie die Zeit der Fortbewegung im Gegensatz zur Fahrt mit dem Auto aktiv zum Arbeiten oder Lesen nutzen und dabei schnell sowie umweltfreundlich von A nach B kommen möchten.

Zudem sind Sie mit Bus und Bahn sicherer unterwegs als mit Auto oder Flugzeug und in vielen Fällen auch günstiger. Bereits im Jahr

2019 berichtete die Frankfurter Rundschau unter Berufung auf das Umweltbundesamt, dass rund 3.700 Euro einsparen kann, wer sich bei einer Entfernung von 25 Kilometern ein Jahr lang mit öffentlichen Verkehrsmitteln statt mit dem Pkw zur Arbeit begibt.

Was das Thema Fahrkosten angeht, sind die Zeiten einfacher Preise vorüber: Während im Nahverkehr Punkte-, Zeit- und Gruppenkarten üblich sind, gibt es bei der Bahn verschiedene Rabattkarten und Spartarife wie Bahncard 25, 50 und 100 sowie Frühbucher-, Zeit- und Gruppenkarten sowie Ländertickets.

Kinder bis einschließlich fünf Jahren dürfen bei der Bahn ohne Fahrkarte kostenlos mitfahren. Im Fernverkehr dürfen Reisende ab 15 Jahren bis zu vier Kinder im Alter bis 14 Jahre kostenfrei mitnehmen, wobei die Kinder auf der Fahrkarte eingetragen sein müssen.

Insgesamt gesehen ist ein Kostenvergleich öffentlicher Verkehrsmittel mit dem Fortbewegungsmittel Auto abhängig von den Umständen. Grundsätzlich gilt jedoch, dass Autofahren kostspieliger ist, als viele Menschen annehmen: Wie bereits erwähnt, kostet etwa ein Auto in der Golfklasse bei rund 15.000 gefahrenen Kilometern im Jahr bis zu 500 Euro im Monat. Demgegenüber lässt sich der Nah- und Regionalverkehr aktuell mit der regulären Variante des Deutschlandtickets bundesweit für 49 Euro pro Monat nutzen.

So sparen Sie bei Ihrer Freizeitgestaltung!

An Ihrer Freizeitgestaltung zu sparen, schränkt Ihre Freiheit ein? Nicht unbedingt! Denn wer clever ist, kann den Luxus von Freizeit und Hobbys mit der Notwendigkeit des Sparens verbinden.

Potenzial hierzu ist in den meisten Fällen sicherlich reichlich vorhanden, wenn man bedenkt, dass private Haushalte in Deutschland laut Statistischem Bundesamt im Jahr 2021 pro Monat durchschnittlich 255 Euro und damit 9,7 Prozent ihrer Konsumausgaben für Freizeit, Unterhaltung und Kultur ausgaben.

Bezieht man die im Durchschnitt 113 Euro beziehungsweise 4,3 Prozent, die in Beherbergungs- und Gaststättendienstleistungen investiert wurden, mit ein, zeigt sich noch größeres Sparpotenzial.

Im Folgenden finden Sie einige Tipps, die Ihnen dabei helfen, Kosten bei Ihrer Freizeitgestaltung zu sparen.

Nutzen Sie Coupons und Gutscheine für Restaurants!
Sie möchten im Restaurant saftiges Essen genießen, aber dafür keine saftige Rechnung präsentiert bekommen? Dann halten Sie Ausschau nach Coupons und Gutscheinen, die viele Restaurants von Zeit zu Zeit nutzen, um für Kunden die Attraktivität eines Besuchs zu erhöhen.

Nutzen Sie Kinotage!
Sie möchten die neuesten Filme erster Klasse im Kino erleben, aber nur zweiter Klasse bezahlen? Dann nutzen Sie Kinotage!

Es macht oft einen Unterschied von mehreren Euros, ob Sie beispielsweise an einem Donnerstagabend oder einem Sonntagvormittag ins Kino gehen – besonders dann, wenn Sie mit mehreren Personen die neuesten Filme entdecken möchten.

In Stadtmagazinen finden sich zudem häufig Gutscheine und Rabatt-Aktionen für die örtlichen Kinos.

Sparen Sie in Freizeitparks!
Freizeitparks wecken große Emotionen. Im Idealfall sind sie ein großer Spaß für die ganze Familie, aber auch ein großer Ärger, wenn es an das Bezahlen geht. Mit ein paar Tipps lassen sich die Kosten allerdings häufig reduzieren.

Sparen lässt sich beispielsweise mit Familientickets. Für Familien gibt es oftmals Angebote, die günstiger sind, als wenn Sie den Eintritt für jede Person separat bezahlen.

Wenn Sie und Ihre Familie für einen bestimmten Freizeitpark schwärmen und entsprechend häufig dorthin fahren, kann ein Saisonticket Geld sparen, da es wesentlich preiswerter ist als einzelne Eintrittskarten.

Ein weiterer Spartipp für Ihren Besuch im Freizeitpark: Geburtstagskinder zahlen häufig keinen Eintritt. Übrigens können nicht nur Kinder am Geburtstag sparen, sondern auch Erwachsene.

Neben Freizeitparks wie Zoos und Tierparks können auch andere Einrichtungen wie Museen, Restaurants und Kinos großen und kleinen Geburtstagskindern Sparmöglichkeiten bieten.

Nutzen Sie die Stadtbibliothek!
Bibliotheken bieten Bücher und sonst nichts? Irrtum! Nach wie vor sind Stadtbibliotheken nicht nur Orte der Bildung, sondern auch des Sparens. Denn hier gibt es neben Büchern, auch CDs, DVDs, Computerspiele und oft auch Veranstaltungen eigens für Kinder. All das kann Ihnen dabei helfen, viel Geld zu sparen.

Machen Sie die Natur zu Ihrem Fitnessstudio!
Sie sind Mitglied in einem Fitnessstudio? Doch wozu? Die freie Natur ist das größte Fitnessstudio der Welt! Und der Eintritt ist gratis. Mit etwas Denksport lassen sich etliche sportliche Betätigungen auch in der freien Natur oder zu Hause einplanen.

Eine günstige Alternative zu Fitnessstudios können Sportvereine sein, in denen vielleicht die Sportart Ihrer Wahl ausgeübt wird.

Machen Sie Heimat-Urlaub!
Geben Sie sich nicht dem Fernweh, sondern dem Heimweh hin! Urlaub lässt sich nicht nur in der Ferne verbringen. Auch Ihre Heimat lässt sich näher erkunden – und das zumeist deutlich günstiger, als wenn Sie eine große Reise machen.

In Ihrer Region oder Ihrer Stadt gibt es sicherlich viel zu entdecken – egal ob Sehenswürdigkeiten, Museen oder andere Kultureinrichtungen.

Häufig werden bei den Touristen-Informationen besondere Städte- oder Regionen-Karten angeboten. Diese gewähren Ihnen Vergünstigungen beim öffentlichen Nahverkehr und Rabatte oder sogar freien Eintritt für etliche Attraktionen in Ihrer Umgebung.

Wenn Sie einen eigenen Garten haben und diesen lieben, lassen sich auch hier entspannte Tage verbringen, die Ihnen in Ihrer kleinen Welt große Urlaubsgefühle vermitteln können.

So sparen Sie Kosten für Bekleidung!

Kleider machen Leute! Diese Redewendung ist nicht nur seit Jahrhunderten bekannt und der Titel einer Novelle von Gottfried Keller, sondern wird von vielen Menschen offenbar sehr ernst genommen. Schließlich gaben private Haushalte in Deutschland nach Angaben des Statistischen Bundesamtes im Jahr 2021 monatlich ganze 98 Euro oder 3,7 Prozent ihrer Konsumausgaben für Bekleidung und Schuhe aus.

Wie RTL im Jahr 2022 berichtete, kaufen die Deutschen im Jahr durchschnittlich 60 neue Kleidungsstücke. Obwohl über 50 Prozent angaben, diese zwischen einem und drei Jahren zu tragen, haben Studien herausgefunden, dass jedes Jahr Kleidung im Wert von 240 Euro ungenutzt im Schrank hängt.

Angesichts dieser Zahlen wird schnell erkennbar, dass das Thema Kleidung viel Einsparpotenzial bietet.

Pflegen Sie Ihre Kleidung!

Wenn Sie Ihre Kleidung pflegen, investieren Sie vielleicht etwas Mühe, können dafür aber mühelos sparen. Denn wenn Sie Pflegehinweise wie „Handwäsche“ oder „Nicht bügeln“ berücksichtigen, werden Sie sich länger an Ihren Kleidungsstücken erfreuen. Unsachgemäße Behandlung verkürzt dagegen die Haltbarkeit von Kleidung unnötig.

Wenn Sie Ihre Kleidung häufig waschen, kann diese mit der Zeit verblassen oder fleckig werden. In solchen Fällen ist es oftmals nicht nötig, sofort neue Teile zu kaufen: Insbesondere Jeans und T-Shirts aus Baumwolle lassen sich leicht mit Textilfärbemitteln auffrischen.

Halten Sie Ordnung im Kleiderschrank!
Ein aufgeräumter Kleiderschrank macht nicht nur einen guten Eindruck, sondern hilft auch beim Sparen: Wenn Chaos im Kleiderschrank herrscht, besteht die Gefahr, dass Sie Kleidungsstücke übersehen und bei der nächsten Shoppingtour für teures Geld etwas erwerben, das Sie so oder so ähnlich schon besitzen.

Verzichten Sie auf überflüssige Kleidung!
Viele Kleiderschränke sind voll von Dingen, die nicht oder fast nie getragen werden und damit unnötige Kosten verursacht haben. Denken Sie also vor dem nächsten Shoppingtrip sorgfältig darüber nach, welche Kleidungsstücke Sie wirklich brauchen – und vor allem welche nicht.

Kaufen Sie passend zu Ihrer Garderobe ein!
Kaufen Sie Kleidung, die sich gut mit Teilen Ihrer Garderobe kombinieren lässt. Auf diese Weise vermeiden Sie, dass Sie zu neuen Kleidungsstücken zusätzlich noch weitere erwerben müssen, die dazu passen.

Shoppen Sie antizyklisch!
Manche Kleidungsstücke kommen nicht aus der Mode. Die beste Zeit, um solche Klassiker zu erwerben, liegt jeweils am Ende einer Saison. Shoppen Sie also antizyklisch und sparen Sie, wo andere zu viel Geld ausgeben.

Abonnieren Sie Newsletter!
Wenn Sie Newsletter abonnieren, erhalten Sie neben aktuellen Informationen häufig auch die Möglichkeit zum Sparen. Denn diese

liefern wichtige Neuigkeiten zu Rabatten, Sales oder besonderen Shopping Events.

Auch Social-Media-Plattformen können Ihnen dabei helfen, günstiger an Kleidungsstücke zu kommen. Es lohnt sich, wenn Sie Ihren Lieblingsmarken auf Social Media folgen: Hier werden spezielle Deals und Angebote oft sogar noch vor dem Newsletter-Versand der Öffentlichkeit zugänglich gemacht.

Prüfen Sie Rabattseiten!
Beim Online-Einkauf von Kleidung können Sie viel Geld sparen, wenn Sie zur rechten Zeit am rechten Ort sind: Webseiten wie Gutscheinsammler.de oder Sparwelt.de listen aktuelle Promotion-Codes und Rabatt-Codes vor allem von wichtigen Online-Shops auf.

So sparen Sie an Kosten für Kommunikation!
Die Fähigkeit zu ausgefeilter Kommunikation stellte für den Menschen im Vergleich zu anderen Spezies in der Evolution einen bedeutenden Vorteil dar. Keinen Vorteil stellen hingegen die Kosten dar, die sich im digitalen Zeitalter mit den Möglichkeiten moderner Kommunikation verbinden. Im Gegenteil: Sie verursachen jeden Monat nicht unerhebliche finanzielle Belastungen.

Nach Angaben des Statistischen Bundesamtes gaben private Haushalte im Jahr 2021 ganze 70 Euro beziehungsweise 2,7 Prozent ihrer monatlichen Konsumausgaben für Post und Telekommunikation aus.

So breit unsere Fähigkeiten zur Kommunikation sind, so breit sind heutzutage auch die Möglichkeiten, sich mit anderen auszutauschen. Und wo es große Möglichkeiten gibt, da ist meist auch das Sparpotenzial groß!

Die folgenden zwei Tipps werden Ihnen vor Augen führen, wie sehr sich ein genauer Blick auf die monatlichen Kosten für Festnetz, Internet und Handy bezahlt machen kann.

Überprüfen Sie Ihren Festnetz- und Internettarif!
Wer rastet, der rostet! Das gilt nicht nur für Menschen, sondern auch für Festnetz- und Internettarife. Wenn Sie seit Jahren denselben Tarif haben, ist dieser vermutlich langsam – und vor allem teuer.

Die meisten Internettarife laufen über das TV-Kabel oder die Telefonleitung (DSL). Beide Varianten bieten günstige Tarife, die für die meisten im Alltag ausreichen.

Durch einen Vergleich verschiedener Tarife können Sie hier viel Geld sparen – und zwar laut Angabe von Finanztip alle zwei Jahre ohne größere Probleme 100 bis 200 Euro! Werfen Sie also einen Blick auf aktuelle Vergleichsangebote.

Wenn Sie zögern, einen neuen Vertrag abzuschließen, verhilft es manchmal zu besseren Preisen, dem aktuellen Anbieter Ihre vorgebliche Absicht zu einer Vertragskündigung mitzuteilen.

Wer sich für einen Glasfaseranschluss entscheidet, hat im Gegensatz zu solchen per Kabel oder DSL meist nicht die Wahl zwischen mehreren Anbietern.

Dies ist nur der Fall, wenn das Glasfasernetz im Rahmen einer Kooperation und nach dem sogenannten „Open Access"-Prinzip ausgebaut wird, wie Verivox angibt. Dann stehen auch in diesem Falle mehrere Anbieter zur Auswahl.

Passen Sie Ihren Handytarif an!
Ein Leben ohne ihr Smartphone dürfte für unzählige Menschen nicht mehr vorstellbar sein, auch wenn sich oft hohe Kosten damit verbinden. Zu wichtig sind die praktischen kleinen Geräte in unserem Alltag geworden.

Wer an den Kosten für sein Handy sparen will, muss nicht auf den technischen Helfer verzichten. Auch ohne Verzicht bieten sich in diesem Falle große Sparmöglichkeiten. Dies belegt beispielhaft eine Analyse des Vergleichsportals Verivox, über die von Computer Bild im Jahr 2022 berichtet wurde. Dieser zufolge geben die Deutschen zu viel

Geld für ihre Handyverträge aus. Jeder könne – so das Ergebnis – bei einem Wechsel zu einem günstigen Discount-Tarif stattliche 286,61 Euro pro Jahr einsparen.

Werfen Sie also einen Blick auf aktuelle Vergleichsangebote. Denn auf diese Weise können Sie unter Umständen viel Geld sparen.

Auch hier gilt: Wenn Sie sparen möchten, aber mit Ihrem bisherigen Anbieter zufrieden sind, können Sie womöglich einen besseren Tarif erhalten, wenn Sie diesem Ihre vorgebliche Absicht einer Vertragskündigung mitteilen.

So sparen Sie Kosten für Versicherungen!

Der Jahresbeginn ist für viele Menschen ein Grund zum Feiern, für viele Konten hingegen ein Grund zum Weinen. Denn dann machen sich auf zahlreichen Konten die Ausgaben für Versicherungen in Form der Jahresbeiträge, die meist zu dieser Zeit fällig werden, besonders stark bemerkbar.

Wie das Statistische Bundesamt im Jahr 2021 mitteilte, haben Privathaushalte in Deutschland im Jahr 2019 durchschnittlich rund 1.500 Euro für zusätzliche Versicherungen ausgegeben. Nicht enthalten waren dabei Pflichtbeiträge zur Sozialversicherung, freiwillige Beiträge zur Krankenversicherung, Beiträge zur privaten Kranken- und Pflegeversicherung, zu kapitalbildenden Lebensversicherungen und privaten Rentenversicherungen.

Im Jahr 2009 lag dieser Wert noch bei deutlich niedrigeren 1.020 Euro.

Wie diese Zahlen zeigen, sind die Deutschen eifrig darin, Versicherungen abzuschließen, um sich gegen Risiken abzusichern.

Tatsächlich sind manche Versicherungen von elementarer Wichtigkeit, während der Nutzen von anderen infrage gestellt werden kann. Dazu kommt, dass nicht wenige Menschen ungute Erfahrungen mit der Zahlungswilligkeit von Versicherungen gemacht haben und auch die beste Versicherung nicht in der Lage ist, einen Schaden oder ein Unglück zu verhindern.

Es ist nicht Aufgabe dieses Buches, für Sie zu entscheiden, wie viele Policen Sie zusätzlich zu den wirklich wichtigen abschließen sollten. Aufgabe dieses Buches ist es stattdessen, Ihnen in der Folge einige Ratschläge aufzuzeigen, die Ihnen im Hinblick auf Ihre Altersvorsorge Einsparpotenzial beim Thema Versicherungen ermöglichen können.

Passen Sie notwendige Policen an!

Einige Versicherungen können von großem Nutzen sein und Ihnen im Fall der Fälle sogar Ihr (finanzielles) Leben retten. Dass ein solcher Schutz nicht umsonst ist, versteht sich von selbst. Doch die gute Nachricht ist: Auch bei notwendigen Versicherungen können Sie sparen!

Eine Möglichkeit besteht darin, alte Policen anzupassen. Immer dann, wenn sich etwas an Ihrer Lebenssituation verändert, sollten Sie die Gelegenheit nutzen und Ihren Versicherungsbedarf überprüfen.

Anlässe für die Anpassung der Police können beispielsweise Geburten, Todesfälle, Hochzeiten oder Scheidungen sein. Wenn Sie etwa geheiratet oder eine gemeinsame Wohnung bezogen haben, können Sie die private Haftpflichtversicherung gemeinsam nutzen und sich einen Tarif sparen.

Falls Sie ein Auto fahren, das über die Jahre sehr stark an Wert verloren hat, aber trotzdem noch immer vollkaskoversichert ist, kann eine Teilkaskoversicherung bares Geld sparen.

Wer in eine neue Wohnung gezogen ist, sollte seine Hausratversicherung auf den Prüfstand stellen und beispielsweise die Größe der Wohnung und den Wert des zu versichernden Hausrates anpassen, wenn sich hierbei Veränderungen ergeben haben.

Wie das Portal FinanceScout24 berichtet, lassen sich durch die Anpassung des Versicherungsbedarfs schnell dreistellige Summen an Versicherungsprämien einsparen.

Wer seine Ausgaben für Versicherungen senken möchte, kann selbstverständlich auch bestehende Policen kündigen. Prüfen Sie zu diesem Zweck sorgfältig, ob nicht die ein oder andere Versicherung unnötig ist.

Verändern Sie Zahlweise und Laufzeit!
Bei der Wahl der Zahlweise von Versicherungen lassen sich häufig Einsparungen vornehmen. Nicht wenige Policen sind spürbar günstiger, wenn sie jährlich bezahlt werden.

Zudem können Sie oftmals von geringeren Prämien profitieren, wenn Sie Versicherungen über einen Zeitraum von mehreren Jahren hinweg abschließen. Dies kann beispielsweise bei Hausrat- oder Haftpflichtversicherungen sinnvoll sein, wenn Sie absehen können, dass in Ihrem Leben mittelfristig keine größeren Zäsuren wie Umzüge bevorstehen.

Verringern Sie die Versicherungssumme!
Oftmals ist die Versicherungssumme maßgeblich dafür, wie hoch eine Prämie ausfällt. Aus diesem Grund ist die Reduzierung der Versicherungssumme in der Regel ein guter Ansatzpunkt zum Sparen.

Von diesem Tipp können Sie beispielsweise Gebrauch machen, wenn Sie fast keine Wertgegenstände besitzen, Ihre Hausratversicherung aber eine daran gemessen unverhältnismäßig hohe Versicherungssumme aufweist.

Einsparpotenzial kann auch bei der Privathaftpflichtversicherung bestehen: Liegt Ihre Versicherungssumme zum Beispiel bei 50 Millionen Euro, ist es eine Überlegung wert, diese auf 10 Millionen Euro zu reduzieren. Dies kann sich laut FinanceScout24 auf die Höhe der Prämie spürbar auswirken.

Vereinbaren Sie einen Selbstbehalt!
Mit dem Begriff Selbstbehalt beziehungsweise Selbstbeteiligung wird bei Versicherungen derjenige Betrag bezeichnet, den Versicherte im Falle einer Leistung selbst zu tragen haben.

Legen Sie einen Selbstbehalt fest, wo es sinnvoll und möglich ist. Ob ein Selbstbehalt Sinn macht, lässt sich beispielsweise dadurch überprüfen, dass Sie die Einsparung bei den Prämien gegen die Höhe des gewählten Selbstbehaltes gegenrechnen.

Verzichten Sie auf Komplettschutz- oder Premiumschutz-Policen!
Gerade in Deutschland, wo viele Menschen ein erhöhtes Bedürfnis haben, sich gegen Schadensfälle abzusichern, haben Versicherungen eine hohe Anziehungskraft, die einen Komplett- oder Premiumschutz versprechen.

Allerdings hat das seinen Preis und für umfassende Leistungen müssen Sie auch höhere Prämien zahlen. Daher sollten Sie vor einem Vertragsabschluss stets sorgfältig überprüfen, welche Leistungen für Sie wirklich notwendig sind.

Falls Sie bereits ein Produkt mit zu umfangreicher Deckung nutzen, bietet es sich womöglich an, zu einer entsprechenden Basispolice zu wechseln.

Vergleichen Sie Preise!
Preise für Versicherungen sind nicht in Stein gemeißelt. Wenn Sie bei einem Anbieter vor geraumer Zeit eine sehr günstige Police abgeschlossen haben, heißt das nicht, dass die Konkurrenz inzwischen nicht bessere Angebote macht.

Wenn Sie bisweilen Versicherungspreise miteinander vergleichen, können Sie eine Menge Geld einsparen. Nehmen Sie sich also die Zeit und fühlen Sie Versicherungen und ihren Preisen auf Portalen wie CHECK24 auf den Zahn.

Beim Vergleichen sollten Sie darauf achten, dass die Versicherungsbedingungen identisch oder ähnlich sind, und vor einem Wechsel die Kündigungsfristen im Auge behalten.

Wer wechseln möchte, sollte wissen: Bei den meisten Versicherungen können Sie von einem Sonderkündigungsrecht Gebrauch machen.

Ein Sonderkündigungsrecht besteht etwa im Falle einer Beitragserhöhung oder einer Veränderung der Lebensumstände wie einer Heirat oder der Geburt eines Kindes.

Bei Kfz-Versicherungen besteht ferner meist ein Sonderkündigungsrecht, wenn die Versicherung einen Schaden begleichen musste oder ein Fahrzeugwechsel vorliegt.

Möchten Sie von Ihrem Sonderkündigungsrecht Gebrauch machen, sollten Sie gegebenenfalls darauf achten, Form und Frist einzuhalten.

Sparen Sie Kosten bei Ihrer Krankenversicherung!

Die Krankenversicherung ist ohne jeden Zweifel die wichtigste aller Versicherungen. Auf sie zu verzichten, wäre nicht nur dumm, es wäre in manchen Fällen sogar Selbstmord und ist auch gar nicht möglich. Denn dem Prinzip folgend, dass niemand im Krankheitsfall ohne Schutz sein soll, besteht für alle Bürger mit Wohnsitz in Deutschland die Verpflichtung zum Abschluss einer Krankenversicherung.

Allen, die sich an der Höhe der Beiträge für ihre Krankenversicherung stören, sei gesagt: Auch hier gibt es durchaus Sparpotenzial – und zwar sowohl bei der gesetzlichen als auch bei der privaten Krankenversicherung.

Was den ersten Fall angeht, so können die Zusatzbeiträge eine Möglichkeit zur Einsparung bieten. Je nach Einkommenshöhe und Prozentsatz lassen sich laut FinanceScout24 durch einen Wechsel der Krankenversicherung hierbei nennenswerte Einsparungen in Höhe von mehr als 100 Euro vornehmen.

Weitere Möglichkeiten zur Einsparung können Wahltarife und Bonusprogramme bieten, die nicht nur für Ihre Gesundheit förderlich sein, sondern auch Ihren Geldbeutel entlasten können. Wie FinanceScout24 weiß, bieten manche Versicherer bis zu 120 Euro für solche Bonusprogramme.

Ein Ansatzpunkt, bei der privaten Krankenversicherung zu sparen, kann darin bestehen, mögliche Zusatzleistungen auf den Prüfstand zu stellen und gegebenenfalls zu kündigen.

Wer seine Beiträge dauerhaft senken möchte, kann darüber nachdenken, seine Selbstbeteiligung zu erhöhen, sollte hier aber genau überlegen und nachrechnen, ob sich dies am Ende auch auszahlen wird.

Wer Probleme hat, die Beiträge für die private Krankenversicherung zu zahlen, kann vielleicht als Ausweg in den Basistarif wechseln. Dessen Leistungen sind vergleichbar mit denen der gesetzlichen Krankenversicherung, er hat allerdings einige Nachteile und sollte nur als Notlösung verstanden werden.

Bevor Sie Sparmaßnahmen rund um Ihre Krankenversicherung in die Wege leiten, sollten Sie zuvor alle Aspekte auf das Gründlichste durchdenken. Die Gesundheit ist das höchste Gut, das wir besitzen, und an Ihrem Erhalt sollte man nicht am falschen Ende sparen.

So sparen Sie Kosten für Abonnements!

100 Euro pro Monat sind die Summe, die junge Erwerbstätige benötigen, um durch langfristige Investitionen in Aktien die eigene Rente zu ersetzen. Bis zu 100 Euro pro Monat geben 82 Prozent der deutschen Verbraucher für klassische Abonnementdienste wie Audio-Streaming, Video-Streaming oder Gaming aus. Das ist das Ergebnis einer im März 2022 von der Abonnement-Management-Plattform Recurly durchgeführten Studie unter Studienteilnehmern ab 18 Jahren, die zu der betreffenden Zeit mindestens einen oder mehrere Abonnementdienste abgeschlossen hatten.

Wissen Sie spontan, wie viel Geld Sie im Monat für Abonnements ausgeben? Wenn nicht, lohnt es sich, dies herauszufinden!

Mitunter verliert man über die laufenden Ausgaben für Abonnements leicht die Übersicht, und zwar vor allem dann, wenn die Abo-

Kosten an unterschiedlichen Tagen im Monat vom Konto abgebucht werden.

Um die Übersicht zu behalten oder wiederzufinden, sollten Sie die Kosten für Ihre Abonnements entweder nur am Anfang oder nur am Ende des Monats abbuchen lassen und jährlich anfallende Kosten auf den Monat runterrechnen.

Wenn Sie die Kosten für Ihre Abonnements präzise bestimmt haben, gilt es, mögliches Sparpotenzial auszuloten.

Als exemplarische Anregung dafür, wie Sie an Abonnements sparen können, dienen die folgenden zwei Spartipps.

Kündigen Sie ungenutzte Abonnements!

Die effektivste Methode, um Ausgaben für Abonnements zu sparen, ist ebenso einfach wie radikal: Kündigen Sie eines oder gleich mehrere davon – und erhalten Sie im Gegenzug dafür durch das gesparte Geld ein Abonnement auf mehr Rente im Alter!

Wenn Sie nicht gleich derart konsequent vorgehen möchten, kann Ihnen folgender Tipp beim Sparen helfen: Abonnements zahlen sich meist nur dann aus, wenn sie entsprechend genutzt werden. Prüfen Sie daher, welche Abonnements Sie so intensiv gebrauchen, dass sie sich wirklich lohnen. Wenn Sie beispielsweise mehrere Streaming-Dienste verwenden, ist es gut möglich, dass Sie einen Anbieter über längere Zeit kaum oder gar nicht nutzen, wenn die Lieblingssendungen bei einem anderen Dienst laufen.

Vergleichen Sie Anbieter und Tarife!

Wenn die Kündigung eines Abonnements für Sie nicht infrage kommt, gibt es noch eine weitere Möglichkeit, Geld zu sparen: Vergleichen Sie verschiedene Tarife und Anbieter!

Auszahlen kann sich dies beispielsweise im Fall der gerade erwähnten Streaming-Dienste. Denn der Wettbewerb auf dem digitalen Markt ist groß und gerade Streaming-Dienste stehen unter Druck. Um gegen die Konkurrenz bestehen zu können, müssen Anbieter wieder und wieder neue Anreize für Kunden schaffen. Dabei unterbieten sie sich oft gegenseitig. Dieses Beispiel zeigt, dass es lohnenswert ist, verschiedene Anbieter und Tarife miteinander zu vergleichen.

Auch bei bestehenden Tarifen können Sie gegebenenfalls sparen.

Insbesondere kann es sich auszahlen, gezielt Ausschau nach Feiertagsdeals und Schnupperangeboten zu halten. Damit lässt sich ein Dienst meist für wenige Euros und ohne Verpflichtung testen.

Vertrauen ist gut, Kontrolle ist besser: Behalten Sie den Überblick über Ihre Finanzen!

Vieles auf der Welt besitzt einen schlechten Ruf. Dies kann für Menschen ebenso gelten wie für Ideologien. So würden sicherlich etliche Menschen ein negatives Urteil über Wladimir Iljitsch Uljanow – besser bekannt unter dem Namen Lenin – sowie über den durch ihn mitgeprägten Marxismus-Leninismus fällen.

Lenin wird eine Sentenz zugesprochen, die noch heute gerne Verwendung findet und bei vielen ebenso negative Assoziationen wecken dürfte wie ihr vermeintlicher Urheber, kann sie doch ebenso Leitmotiv von Diktatoren sein wie von Erbsenzählern: „Vertrauen ist gut, Kontrolle ist besser!".

Doch ist Kontrolle wirklich immer schlecht, nur weil die besagte Sentenz einer zweifelhaften Persönlichkeit zugeschrieben wird? Wie man zu dieser Frage auch stehen mag, so ist sie doch mindestens in einem Falle mit einem klaren Nein zu beantworten: Wenn es um die persönlichen Finanzen geht, ist Kontrolle von großem Vorteil, um nicht zu sagen unabdingbar.

Hier gilt: Vertrauen Sie nicht blindlings darauf, dass Sie mit Ihrem Geld schon irgendwie über die Runden kommen werden. Und vertrauen Sie auf gar keinen Fall blindlings darauf, dass Ihr Geld schon irgendwie dafür ausreichen wird, um Rücklagen für Ihr Alter zu bilden!

Statt blindlings auf ein „Irgendwie" zu vertrauen, sollten Sie Ihre Finanzen kontrollieren – und zwar je gründlicher, desto besser! Denn allein auf diese Weise können Sie auf der Grundlage fundierter Zahlen entscheiden, wie viel Sie wirklich für Ihre Altersvorsorge zurücklegen können, ob dies ausreichend ist oder um wieviel Sie diese Summe gegebenenfalls erhöhen sollten.

Kontrolle bedeutet im Falle Ihrer Finanzen, genau Buch zu führen über sämtliche Einkünfte und Ausgaben. Auch wenn es Arbeit macht: Nehmen Sie sich die Zeit und machen Sie sich Notizen über alles, was Sie einnehmen und was Sie ausgeben.

Dabei empfiehlt es sich, den Begriff der Buchführung im ganz klassischen Sinne des Wortes aufzugreifen und den Stift der Tastatur vorzuziehen. Wissenschaftler haben nämlich herausgefunden, dass die Lernfähigkeit höher ist, wenn Informationen mit der Hand notiert werden. So belegte etwa eine Forschungsarbeit der amerikanischen Psychologen Pam Mueller und Daniel Oppenheimer von der Princeton-Universität, die ihre Arbeiten in einem im Jahr 2014 veröffentlichten Aufsatz für die Zeitschrift Psychological Science zusammengefasst haben, folgenden Sachverhalt: Es gibt viele Menschen, die sich am effektivsten anhand ihrer eigenen handgeschriebenen Notizen mit wichtigen Zusammenhängen auseinandersetzen.

Unabhängig davon, ob Sie sich für die klassische oder eine modernere Form der Buchführung entscheiden, sollten Sie Ihre Finanzen nicht dem blinden Zufall überlassen! Denn hier gilt: Vertrauen ist gut, Kontrolle ist besser!

4. Aktien statt Rente: Die zweite Säule erfolgreicher Rentenvorsorge

Wenn im Casino die kleine weiße Kugel am Roulettetisch zu rotieren beginnt, dreht sich die ganze Welt für manche Menschen nur noch um die ganz großen Fragen: Werde ich reich oder arm sein? Werde ich glücklich oder unglücklich sein? Roulette ist ein Spiel mit Suchtpotenzial – doch nicht nur Roulette!

Auch das Spiel an den Börsen dieser Welt, das sich um das große Geld dreht, hat schon viele süchtig gemacht: süchtig nach Erfolg, süchtig nach Gewinn, süchtig nach der ultimativen Aktie.

Allerdings gibt es einen eklatanten Unterschied zwischen dem Spiel im Casino und dem Spiel an der Börse: Nicht Glück oder Pech, sondern umfangreiches Wissen um das Investieren in Aktien entscheidet darüber, ob Sie mit 100 Euro pro Monat Ihre Rente zu ersetzen, die Rentenlücke zu schließen oder zumindest deutlich zu verringern vermögen oder nicht. Zwischen Gewinn und Verlust liegt an der Börse oft nur ein schmaler Grat. Den entscheidenden Unterschied macht oft ein Wissensvorsprung, den Sie sich erarbeiten können oder nicht.

Wissen ist Ihr Trumpfass im großen Spiel an den Börsen dieser Welt. Wissen entscheidet maßgeblich darüber, ob Sie sich für die passende Anlagestrategie entscheiden, die richtigen Aktien auswählen und Gewinne oder Verluste einfahren. Wissen schafft die Grundlage dafür, dass Sie beim Investieren strategisch klug vorgehen und Ihr Erspartes nicht der Macht des Zufalls überlassen müssen.

Zu solchem Wissen verhilft Ihnen dieses Buch in den folgenden Kapiteln: Sie werden unter anderem erfahren, was genau Aktien sind, welche Chancen und Risiken sie bieten und wie Sie Ihr Vermögen gezielt vor Verlusten schützen können. Sie werden das Prinzip der Diversifizierung, die besten langfristigen Anlagestrategien, die Technik der Fundamentalanalyse und mit Aktienfonds und ETFs zwei auch für risikoscheuere Anleger interessante Alternativen kennenlernen.

Da alles Wissen nur dann weiterhilft, wenn Sie es auch praktisch anwenden können, finden Sie an vielen Stellen wertvolle Hinweise, die den Schritt von der Theorie in die Praxis erleichtern. Sie werden unter anderem herausfinden, wie Sie zu Ihrer ersten Aktie gelangen, Ihre monatliche Sparrate in Aktien investieren und größere Summen an der Börse anlegen können.

Aktien: Die wohl aufregendsten Papiere der Welt

Aktie! Es gibt kaum jemanden, der dieses Wort nicht schon einmal gehört hat. Es ist aus Wirtschaft und Gesellschaft nicht wegzudenken und läuft Rezipienten in allen erdenklichen Medien immer wieder über den Weg.

„Aktien statt Rente!“ lautet der Titel des Buches, das Sie gerade in den Händen halten und das Sie vermutlich nicht lesen würden, wenn Sie sich nicht für die Themen Altersvorsorge und Aktien interessieren würden. Doch was verbirgt sich hinter dem Begriff Aktie? Können Sie diese Frage beantworten, zögern Sie oder haben Sie keinerlei Ahnung?

Wenn Sie zur ersten Gruppe gehören, können Sie dieses Kapitel vielleicht überspringen. Wenn Sie aber zur zweiten oder dritten gehören, sollten Sie es mit großer Aufmerksamkeit lesen. Denn wer gut informiert ist, hat auch an der Börse oftmals Vorteile.

Aktien: Was sich hinter dem Begriff verbirgt

Sie hatten Latein in der Schule? Dann werden Sie dem Begriff Aktie vielleicht schnell auf seine etymologische Spur kommen oder sogar eine Ahnung haben, was er im ursprünglichen Wortsinn bedeutet: Er leitet sich von dem lateinischen Substantiv *actio* her, das vielfältige

Bedeutungen hat und unter anderem als Terminus der Gerichtssprache *Klage*, *Gerichtsverhandlung* und *Rechtsanspruch* bedeuten kann.

Unter einer Aktie (englisch *share, stock*) versteht man im konkreten Sinn ein Wertpapier, das den Anteil an einer Aktiengesellschaft (abgekürzt AG) – oder einer Kommanditgesellschaft auf Aktien (abgekürzt KGaA) – verbrieft und dem Anteilseigner bestimmte Rechte zuspricht. Mit dem Kauf wird der Anteilseigner zum Miteigentümer an der Gesellschaft, deren Aktie er erworben hat.

Aktien: Motor der Wirtschaft

Ein Auto ohne Motor – das ist eine Vorstellung, die für die meisten vollkommen absurd klingen dürfte. Ohne einen Motor würde ein Auto seinen Zweck nicht erfüllen. Das gilt in Zeiten aufkommender Elektromobilität ebenso wie es a*m denkwürdigen 5. August des Jahres 1888 gegolten hat, als* Bertha Benz *die erste längere Fahrt mit einem Kraftfahrzeug unternahm.*

(Fast) wie ein Auto ohne Motor wäre die Wirtschaft ohne die Existenz von und den Handel mit Aktien. Ihre Bedeutung im ökonomischen Geschehen ist kaum zu überschätzen. Das zeigt sich nicht zuletzt an bloßen Zahlen: Im Jahr 2020 etwa lag das Gesamtvolumen weltweit gehandelter Aktien bei der immensen Summe von rund 185,7 Billionen US-Dollar, was einen neuen Rekordwert darstellte. Zum Vergleich: Am 11. November 2022 hat der Haushaltsausschuss des Deutschen Bundestages den Bundeshaushalt für 2023 beschlossen, dem zufolge die Ausgaben rund 476,3 Milliarden Euro betragen. Mag diese Summe für Normalsterbliche unvorstellbar groß sein, mutet sie doch im Vergleich mit dem Gesamtvolumen weltweit gehandelter Aktien geradezu lächerlich klein an.

Getragen wird die ungeheuer große wirtschaftliche Bedeutung von Aktien durch zwei wesentliche Faktoren: Den Finanzierungsbedarf von Unternehmen einerseits und den Wunsch von Anlegern nach gewinnbringenden Anlagen ihres Vermögens andererseits.

Als *Finanzierungsinstrument* bedienen sich Unternehmen der Ausgabe von Aktien zur Beschaffung von Eigenkapital.

Als *Anlageinstrument* sind Aktien sowohl für private Investoren als auch für Unternehmen von Bedeutung. Dabei können mit der Anlage verschiedene Motive verbunden sein:

- ein Anlagemotiv, das auf eine dauernden Ertrag bringende Anlage zielt,
- ein Sachwertmotiv, das mittels Sachwertbeteiligung auf die Vermeidung von Geldwertverlusten zielt,
- ein Spekulationsmotiv, das auf Gewinnerzielung durch Kauf und Verkauf zielt sowie
- im Falle von Großinvestoren ein Mitsprache- und Beherrschungsmotiv, das auf Einflussnahme auf das Unternehmen beziehungsweise dessen Beherrschung zielt.

Indem Aktionäre – aus welchen Motiven auch immer – an der Unternehmensfinanzierung teilhaben, kann der Handel mit Aktien auch zum Wachstum einer Volkswirtschaft beitragen.

Wertpapiere: Eine Familie mit der DNA zur Geldvermehrung

Ein DNA-Test kann Auskunft über die Abstammung eines Menschen und seine Verwandtschaftsbeziehungen geben. Würde man die DNA von Aktien analysieren und mit anderen Anlageprodukten vergleichen, so würde man feststellen, dass diese nicht nur mit anderen Aktien verwandt sind, sondern auch noch mit einer Reihe von weiteren Produkten. Sie alle lassen sich unter dem Namen Wertpapiere zu einer Familie zusammenfassen – einer Familie mit der DNA zur Geldvermehrung.

Wer sich schon intensiver mit dem Thema Aktien oder Geldanlage insgesamt befasst hat, dem dürfte dabei der Begriff Wertpapier schon einmal begegnet sein. Doch was verbirgt sich hinter ihm und was macht Wertpapiere aus?

Eine Antwort auf diese Fragen lässt auch das Wesen von Aktien besser erkennbar werden.

Worum es sich bei einem Wertpapier handelt, lässt sich durch zwei unterschiedlich weit gefasste Definitionen beschreiben: Die weiter gefasste geht auf den österreichischen Rechtshistoriker Heinrich Brunner (1840–1915) zurück. Ihr zufolge handelt es sich bei einem Wertpapier um eine Urkunde, die ein privates Recht in der Weise verbrieft, dass der Besitz beziehungsweise die Vorlage der Urkunde zur Geltendmachung des Rechts erforderlich ist.

Die weniger weit gefasste Definition schränkt die genannte Begriffsbestimmung dahin gehend ein, dass Wertpapiere nur solche Urkunden seien, die nach sachenrechtlichen Grundsätzen übertragen werden können. Das Sachenrecht stellt ein Rechtsgebiet des Bürgerlichen Gesetzbuchs (BGB) dar, das die Rechtsverhältnisse an Sachen regelt, zu denen bewegliche Sachen, unbewegliche Sachen (Grundstücke) sowie grundstücksgleiche Rechte zählen. Das Sachenrecht ist im dritten Buch des BGB kodifiziert (§§ 854 bis 1296 BGB).

Die weiter gefasste der beiden genannten Definitionen setzte sich in der Rechtswissenschaft durch und wurde zur vorherrschenden Bestimmung des Begriffs.

Die Entwicklung der Finanzmärkte hat zu einer Ausweitung dieser Definition geführt. So definiert das Wertpapierhandelsgesetz (WpHG) als Wertpapiere *„alle Gattungen von übertragbaren Wertpapieren mit Ausnahme von Zahlungsinstrumenten, die ihrer Art nach auf den Finanzmärkten handelbar sind"*, *„auch wenn keine Urkunden über sie ausgestellt sind"*[5].

Von größerem Interesse als etymologische und definitorische Erläuterungen dürfte für Anleger die Frage sein, worin die gemeinsame DNA aller Wertpapiere besteht. Hierzu ließe sich vieles sagen, doch

---

5 § 2 Absatz 1 WpHG

muss sich die Übersicht im Folgenden auf einige wenige Überlegungen beschränken.

Die Gemeinsamkeiten, die alle Wertpapiere teilen, ihre gemeinsame DNA, beziehen sich auf folgende fünf Aspekte:

- Verbriefung eines Rechts,
- Anspruchsrealisierung,
- Verlust der Urkunde,
- Verkehrsfähigkeit,
- Handelbarkeit.

Erst durch ihre gemeinsamen Eigenschaften hinsichtlich dieser Aspekte formt sich ihr Charakter, werden Wertpapiere erst zu Wertpapieren. Daher wollen wir im Folgenden einen näheren Blick auf diese Aspekte werfen.

Verbriefung eines Rechts

Gemeinsam ist allen Wertpapieren die Verbriefung eines privaten Rechts, das je nach Art des entsprechenden Papiers unterschiedlich ausgestaltet sein kann.

Aktien etwa verbriefen, wie bereits erwähnt, bestimmte Rechte eines Aktionärs an dem Unternehmen, dessen Aktien er erworben hat.

Anspruchsrealisierung

Die zweite Gemeinsamkeit von Wertpapieren besteht darin, dass Inhaber das in diesen verbriefte Recht unter Vorlage der Urkunde dem Schuldner gegenüber geltend machen können.

Wenn eine Schuldbefreiung – das heißt, dass der Schuldner mit schuldbefreiender Wirkung an den das Wertpapier Vorlegenden leistet – vereinbart wurde, so verfügt die Urkunde über eine sogenannte Liberationsfunktion zugunsten des Schuldners, unabhängig davon, wer die Urkunde vorlegt.

Der Begriff der Liberationsfunktion leitet sich aus dem Lateinischen her und lässt sich treffend als Befreiungsfunktion wiedergeben.

Der legitimierte Besitz eines Wertpapiers begründet die uneingeschränkte Vermutung der materiellen Berechtigung des Inhabers. Schuldner können dem Inhaber nur solche Einwendungen entgegensetzen, die *„die Gültigkeit der Ausstellung betreffen, sich aus der Urkunde ergeben oder dem Aussteller unmittelbar gegen den Inhaber zustehen“*[6].

Verlust der Urkunde

Die dritte der zuvor benannten Gemeinsamkeiten von Wertpapieren betrifft den Verlust der Urkunde, genauer gesagt die Geltendmachung von Rechten aus verloren gegangenen Wertpapieren.

Entscheidend ist in diesem Zusammenhang zunächst, dass ein Verlust nicht zu einem Untergang der verbrieften Rechte führt. Vielmehr muss, wenn im Falle eines Verlustes die verbrieften Rechte geltend gemacht werden sollen, ein sogenanntes Aufgebotsverfahren durchgeführt werden. Erforderlich wird dieses, weil Schuldner – wie bereits ausgeführt – Leistungen nur gegen Aushändigung der Urkunde erbringen müssen, eine solche aber im Falle des Verlustes nicht vom rechtmäßigen Inhaber vollzogen werden kann und er damit seine Rechte nicht geltend machen kann. Genau dieser Konflikt wird durch das Aufgebotsverfahren gelöst.

Dabei handelt es sich um ein in §§ 433 ff. FamFG (Gesetz über das Verfahren in Familiensachen und in den Angelegenheiten der freiwilligen Gerichtsbarkeit) geregeltes gerichtliches Verfahren, bei dem Rechtsinhaber öffentlich aufgefordert werden, ihre Ansprüche oder Rechte innerhalb einer bestimmten Frist anzumelden. Es wird auf Antrag beim zuständigen Amtsgericht eingeleitet und dient dem Zweck, Urkunden für kraftlos zu erklären oder unbekannte Berechtigte von ihrer Rechtsposition auszuschließen, wenn in der Aufgebotsfrist kein Anspruch oder Recht angemeldet wird.

---

[6] § 796 BGB

Bei Wertpapieren findet ein spezielles Aufgebot für die Kraftloserklärung von Urkunden gemäß §§ 466 ff. FamFG Anwendung.

Verkehrsfähigkeit
Von der vierten Eigenschaft, die allen Wertpapieren gemeinsam ist, profitieren Anleger tagtäglich an den Börsen hierzulande und weltweit. Die Rede ist von deren Verkehrsfähigkeit: Wertpapiere müssen mehr oder weniger leicht von einem Inhaber auf einen anderen übertragen werden können.

Dabei lässt sich zwischen verkehrsfähigen und weniger verkehrsfähigen Arten differenzieren, was an dieser Stelle aber nicht weiter vertieft werden soll.

Handelbarkeit
Auch die letzte der genannten gemeinsamen Eigenschaften von Wertpapieren, deren Handelbarkeit, kommt Anlegern zugute. Diese setzt eine höchstmögliche Verkehrsfähigkeit voraus, was insbesondere für eine Börsenfähigkeit gilt.

Die Börse: Ein Ort, der keinen kalt lässt

Es gibt Orte, die Emotionen wecken. Der *Grand Canyon* im Norden des US-Bundesstaats Arizona ist ebenso ein solcher Ort wie die Pyramiden von Gizeh am westlichen Rand des Niltals in Ägypten oder der Taj Mahal am Stadtrand von Agra im indischen Bundesstaat Uttar Pradesh. Sie ziehen Besucher in ihren Bann und lassen sie nicht kalt.

Nicht immer sind die Emotionen positiv, die wir mit Orten verbinden. Sie können auch in die negative Richtung ausschlagen.

Auch im Kontext des Themas Geldanlage gibt es einen Ort, der bei vielen Menschen starke Emotionen auszulösen vermag: Die Börse – oder besser gesagt die Börsen dieser Welt. Bei den einen rufen sie Stürme der Begeisterung hervor, bei den anderen tiefe Ängste oder sogar Gefühle rigoroser Ablehnung.

Doch was ist eine Börse genau? Was hat man sich darunter vorzustellen?

Die etymologische Herkunft des Wortes Börse ist nicht zweifelsfrei geklärt. Eine Möglichkeit besteht darin, dass der Begriff Börse schon früh aus dem mittellateinischen Wort *bursa* in der Bedeutung *Ledertasche, Ledersäckchen* oder *(Geld-)Beutel* entlehnt wurde. *Bursa* lässt sich wiederum zurückführen auf das altgriechische Wort **βύρσα** (býrsa), welches ein *(Rinds-)Fell* oder eine *abgezogene Rindshaut* bezeichnet.

Zuweilen wird das Wort Börse auch mit dem Namen eines Hügels über dem Hafen der antiken Stadt Karthago in Verbindung gebracht, auf dem sich eine Festung befand. Sowohl der Hügel als auch die Festung trugen den Namen Byrsa.

Zudem wird das Wort Börse mitunter auf eine in Brügge ansässige Kaufmannsfamilie mit dem Namen van der Beurs zurückgeführt, deren Wappen drei Geldbeutel zeigte und in deren Haus sich Kaufleute zu geschäftlichen Treffen zusammenfanden. Das Wort *beurs* bedeutet im Niederländischen auch *Geldbeutel* oder *Geldbörse*.

Dürfte die etymologische Herkunft des Wortes Börse für die meisten keine größere Relevanz haben, wird es sich mit dessen inhaltlicher Bedeutung sicher anders verhalten: Unter einer Börse versteht man einen nach gewissen Regeln organisierten Markt, auf dem standardisierte und fungible, das heißt austauschbare, Güter wie Wertpapiere, Commodities oder Devisen gehandelt werden.

Darüber hinaus bezeichnet man mit dem Begriff Börse auch das Gebäude, in dem die Börse stattfindet.

Eine Börse im Sinne eines Marktes führt während festgelegter Handelszeiten Angebot und Nachfrage zusammen.

An Präsenzbörsen erfolgt dies unter Vermittlung sogenannter Skontroführer. Dabei handelt es sich um zum Handel an der Börse zugelassene Handelsteilnehmer, welche die Vermittlung und den Abschluss von Börsengeschäften betreiben und auf einen geordneten Verlauf des Marktes hinwirken sollen. Ihnen obliegt die Bildung von Börsenkursen im regulierten Markt, sofern diese nicht mittels elektronischer Systeme ermittelt werden. Noch immer wird statt des Terminus des Skontroführers zuweilen die Bezeichnung Börsenmakler verwendet, wenngleich diese seit dem Jahr 2002 mit dem Inkrafttreten des vierten Finanzmarktförderungsgesetzes nicht mehr in diesem Kontext vorgesehen ist.

An Computerbörsen ist die Tätigkeit von Skontroführern überflüssig, da die Geschäftstätigkeit hier über ein elektronisches Handelssystem organisiert ist.

Die Börsenkurse richten sich nach Angebot und Nachfrage. Sie werden von einem Handelssystem auf Grundlage der vorhandenen Kauf- und Verkaufsaufträge berechnet.

Zentral dabei ist das sogenannte Orderbuch, das Kauf- und Verkaufsangebote gegenüberstellt. Stellte dieses früher eine Art Kladde dar, wird es heutzutage mithilfe von Computersystemen geführt, wobei beim Präsenzhandel die bereits erwähnten Skontroführer den Prozess unterstützen.

Wo Licht ist, ist auch Schatten: Chancen und Risiken von Aktien und wie Sie Ihr Vermögen vor Verlusten schützen können

Wo Licht ist, ist auch Schatten. Dieses geflügelte Wort geht in seinem Kern auf den Dichterfürsten Johann Wolfgang von Goethe zurück.

Dass Gegensätze einander bedingen, zeigt sich auch an der Börse: Aktien können Ihnen leuchtende Chancen auf große Gewinne vermitteln. Gleichzeitig wohnt ihnen aber auch der Schatten des finanziellen Risikos inne.

An der Börse gibt es nichts umsonst, alles hat seinen Preis. Je höher die Rendite, desto höher ist tendenziell auch das Risiko.

Dieses Kapitel erhellt das Dunkel der Börsengeschichte und zeigt anhand von historischen Fixpunkten exemplarisch die Chancen und Risiken des Investierens in Aktien auf.

Damit kein Schatten auf Ihre zukünftige Geschichte an der Börse fällt, erhalten Sie in der Folge zusätzlich eine Zusammenstellung von wichtigen Regeln, die Sie vor fatalen Fehlern beim Investieren schützen können.

Chancen und Risiken von Aktien im Verlauf der Geschichte

Hoch gestiegen, tief gefallen – so könnte die Inschrift auf dem Grabstein des Zahlungsabwicklers und Finanzdienstleisters Wirecard lauten.

Über etliche Jahre erschien es so, als schreibe das Unternehmen Wirecard eine Erfolgsgeschichte sondergleichen. Im Jahr 1999 als Start Up gegründet, stieg das Unternehmen Wirecard mit der Zeit in die Höhen des Olymp der Deutschen Börse auf.

Die Aktie des Unternehmens Wirecard verzeichnete zu ihren besten Zeiten massive Kursgewinne und ließ viele Aktionäre in Jubel ausbrechen. Im Jahr 2011 etwa ließ sich die Wirecard-Aktie zu Beginn des Monats August zeitweise für unter 10 Euro erwerben. Wer nicht auf den schnellen Euro aus war, die Aktie im Portfolio hielt und in der Nähe des Allzeithochs von fast 199 Euro pro Aktie, das am 4.9.2018 erreicht wurde, verkaufte, durfte sich über eine beeindruckende Rendite freuen.

Doch auf den rasanten Aufstieg folgte der rapide Absturz: Am 18.06.2020 plante Wirecard, nach mehreren Verschiebungen endlich den Jahresabschluss für 2019 zu veröffentlichen. Aber dann gab das Unternehmen am 18.6.2020 bekannt, dass die Veröffentlichung des Jahresabschlusses für 2019 auf unbestimmte Zeit verschoben werden müsse. Die Wirtschaftsprüfungsgesellschaft EY habe das Unternehmen davon in Kenntnis gesetzt, dass es über die Existenz von im Konzernabschluss zu konsolidierenden Bankguthaben auf Treuhandkonten in Höhe von 1,9 Milliarden Euro keine hinreichenden Prüfungsnachweise gebe.

Auf diese Mitteilung hin sank der Kurs der Wirecard-Aktie in die Tiefe. Am Ende des Tages schloss die Wirecard-Aktie bei rund 38 € mit einem Minus von etwa 60 Prozent. Innerhalb von Minuten wurden mehrere Milliarden Euro vernichtet. Dies traf neben institutionellen Anlegern auch sehr viele Kleinaktionäre empfindlich.

Am 25.06.2020 stellte die Wirecard AG schließlich offiziell Insolvenzantrag. Der Kurs der Aktie lag nur noch bei rund 2,50 Euro.

Wie kaum ein anderes Beispiel aus der jüngeren Vergangenheit zeigt der Fall Wirecard Anlegern, welche Chancen und welche Risiken das Investieren in Aktien mit sich bringen kann.

Wenn Sie Ihr Geld an der Börse anlegen wollen, sollten Sie sich bewusst sein, dass das, was sehr hohe Renditen einbringt, meist nicht ohne Risiko ist.

Aktien können im besten Fall von heute auf morgen reich machen, im schlechtesten aber auch von heute auf morgen arm.

Das Auf und Ab, die Gewinne und Verluste, die Chancen und Risiken haben an der Börse Tradition. Sie schreiben eigene Geschichten innerhalb der langen Geschichte der Börse.

Bereits im 17. Jahrhundert zeigte sich in den Niederlanden, welche Blüten Gewinne und Verluste an der Börse treiben können. Die Rede ist von der sogenannten Tulpenblase, auch Tulpenmanie oder Tulpenwahn genannt.

Nachdem der Wert von Tulpenzwiebeln in den vorigen Jahren immer weiter gestiegen war und dementsprechende Chancen auf Gewinne gegeben waren, erreichte die Tulpenblase am Anfang des Jahres 1637 ihren Höhepunkt: Einzelne Tulpenzwiebeln konnten im Wert der wahnwitzigen Summe von 10.000 Gulden entsprechen. Dafür hätte man zur damaligen Zeit auch ein vornehmes Stadthaus in Amsterdam kaufen können.

Doch so unerwartet die Tulpenblase sich aufgebläht hatte, so unversehens platzte sie schließlich: Zu Beginn des Februar 1637 konnten auf einer Auktion erstmals nicht die erwarteten Preise erzielt werden. Die Käufe blieben aus. In der Folge griff Panik um sich, plötzlich wollte fast jeder verkaufen. In nur wenigen Wochen fielen die Preise für Tulpenzwiebeln um geschätzt mehr als 95 Prozent.

Inwieweit der mit dem Zerplatzen der Tulpenblase verbundene Börsencrash die niederländische Wirtschaft lähmte, ist heute umstritten. Auf jeden Fall aber kann dieses Ereignis als der erste überlieferte Börsencrash der Geschichte angesehen werden.

Mit der Industrialisierung erlebte der Aktienhandel dann im 19. Jahrhundert seinen Durchbruch. Die Volkswirtschaften der sich industrialisierenden Staaten wuchsen erheblich und das Vertrauen in den Handel mit Aktien fachte die Kurse an.

In Österreich-Ungarn mündete diese überhitzte und mitunter zu sorglose Stimmung nach dem Entstehen einer Spekulationsblase am 9. Mai 1873 schließlich in einen heftigen Knall, der als Schwarzer Freitag in die Geschichte der Wiener Börse einging.

Schon wenige Tage zuvor, am 5. Mai 1873, kam es zu einer ersten Welle von Kursverlusten. Diese wurde durch eine nicht gezahlte Nominale durch die Franko-Ungarische Bank und eine zugesicherte, aber nicht ausbezahlte Sonderdividende ausgelöst. Dies untergrub das Vertrauen der Anleger in die Bank.

Am 9. Mai 1873 kam es dann an nur einem Tag zu 120 Insolvenzen und in der Folge zu dramatischen Kursverlusten.

Im Oktober 1873 erreichte die Krise auch das Deutsche Kaiserreich. Dort hatten goldene wirtschaftliche Zeiten mit glänzenden Gewinnchancen an der Börse nach der Reichsgründung 1871 einen Rausch ausgelöst, auf den sich nach dem sogenannten Gründerkrach die Gründerkrise anschloss.

Doch Chancen und Risiken von Aktien waren in einer zusammenwachsenden Welt nicht allein auf die Alte Welt beschränkt.

Während die Volkswirtschaften Europas nach 1918 die Folgen des Ersten Weltkrieges zu verdauen hatten, kam es in den USA in den Zwanzigerjahren des vergangenen Jahrhunderts zu einem erstaunlichen Wirtschaftsboom. Neue Technologien und Konsumgüter wurden eingeführt, die sich breite Teile der Bevölkerung leisten konnten. Bis in das Jahr 1929 stieg die Produktion in der Industrie erheblich an und auch der Agrarsektor wuchs stark.

In der Zeit von 1921 bis 1929 hatte sich der Dow-Jones-Index mehr als verfünffacht. Das Vertrauen in ein Anhalten des Aufschwungs der Wirtschaft sorgte für zunehmende Spekulationen an der Börse und immer mehr Menschen investierten in Wertpapiere.

Jedoch finanzierten viele Anleger ihre Börsengeschäfte mit Krediten, die ihnen häufig auf der Basis von überbewerteten Sicherheiten gewährt wurden.

Mitte der 1920er-Jahre endete in den USA die positive Entwicklung des Agrarsektors. Ein Überangebot an Waren entstand und es kam zu einem Preisverfall. Auch in der Industrie gab es einen Überschuss an Waren. Der Markt war zunehmend gesättigt. Anfang des Jahres 1929 setzte eine Rezession ein.

Doch diese wirkte sich anfangs kaum auf die Börse aus. In ihrer Euphorie ließen sich viele Anleger trotz erkennbarer Anzeichen für das Ende der goldenen wirtschaftlichen Zeiten nicht davon abhalten, weiter in Aktien zu investieren. Die Kurse stiegen zunächst weiter an und es entstand eine Spekulationsblase.

Am 24. Oktober 1929 brach jedoch Panik unter den Anlegern der wohl bekanntesten Börse der Welt, der New York Stock Exchange, aus. In den USA war dieser Tag ein Donnerstag. Er ist auch unter dem Begriff *Black Thursday* bekannt. Am 24. Oktober 1929 startete der Markt eher ruhig. Doch als um zehn Uhr der Eröffnungsgong erklang, setzte eine Verkaufswelle ein, die hauptsächlich Zwangsverkäufe auf Kredit gekaufter Aktien umfasste. Auf diese Weise wechselten allein in der ersten halben Stunde rund 1,6 Millionen Aktien ihren Besitzer. Als Kaufaufträge nahezu völlig ausblieben, verfiel die große Menge der Anleger in kopflose Panik. Fast alle wollten ihre Aktien nun schnellstmöglich abstoßen, was zu einem Kurssturz führte. Wegen des enormen Andranges brach der Handel aufgrund von Überlastung mehrfach zusammen. Bis zum Mittag lösten sich 11,25 Milliarden US-Dollar in Rauch auf. Der Dow-Jones-Index fiel unter die Marke von 300 Punkten und schloss bei 299,47 Punkten. Am Ende dieses geschichtsträchtigen Tages wurden rund 13 Millionen Aktien von fast 1.000 Firmen gehandelt und damit das Vierfache eines normalen Handelstages.

Durch die Zeitverschiebung zwischen den Vereinigten Staaten und Europa trafen die beunruhigenden Nachrichten auf unserem Kontinent erst nach Börsenschluss ein. Sie sorgten am Folgetag für Hysterie an den Börsen und für einen *Schwarzen Freitag*.

Der wohl folgenreichste Börsencrash der Geschichte zog sich in den USA über mehrere Tage hin. Zwischen ein und drei Millionen US-Bürger betraf er unmittelbar. Sie verloren einen großen Teil ihres Vermögens und manche von ihnen sogar ihr gesamtes Hab und Gut. Es waren nahezu alle Bevölkerungsschichten betroffen – Arbeiter, Witwen und Kindermädchen ebenso wie Millionäre und sogar Börsenexperten.

Erst Mitte November 1929 begannen sich die Börsen wieder zu stabilisieren. Nach dem geschichtsträchtigen Crash standen die USA und die Wirtschaftsnationen der gesamten Welt trotz kurzzeitiger Erholungsphasen vor einer mehrere Jahre andauernden Rezession, der großen Weltwirtschaftskrise des 20. Jahrhunderts.

Aber auch diese vermochte es nicht, die Kurse an den Börsen dauerhaft kleinzuhalten. Der Globus drehte sich weiter und mit ihm die Spirale des Fortschritts.

Die Neunzigerjahre des 20. Jahrhunderts brachten den Börsen und dem Rest der Welt eine neue Dimension der technischen Möglichkeiten. Computer und das Internet wurden in der Gesellschaft immer breiter genutzt. Das Informationszeitalter begann. Die digitale Revolution brachte die Gründung vieler Firmen mit sich. Die Erwartungshaltung gegenüber der vielversprechenden Wirtschaftsbranche des kommenden Jahrtausends war immens und selbst vielen Startups im Internetbereich, die wenig Substanz aufwiesen, sagte man große zukünftige Gewinne voraus.

Hinzu kam, dass die Leitzinsen der US-Notenbank Federal Reserve verhältnismäßig niedrig waren und billiges Geld dadurch zur Genüge zur Verfügung stand.

Gegen Ende der Neunzigerjahre des 20. Jahrhunderts kam es an den Börsen zu einem Kursfeuerwerk und eine Spekulationsblase entstand. Diese wird auch als Dotcom-Blase bezeichnet.

In Deutschland etwa erreichte die Aktie der Deutschen Telekom am 6. März 2000 ein Rekordhoch von umgerechnet 103,50 Euro. Wer die Aktie beim ersten Börsengang für 28,50 DM oder umgerechnet 14,57 Euro gezeichnet hatte, hatte seinen Einsatz zu diesem Zeitpunkt mehr als versiebenfacht.

Im Februar des Jahres 2000 kündigte die US-Notenbank Federal Reserve an, die Zinsen zu erhöhen. Dies sorgte für Volatilität an den Börsen. Zudem verursachten Medienartikel, die davor warnten, dass einigen Internetunternehmen das Kapital ausgehen werde, weitere Unruhe. Verkäufe von erfahrenen Anlegern versetzten schließlich unerfahrene Kleinanleger in Panik. Diese versuchten daraufhin, ihre Verluste mit zum Teil übereilten Verkäufen zu begrenzen.

Als im März des Jahres 2000 die Kurse zu sinken begannen und Verkäufe sich häuften, platzte die Dotcom-Blase und es kam zu einem Crash, der sich in die Länge zog. Dieser löste fünf Billionen US-Dollar in Rauch auf und auch viele Kleinanleger verloren dabei ihr investiertes Kapital.

Auch im weiteren Verlauf des neuen Jahrtausends boten die Börsen dieser Welt Anlegern zahlreiche Chancen auf Kursgewinne, aber auch das Risiko von Verlusten.

In lebendiger Erinnerung ist vielen sicher noch die Weltfinanzkrise. Diese hielt die Welt spätestens seit dem aufsehenerregenden Zusammenbruch der Investmentbank Lehman Brothers Holding Inc. am 15. September 2008 in Atem. Die in den USA entstandene Immobilienblase platzte und die Kurse brachen ein. Die globale Finanzkrise führte in fast allen Bereichen der Welt zu einem deutlich abgeschwächten Wirtschaftswachstum oder zu einer Rezession.

Dass eine Pandemie nicht nur die Gesundheit der auf der Welt lebenden Menschen, sondern auch die der Aktienmärkte gefährden kann, bewies das Corona-Virus zu Beginn des Jahres 2020. Der Dow-Jones-Index etwa erlitt besonders im März 2020 heftige Kursverluste. Am 16. März 2020 hatte der amerikanische Leitindex innerhalb eines Tages einen zweistelligen prozentualen Kursverlust zu verkraften und auch die Kurse an den anderen Märkten gingen in die Knie.

Chancen und Risiken des Investierens an der Börse werden in Zeiten des wirtschaftlichen Aufschwungs, der Rezession und der Börsencrashs besonders deutlich.

Doch nicht nur extreme Entwicklungen, sondern jedes Jahr, jeder Monat, jede Woche und jeder Handelstag eröffnen Anlegern die Möglichkeit, mit Aktien Geld zu verdienen oder zu verlieren.

Das nie zu einhundert Prozent auszuschließende Verlustrisiko sollten Sie besonders dann im Auge haben, wenn Sie wie die meisten Menschen nicht über Geld in Hülle und Fülle verfügen. Die Börse nimmt auf mögliche finanzielle Engpässe von Anlegern keine Rücksicht.

Unabhängig von den Befindlichkeiten derjenigen, die an den Märkten dieser Welt ihr Glück versuchen, werden die Höhen und Tiefen, die Chancen und Risiken von Aktien bestehen bleiben – und zwar so lange, wie es Menschen gibt, die das Geschehen an den Börsen vorantreiben.

Maßnahmen zur Risikobegrenzung

Krankenversicherungen, Airbags, Schutzbekleidung, Einbruchmeldeanlagen und PIN-Codes haben trotz aller Unterschiede eines gemeinsam: Sie sollen Schutz vor Gefahren bieten. Es gehört zur Natur des Menschen, sich gegen bestehende Risiken abzusichern.

Dies gilt auch und gerade für finanzielle Belange. Auf den folgenden Seiten werden daher wichtige Regeln vorgestellt, die Ihnen dabei helfen, sich an der Börse vor finanziellen Verlusten zu schützen.

Zwei Methoden, die Fehlinvestitionen entgegenwirken und zugleich die Erfolgschancen von Investitionen erhöhen können, sind so wichtig, dass ihnen später jeweils ein eigenes Kapitel gewidmet ist: die besten langfristigen Anlagestrategien und die Technik der Fundamentalanalyse.

Diversifizieren Sie Ihre Anlagen!

Weisheiten rund um das Thema Geldanlage und Börsen gibt es wie Sand am Meer. Manche von ihnen haben ihre Berechtigung, manche dürfen zumindest angezweifelt werden.

Unstreitig dürfte wohl sein, dass eine der wichtigsten Regeln lautet: „Lege nicht alle Eier in einen Korb". Sie wird Harry M. Markowitz zugeschrieben, der im Jahr 1990 – zusammen mit Merton H. Miller und William F. Sharpe – für seine Theorie der Portfolio-Auswahl mit dem Alfred-Nobel-Gedächtnispreis für Wirtschaftswissenschaften ausgezeichnet wurde.

Wie unschwer zu verstehen ist, zielt der Ratschlag, dass man nicht alle Eier in einen Korb legen sollte, darauf ab, bei der Anlage eine Verteilung des Vermögens vorzunehmen. Statt es zu konzentrieren, so die Logik, empfiehlt es sich, das Vermögen zu diversifizieren.

Der Gedanke, der dahintersteht, ist ebenso klar wie einleuchtend: Durch die Streuung des Vermögens werden auch Risiken gestreut. Stellen Sie sich vor, Sie hätten vor dem 18.6.2020 Ihr gesamtes Vermögen in die Aktie des Unternehmens Wirecard investiert. Dann hätten Sie nach dem Absturz der Aktie innerhalb kürzester Zeit, (fast) alles verloren. Hätten Sie hingegen nur einen kleinen Teil in die Aktie des Unternehmens investiert, hätten Sie auch nur einen kleinen Teil verloren, der früher oder später durch andere Gewinne wieder hätte kompensiert werden können.

Eine Konzentration auf wenige Werte oder gar nur einen geht, wie das Beispiel Wirecard zeigt, mit größeren Risiken einher, die bis zum Totalverlust reichen können.

Dass mit einer Konzentration auch größere Chancen verbunden sein können und Diversifikation Chancen reduzieren kann, ist die Kehrseite der Medaille.

Grundsätzlich gilt: Wer sein Vermögen streut, streut auch die Risiken. Verluste einer Anlage können durch Gewinne bei anderen kompensiert werden.

Ziel der Diversifikation sollte sein, ein gelungenes Verhältnis zwischen Chancen und Risiken zu schaffen.

Eine Streuung des Vermögens kann auf verschiedenen Ebenen erfolgen. So kann, wer Geld in Aktien anlegt, eine Diversifikation erreichen, indem er in verschiedene Regionen, Branchen oder Papiere investiert.

Sollten einzelne Unternehmen, Branchen oder Regionen unter Druck geraten, können die anderen Investments Ihr Depot womöglich im grünen Bereich halten oder Verluste abschwächen.

Wer hingegen nur in Aktien einer Region, einer Branche wie der Technologiebranche oder sogar nur eines Unternehmens investiert, geht – zumindest zeitweise – die Gefahr einer schlechteren Perfomance seiner Anlagen ein.

Dies kann selbst dann zutreffen, wenn sich ausschließlich Unternehmensanteile von Börsenschwergewichten wie Microsoft, Apple, Google, Amazon oder Facebook im Depot befinden.

Freilich kann Diversifikation noch viel weiterreichen und auch über den Bereich der Aktien hinausgehen: Sie kann nach verschiedenen Anlageklassen erfolgen, die auch als Assetklassen bezeichnet werden.

Neben Aktien lassen sich mehrere andere dieser Anlageklassen unterscheiden. Dazu zählen:

- Geldmarktinstrumente,
- Anleihen,
- Immobilien,
- Rohstoffe.

Hinzu treten weitere, alternative Assetklassen, etwa Wertgegenstände oder Kryptowährungen.

Die einzelnen Anlageklassen zeichnen sich dadurch aus, dass sie in Bezug auf bestimmte Faktoren wie Wertentwicklung und Risiko über gemeinsame Merkmale verfügen.

Der bereits erwähnte US-amerikanische Wirtschaftswissenschaftler William F. Sharpe hat folgende drei Kriterien für die Kennzeichnung einer Anlageklasse benannt: Erstens müssen sich die verschiedenen Anlagen gegenseitig ausschließen. Das bedeutet, dass man ein bestimmtes Anlageprodukt nur einer Anlageklasse zuordnen kann.

Zweitens muss eine Anlageklasse so umfassend sein, dass sie eine ausreichende Risikostreuung innerhalb ihrer selbst ermöglicht.

Drittens soll es niedrige Korrelationen zwischen den Renditen der einzelnen Anlageklassen geben, sodass die Rendite einer Assetklasse steigen kann, während diejenige einer anderen fällt.

Im Sinne einer breiten Risikostreuung kann es sich empfehlen, das anzulegende Kapital nicht nur in eine der genannten Anlageklassen zu investieren, sondern eine Streuung über mehrere von ihnen vorzunehmen.

Wie diese Verteilung dann konkret ausgestaltet werden sollte, hängt von mehreren Faktoren wie der persönlichen Risikobereitschaft ab.

Grundlegend sollten Sie bei der Bestimmung einer Anlagestrategie auch stets bedenken, wie viel Arbeit und Zeit Sie in Ihre Investments fließen lassen möchten und können. So wie jeder Mensch individuell ist und nur ein individuelles Maß seiner Ressourcen in die Anlage seines Vermögens investieren möchte und kann, erfordern verschiedene Anlagen ein unterschiedliches Maß an Zuwendung. So dürfte sich gleich auf den ersten Gedanken hin erschließen, dass eine selbstverwaltete Immobilie in der Regel mehr Arbeit macht als eine Festgeldanlage.

Gleiches gilt aber auch für Investments in Aktien, die zumindest dann, wenn sie nachhaltig Erfolg versprechen sollen, ein nicht unbeträchtliches Maß an Beschäftigung verlangen.

Wie auch immer Ihre Persönlichkeit und Ihre Situation beschaffen sein mögen: Auf jeden Fall sollten Sie bei Ihren Anlagen einer zielgerichteten Strategie folgen und das Prinzip der Diversifikation beherzigen. Denn damit senken Sie die Risiken für Ihr Vermögen!

Bei allem Nutzen der Diversifikation ist jedoch stets zu bedenken, dass auch diese Ihr Vermögen unter Umständen nicht zu allen Zeiten vor allen Risiken schützt.

Setzen Sie auf die heilsame Wirkung der Zeit!

Das Prinzip der Diversifikation kann finanzielle Wunden lindern, heilen aber kann diese die Zeit – zumindest in den meisten Fällen, die sorgfältige Auswahl von Wertpapieren vorausgesetzt.

Eine langfristige Anlagestrategie kann zwischenzeitlich an der Börse entstehenden finanziellen Verlusten viel von ihrem Schrecken nehmen. Wie sich in diesem Kapitel gezeigt hat, pflegen sich die Märkte nämlich selbst nach heftigen Einbrüchen früher oder später wieder zu erholen.

Wer sich von den kurzzeitigen Erschütterungen an der Börse nicht in Panik versetzen lässt und seine Anteile über einen langen Zeitraum hält, hat die Möglichkeit, ansprechende Renditen zu erzielen, ohne dabei ein allzu hohes Risiko einzugehen. Nur eines von vielen Beispielen, die dies belegen, wurde bereits im Vorwort dieses Buches genannt: Anleger, die am Ende des Jahres 2008 in den bedeutenden US-amerikanischen Aktienindex S&P 500 investierten und Ende 2021 wieder verkauften, erzielten im Durchschnitt eine jährliche Rendite von 13,6 Prozent.

Wenn Sie mit einem langfristigen Anlagehorizont arbeiten, entbindet Sie dies zudem zu einem guten Teil von der schwierigen Aufgabe, nach einem möglichst perfekten Einstiegszeitpunkt beziehungsweise Ausstiegszeitpunkt zu suchen, weil dies mit längerer Anlagedauer tendenziell an Bedeutung verliert.

Setzen Sie Stoppkurse!

Zeit kann finanzielle Wunden heilen. Doch es gibt auch ein Mittel, das diese gar nicht erst entstehen lässt, wenn es richtig eingesetzt wird: Stoppkurse!

Stoppkurs ist dabei nicht gleich Stoppkurs. Manche Anleger geben Stoppkurse nicht vorab als Verkaufsorder ein. Sie setzen sich gedanklich Grenzen, die sie bei ihren Investments nicht unterschreiten wollen. Bei diesen sogenannten mentalen Stoppkursen überlässt man Verkäufe nicht einem Automatismus, sondern leitet die Verkaufsorder ganz klassisch selbst ein und behält damit das Heft des Handelns in der eigenen Hand.

Das gibt Anlegern Flexibilität und Handlungsfreiheit, ist aber bisweilen auch mit einer herausfordernden psychologischen Komponente verbunden: Besonders weniger erfahrenen Anlegern fällt es häufig schwer, Verluste zu realisieren und im Kurs fallende Aktien zu verkaufen, bevor es zu massiven finanziellen Einbußen kommt.

Von anderer Natur als mentale Stoppkurse ist die sogenannte Stop-Loss-Order. Dabei handelt es sich um einen Verkaufsauftrag, der bestens ausgeführt wird, sobald ein bestimmter Kurs, das sogenannte

Stop-Loss-Limit, erreicht oder unterschritten wird. Die Order wird dann zum nächsten Kurs ausgeführt, egal ob ebendieser Kurs über oder unter dem Stop-Loss-Limit liegt.

Die Stop-Loss-Order lässt sich nach oben anpassen. Dies kann vor allem dann von Vorteil sein, wenn sich Wertpapiere in einem Aufwärtstrend befinden.

Vorteilhaft an der Stop-Loss-Order ist, dass Anleger ihr Depot nicht permanent überwachen müssen, um sich gegen starke Kurseinbrüche abzusichern. Denn die Verkäufe werden automatisch ausgelöst, wenn das Stop-Loss-Limit erreicht oder unterschritten wird.

Es gibt in der Praxis keine Garantie darauf, dass die Höhe der Stop-Loss-Order auch dem tatsächlichen Verkaufskurs entspricht. Wird der Stoppkurs ausgelöst, wird die betreffende Order in eine sogenannte Bestens-Verkaufsorder gewandelt. Das heißt, dass der Verkauf – wie bereits erwähnt – zum nächstmöglichen Kurs stattfindet, egal ob dieser Kurs über oder unter dem Stop-Loss-Limit liegt. Dadurch kann es mitunter zu nicht unerheblichen finanziellen Verlusten kommen, die schon manche Anleger böse überrascht haben.

Eine andere Orderart ist der sogenannte Trailing-Stop. Dabei handelt es sich um eine automatisch nachgezogene Stop-Loss-Order. Bei dieser Orderart können entstehende Gewinne mittels einer gemeinsam mit den Aktienkursen ansteigenden Stop-Loss-Order abgesichert werden.

Der Trailing-Stop bietet Anlegern den Vorteil, dass sie im Gegensatz zur herkömmlichen Stop-Loss-Order keine manuellen Anpassungen vorzunehmen brauchen, wenn sich Kurse vorteilhaft entwickeln.

Aber auch der Trailing-Stop ist kein Börsen-Wundermittel. Anleger sollten ihn nicht zu nah am Marktpreis, aber auch nicht zu weit von diesem entfernt festlegen. Wird ein Trailing-Stop zu eng definiert, kann es geschehen, dass Positionen bereits bei leichten und nur kurzfristigen Kursrücksetzern unglücklich ausgestoppt werden und so unnötige finanzielle Verluste entstehen.

Beim Setzen von Stoppkursen ist in der Praxis nicht allein zu bedenken, wie man diese richtig setzt, sondern auch, wo man sie am besten setzt. Stop-Loss-Orders können an unterschiedlichen Börsen platziert werden.

Bei umsatzschwachen Handelsplätzen liegt es im Bereich des Möglichen, dass es bei starken Marktbewegungen zu Kurslücken kommt. In der Folge kann es sein, dass eine Verkaufsorder erst dann realisiert wird, wenn der Kurswert durch die Entwicklung am allgemeinen Markt eventuell bereits deutlich unter die gesetzte Stop-Loss-Order gefallen ist.

Auch bei umsatzstärkeren Börsenplätzen wie Xetra ist auf die Handelszeiten zu achten. Wird hier zum Beispiel nur von 9.00 Uhr bis 17.30 Uhr gehandelt, kann dies für gesetzte Stop-Loss-Orders folgenschwere Konsequenzen haben: Geht eine Gewinnwarnung erst nach Xetra-Schluss ein, ist dies für Stop-Loss-Orders, die erst am darauffolgenden Tag greifen, bisweilen ein großes Problem.

Aufgrund dieser Sachlage sind umsatzstarke Börsenplätze, die Order-Ausführungen auch im Abendhandel anbieten, für das Platzieren von Stop-Loss-Marken am besten geeignet.

Investieren Sie nicht in fallende Kurse!

Die Gefahren des finanziellen Verlusts waren bei den vorherigen Regeln relativ leicht zu durchschauen. Dies ändert sich, wenn es um einen Verlust geht, der vor dem bösen Erwachen aus Anlegersicht zunächst nicht nach einem Verlust, sondern nach der Chance auf große Gewinne aussah. Schon viele Anleger kamen auf die verlockende Idee, abstürzende Aktien genau zum perfekten Zeitpunkt zu erwerben, also dann, wenn der Kurs seinen tiefsten Punkt erreicht hat und kurz davorsteht, stark anzusteigen – und griffen anstatt dessen in das berüchtigte fallende Messer.

Die Hoffnung auf den ganz großen Gewinn hat schon so manchen davon abgebracht, sich vor dem Aktienkauf eine entscheidende Frage zu stellen: Woher will man sicher wissen, ob eine fallende Aktie bereits den Grund erreicht hat und ihr Kurs wieder nennenswert ansteigen wird?

Zweifellos ist es möglich, beim Kauf von Aktien einen echten Glücksgriff zu tun. Aber die bekannte Börsenweisheit „Greife nie in ein fallendes Messer!" bezeugt, dass Sie sich nicht vorschnell von scheinbar perfekten Momenten zum Einstieg verlocken lassen sollten.

Kontrollieren Sie schädliche Emotionen!

Wenn Anleger bei der Aktienauswahl in ein fallendes Messer greifen, spielt nicht selten Gier eine wichtige Rolle. Doch wer an der Börse Geld investiert, kann es noch mit anderen inneren Gegenspielern zu tun bekommen, die allesamt einen schädlichen Einfluss auf die Fähigkeit, kluge Anlageentscheidungen zu treffen, ausüben können. Zusammen mit der Gier bilden Panik, Angst und Euphorie das Quartett der gefürchteten Vier.

Schädliche Emotionen können das Urteilsvermögen von Anlegern trüben – und zwar deutlich stärker, als die meisten Menschen glauben. Der mit dem Nobelpreis für Wirtschaftswissenschaften ausgezeichnete Psychologe Daniel Kahneman, der ein Experte auf dem Gebiet der verhaltensorientierten Finanzwissenschaft ist, geht beispielsweise davon aus, dass das Geschehen an der Börse je zur Hälfte ökonomischen und psychologischen Gesetzmäßigkeiten folgt.

Die psychologische Komponente darf bei Anlageentscheidungen also keinesfalls unberücksichtigt bleiben. Im Gegenteil: Sie sollten sich vor jeder wichtigen Entscheidung, die Ihr Vermögen und das Investieren in Wertpapiere betrifft, fragen, ob ein Mitglied der gefürchteten Vier gerade in Ihrem Inneren sein Unwesen treibt. Versuchen Sie im Fall der Fälle, Angst mit der nötigen Gelassenheit, Euphorie mit kühler Rationalität, Gier mit dem rechten Maßhalten und Panik präventiv mit einer guten Anlagestrategie zu begegnen.

Drum prüfe, wer sich (ewig) bindet: Die besten langfristigen Anlagestrategien

„Drum prüfe, wer sich ewig bindet." Das wusste schon Friedrich Schiller und beschrieb im Lied von der Glocke, dass Bindung große Verantwortung mit sich bringen kann.

Große Verantwortung erfordert es auch, wenn Sie sich an Aktien binden, die Ihre Rente ersetzen sollen. Denn wie eine echte Ehe kann diese Bindung Ihnen ungeheures Glück, aber auch unvergessliches Unglück einbringen.

So wie Sie die Wahl Ihrer Partnerin oder Ihres Partners hoffentlich nicht dem Zufall überlassen, sollten Sie auch den Kauf von Aktien nicht spontanen Launen oder unüberlegten Entschlüssen überlassen. Denn überall dort, wo – wie an der Börse – anspruchsvollere Entscheidungen zu treffen sind, ist es von großem Vorteil, einer klugen Strategie zu folgen, die den Unterschied zwischen Erfolg und Misserfolg ausmachen kann.

Für planvolles Investieren an der Börse gibt es eine Reihe von Strategien, die das Risiko von finanziellen Verlusten reduzieren und gleichzeitig die Chancen auf höhere Renditen erhöhen können.

Der Fokus dieses Kapitels liegt dabei darauf, Ihnen langfristig orientierte Anlagestrategien vorzustellen. Denn bei dem Vorhaben, die Rente durch Aktien zu ersetzen oder die Rentenlücke zu schließen, handelt es sich in der Regel um ein langfristiges Ziel, das Sie idealerweise schon in jungen Jahren in Angriff nehmen.

Die erwähnten Strategien weisen einige handfeste Vorteile auf: Breit gestreutes und langfristiges Investieren in Aktien hat sich in den vergangenen Jahrzehnten ausgezahlt. Wie bereits mehrfach erwähnt, konnte jährlich eine Rendite im Schnitt von 8,2 Prozent erzielen, wer am Ende des Jahres 2002 DAX-Aktien gekauft und 20 Jahre lang gehalten hat.

Langfristig orientierte Anlagestrategien sind gegenüber kurzfristig ausgerichteten Varianten, die mitunter eine noch höhere Rendite versprechen, tendenziell mit einem geringeren Risiko behaftet.

Zudem müssen Sie bei langfristigen Investments nicht ständig Ausschau nach möglichst perfekten Ein- und Ausstiegszeitpunkten halten, da sich vorübergehende Kursschwankungen weniger stark auf die Rendite auswirken.

Auch die Transaktionskosten, die sich mit dem Handel von Wertpapieren verbinden, sinken, wenn Sie langfristig investieren und nicht ständig kaufen und verkaufen.

Strategie 1: Die Dividendenstrategie

Wer teilt, macht sich Freunde. Wer alles für sich behält, macht sich schnell Feinde. Das gilt im Leben ebenso wie in der Welt der Wirtschaft. Aus gutem Grund zahlen daher viele solide aufgestellte und erfolgreiche Unternehmen Dividenden.

Das in den deutschen Sprachgebrauch eingegangene Wort Dividende leitet sich von dem lateinischen Verb *dividere* ab, das unter anderem *teilen* bedeutet.

Wenn Aktiengesellschaften eine Dividende ausschütten, teilen sie Bruchstücke ihrer Bilanzgewinne unter ihren Aktionären auf.

Regelmäßig erfolgende Gewinnbeteiligungen machen Aktionäre häufig auch in turbulenten Zeiten zufriedener und entspannter und können den Umgang mit ihnen erleichtern. Viele erfolgreiche Unternehmen zahlen Dividenden, manche einmal im Jahr, manche mehrmals im Jahr wie vierteljährlich.

Diese Gewinnausschüttungen können Anleger dazu nutzen, ihr Investment in Aktien zu optimieren.

Bei der sogenannten Dividendenstrategie stehen die Gewinnausschüttungen von Aktiengesellschaften im Mittelpunkt. Investoren legen Ihr Geld dabei gezielt in Wertpapiere von Unternehmen an, bei denen eine hohe Dividendenrendite zu erwarten ist.

Die Dividendenrendite berechnet sich, wie bereits in Kapitel 3 dargestellt, als das Verhältnis der Dividende pro Aktie zum Aktienkurs und wird in Prozent ausgedrückt. Sie gibt an, wie eine Aktie verzinst wird. Zahlt ein Unternehmen beispielsweise einmal im Jahr eine Dividende von 1 Euro pro Aktie und liegt der Aktienkurs dieses Unternehmens bei 20 Euro, liegt die Dividendenrendite bei 5 Prozent.

Die Dividendenrendite ist die zentrale Kennzahl bei einer Dividendenstrategie.

Anleger sollten wissen, dass es nicht nur eine einzige Dividendenstrategie gibt, sondern mehrere Varianten, die unterschiedliche Schwerpunkte setzen.

Eines der bekanntesten Anlagekonzepte dieser Art, das zudem einen markanten Namen trägt, ist die Dogs-of-the-Dow-Strategie. Bei dieser Dividendenstrategie werden aus den 30 Dow-Jones-Werten die zehn mit der höchsten Dividendenrendite gekauft und ein Jahr lang durchgehend gehalten. Nach Ablauf dieses Jahres wird die Auswahl der Titel geprüft.

Ursprünglich wurde die Dogs-of-the-Dow-Strategie am Beispiel des Dow-Jones-Index entwickelt. Doch ist es möglich, die hinter ihr stehende Idee auch auf andere Indizes wie den deutschen Leitindex DAX zu übertragen.

Eine andere Variante der Dividendenstrategien, die sich in turbulenten Zeiten als krisenfester als die Dogs-of-the-Dow-Strategie erweisen kann, besteht in der Methode, in sogenannte Dividendenaristokraten zu investieren.

In Übereinstimmung mit der US-amerikanischen Definition werden mit diesem schmückenden Titel landläufig Unternehmen bezeichnet, die in den vergangenen 25 Jahren die Dividende kontinuierlich jedes Jahr angehoben haben.

Der weltberühmte Getränkehersteller Coca-Cola beispielsweise konnte im Jahr 2023 für sich verbuchen, seine Dividenden seit beeindruckenden 61 Jahren gesteigert zu haben. Mit Stand April 2023 zahlte Coca-Cola innerhalb der vorangegangenen 12 Monate eine Dividende in Höhe von insgesamt 1,62 Euro pro Aktie. Bei einem Kurs von 57,79 Euro entsprach dies einer Dividendenrendite von 2,80 Prozent.

Der global agierende US-amerikanische Multi-Technologiekonzern 3M blickte im Jahr 2023 sogar auf 65 Jahre kontinuierlicher Dividendensteigerung zurück. Mit Stand April 2023 zahlte 3M innerhalb der vorausgegangenen 12 Monate eine Dividende in Höhe von insgesamt 5,44 Euro pro Aktie. Dies entsprach bei einem Kurs von 97,24 Euro einer Dividendenrendite von 5,59 Prozent.

Die international aufgestellte Altria-Group, zu der auch die bekannten Zigaretten-Marken Marlboro und L&M gehören, zahlte mit Stand April 2023 bei einer fortwährenden Steigerung der Dividende seit 53 Jahren innerhalb der vorigen 12 Monate sogar eine Dividende in Höhe von insgesamt 3,39 Euro pro Aktie. Bei einem Kurs von 41,38 Euro entsprach dies einer Dividendenrendite von 8,19 Prozent.

Die Börsenaristokraten werden in den Vereinigten Staaten sogar in einem besonderen Index gelistet, dem S&P-Dividend-Aristocrats-Index.

Der Blick auf Unternehmen wie die drei soeben genannten Aktiengesellschaften zeigt, dass Dividendenstrategien – die nötige Sorgfalt bei der Auswahl der Wertpapiere vorausgesetzt – im Vergleich zu einigen anderen Anlagestrategien dieses Kapitels ein höheres Maß an Sicherheit bieten und selbst in Krisenzeiten dem Aufbau eines passiven Einkommens dienen können. Denn Coca-Cola, 3M, die Altria-Group und andere Börsenaristokraten steigerten ihre Dividenden in den vergangenen Jahrzehnten selbst in Zeiten heftiger Börsencrashs. Investoren wurden weiter an Gewinnausschüttungen beteiligt, während andere Aktionäre große Summen oder gar ihr ganzes Vermögen verloren.

Zwar ist der Kreis sogenannter Dividendenaristokraten in Deutschland im Vergleich zu den USA überschaubar, aber es gibt auch hierzulande eine Zahl von Unternehmen, deren Aktien das Potenzial von Gewinnausschüttungen erkennen lassen, auch wenn sie nicht über einen adelnden Titel verfügen. Im Jahr 2019 beispielsweise brachten die 10 lukrativsten Dividendenaktien des DAX Anlegern zwischen knapp 3 und rund 5 Prozent an Dividendenrendite ein.

Zwischen der Ausschüttung von Dividenden und dem längerfristigen Erfolg bei Aktienanlagen besteht offensichtlich ein Kausalzusammenhang: Dies belegt eine im langen und damit aussagekräftigen Zeitraum von 1972 bis 2019 durchgeführte Studie der Ned Davis Research Group, eines internationalen Anbieters unabhängiger Anlagerecherchen, zum bedeutenden S&P 500 Index. Dieser umfasst die Aktien von 500 der größten börsennotierten US-amerikanischen Unternehmen.

Die Studie kam zu dem Ergebnis, dass Dividenden für überdurchschnittliche Erfolge bei der Anlage von Aktien eine entscheidende Rolle spielen. Den Berechnungen der Ned Davis Research Group zufolge erzielten die Dividendenerhöher und die Dividendenzahlungsbeginner unter den Unternehmen mit durchschnittlich 12,9 Prozent jährlich die beste Wertentwicklung, während es der S&P 500 Index auf 12,3 Prozent pro Jahr brachte. Diejenigen Unternehmen, die keine Dividenden zahlten, kamen auf 10,9 Prozent, dividendenkürzende oder -streichende Aktiengesellschaften nur auf deutlich geringere 8,6 Prozent pro Jahr.

Zusätzlich zu den genannten Vorzügen können Dividendenstrategien noch weitere Vorteile aufweisen. Zum einen fallen bei Gewinnausschüttungen im Gegensatz zum Kauf und Verkauf von Unternehmensanteilen keine Transaktionskosten an. Zum anderen bieten Dividendenstrategien häufig einen nicht zu unterschätzenden psychologischen Vorteil: Hat man einen Teil seines Geldes in Unternehmen investiert, die sich in der Vergangenheit als sichere Dividendenzahler erwiesen haben, kann dies auf das Nervenkostüm eine entspannende und beruhigende Wirkung haben – auch und gerade in stürmischen Börsenzeiten.

Doch wo es Vorteile gibt, sind auch Nachteile meist nicht weit. Im Zusammenhang mit Dividenden gilt folgende Regel: An der Börse werden keine Geschenke verteilt und so werden Gewinnausschüttungen in Form des Dividendenabschlages in den Aktienkursen berücksichtigt.

Darunter versteht man den infolge der Dividendenausschüttung entstehenden Kursverlust einer Aktie am sogenannten Ex-Dividende-Tag, der in Deutschland am Tag nach der Hauptversammlung des jeweiligen Unternehmens liegt. Der Dividendenabschlag entsteht, da eine Aktie ohne den Anspruch auf eine bevorstehende Gewinnausschüttung ein Stück weniger wert ist als mit einer noch ausstehenden Dividendenzahlung.

Egalisieren die Kurse den Dividendenabschlag im Idealfall bereits nach relativ kurzer Zeit wieder, liegt ein deutlich größeres Problem bei Dividendenstrategien – besonders für unerfahrenere Anleger – häufig darin, mögliche Gefahren zu unterschätzen. Vor allem wenn die Wirtschaft floriert, hat es bisweilen den trügerischen Anschein, als sei es kinderleicht, von den sich nach oben entwickelnden Kursen vieler Unternehmen und steigenden Dividenden zu profitieren.

Dabei kann die Hoffnung auf hohe oder sichere Dividendenrenditen, die durch Listen mit Unternehmen, die am längsten ohne Unterbrechung ihre Dividenden ausschütten, die absolut gesehen die höchsten Ausschüttungen gewähren oder die ihre Dividenden im vorangegangenen Jahr am stärksten steigern konnten, geweckt wird, den Blick der Anleger zusätzlich blenden.

In der jüngeren Vergangenheit zeigte die durch die Corona-Pandemie ausgelöste Krise jedoch exemplarisch, dass das vorgebliche Dividenden-Schlaraffenland nicht nur sonnige Plätze, sondern auch Schattenseiten kennt, und trennte die Spreu vom Weizen. Dies macht deutlich, dass Sie sich beim Verfolgen von Dividendenstrategien selbst in wirtschaftlich rosigen Zeiten, auf die auch wieder die nächste Krise folgen wird, nicht vorschnell von lockenden Superlativen leiten lassen sollten.

Viel sinnvoller ist es, sich gründlich zu informieren und beispielsweise folgende Fragen zu berücksichtigen: Wie gut, krisenfest und zukunftssicher sind Unternehmen am Markt aufgestellt? Wie stark ist die Macht ihrer Marke? Handelt es sich vielleicht wie im Fall des bereits erwähnten Dividendenaristokraten Coca-Cola sogar um global agierende Großkonzerne, die dem Wettbewerbsdruck und Krisen aufgrund ihrer immensen Ressourcen wesentlich besser standhalten können als andere Unternehmen?

Kalkulieren Sie in Ihre Überlegungen am besten ein, dass Dividenden erhöht, gesenkt oder im Extremfall sogar ganz gestrichen werden können, anstatt in trügerischer Sicherheit auf immer gleichbleibende oder steigende Gewinnausschüttungen zu hoffen.

Fahrlässig wäre es auch, die Höhe der Dividenden als allein ausschlaggebendes Kriterium für den Kauf von Wertpapieren heranzuziehen. Zwar können hohe Gewinnausschüttungen auf ein tragfähiges Geschäftsmodell und eine erfolgreiche Unternehmenspolitik hindeuten, müssen es aber keineswegs. Sogar das genaue Gegenteil kann der Fall sein: Überdurchschnittlich hohe Dividendenrenditen sind bisweilen ein Indiz für überdurchschnittlich hohe Kursverluste und eine pessimistische Erwartungshaltung des Marktes.

Vielfach reicht es bereits, einen intensiven Blick auf die Kursentwicklung von Aktien zu werfen, um schwarzen Schafen den Weg in das eigene Portfolio zu versperren, oder anhand zuverlässiger Daten einleuchtende Überlegungen anzustellen wie die folgende: Was nützt es, eine stattliche Dividende von 8 Prozent einzustreichen, wenn der Aktienkurs eines Unternehmens Jahr für Jahr im zweistelligen Prozentbereich fällt?

Zudem ist bedenkenswert, dass Dividenden, die an die Aktionäre ausgeschüttet werden, nicht mehr als Kapital zur Verfügung stehen, das profitabel in das Wachstum des Unternehmens, die Erschließung neuer Märkte oder die Entwicklung neuer Produkte investiert werden kann.

Wägt man Vor- und Nachteile gegeneinander ab, kann die Dividendenstrategie mit ihren unterschiedlichen Ausprägungen vor allem für Anleger sinnvoll sein, denen eine gewisse Sicherheit und ein langfristiger Anlagehorizont mit durchaus respektabler Rendite wichtiger sind als die mit weitaus größeren Risiken verbundene Realisierung schneller und hoher Gewinne.

Eine gründliche Recherche und entsprechende Kenntnisse vorausgesetzt, eignet sich die Dividendenstrategie auch für noch recht unerfahrene Investoren, denen darin liegt, ihr Depot möglichst zukunftsfähig und krisensicher aufzustellen.

Strategie 2: Die Value-Strategie

Wie bei unseren Mitmenschen kann sich ein Blick auf die inneren Werte auch an der Börse auszahlen. Wie der Name bereits verrät, steht bei der Value-Strategie der Wert der Anlagen, genauer gesagt der sogenannte innere Wert, im Englischen *intrinsic value*, im Mittelpunkt.

Die Value-Strategie wurde durch Großinvestoren wie den US-Amerikaner Warren Buffett populär. Als Begründer des Value Investing, des wertorientierten Anlegens, gilt aber der einflussreiche US-amerikanische Wirtschaftswissenschaftler und Investor Benjamin Graham. Gemeinsam mit David L. Dodd veröffentlichte Graham im Jahr 1934 das heute noch lesenswerte Buch Security Analysis, das sich als ein Meilenstein der Wertpapieranalyse bezeichnen lässt.

Beim Value Investing sind Investoren auf der Suche nach Unternehmen, die einen substanziellen Wert besitzen. Mit Hilfe der ab Seite 177 noch ausführlich zu behandelnden Fundamentalanalyse wählen Anleger Titel aus, die ihrer Einschätzung nach unterbewertet und langfristig erfolgversprechend sein könnten.

Für Value-Investoren werden Aktien als Anlage besonders interessant, wenn ihr innerer Wert je Anteilsschein höher ist als der aktuelle Aktienkurs des entsprechenden Unternehmens. Sie setzen darauf, dass der Markt früher oder später den Wert der ausgewählten Unternehmen erkennt und deren Kurse sich positiv entwickeln.

Typische Value-Aktien lassen sich oftmals durch folgende Merkmale erkennen: Die zugehörigen Unternehmen warten meist mit einer zuverlässigen Gewinnentwicklung und einer über dem Durchschnitt liegenden Profitabilität auf, sind fest am Markt etabliert und schütten häufig eine für Investoren lohnenswerte Dividende aus.

Nicht nur das Beispiel von Börsenlegenden wie Benjamin Graham oder Warren Buffett zeigt, dass die Value-Strategie aufgehen kann. Nicht allein Großinvestoren konnten in den vergangenen Jahrzehnten bei geschicktem Vorgehen von dieser langfristig angelegten Anlagestrategie profitieren, die mit ihrer vergleichsweise krisenfesten Grundidee auch weniger risikofreudige Naturen ansprechen kann.

Allerdings sollten sich Anleger nicht der Illusion hingeben, dass es sich bei der Auswahl geeigneter Value-Aktien um ein Kinderspiel handele. Profundes Fachwissen, Erfahrung und intensive Recherchearbeit sind die elementaren Voraussetzungen dafür, dass die Value-Strategie Werte schafft, anstatt Werte zu vernichten.

Strategie 3: Die Buy-and-Hold-Strategie

Die Erfahrungen der Börsengeschichte belegen, dass die Krisen kommen und gehen, die Aktien aber bleiben. In Anlehnung an ein berühmtes Zitat des berüchtigten Diktators Josef Stalin könnte man mit dieser Aussage die Grundidee der Buy-and-Hold-Strategie umreißen.

Bei dieser Anlagestrategie, die sich nicht nur im Bereich von Aktien und Co. anwenden lässt, geht es – wie bereits die englische Bezeichnung verrät – darum, Wertpapiere nach deren Kauf langfristig zu halten.

Der Fokus liegt darauf, eine nachhaltige Rendite zu erzielen, die unabhängig von kurzfristigen Kursschwankungen an der Börse ist.

Für Anleger, die in Aktien, Aktienfonds, ETFs und Co. eine langfristige Anlage sehen, bietet die Buy-and-Hold-Strategie einige bedeutende Vorteile: Sie ist, das für erfolgreiche Transaktionen nötige Grundwissen vorausgesetzt, weniger schwer umzusetzen als andere Investmentstrategien und daher auch für ungeübtere Investoren interessant.

Ein geeigneter Ein- und Ausstiegszeitpunkt ist infolge der langfristigen Ausrichtung der Buy-and-Hold-Strategie leichter zu finden als bei kurzfristigen Investments und Anleger haben nicht den Druck, jeden Tag nach neuen Trends suchen und sich stets auf einem hochaktuellen Stand des Wissens halten zu müssen.

Nicht nur für Börseneinsteiger attraktiv ist das gemessen an spekulativen kurzfristigen Investments deutlich niedrigere Risiko, das sich mit der Buy-and-Hold-Strategie verbindet.

Voraussetzung dafür ist natürlich, dass sich Anleger vor dem Kauf von Wertpapieren ausführlich über deren Nachhaltigkeit und Zukunftsperspektiven informieren und Aktien, Aktienfonds, ETFs und Co. von wirklicher Substanz für ihr Depot auswählen. In diesem Fall bietet die Buy-and-Hold-Strategie auch die Chance auf ordentliche oder sogar recht hohe Renditen.

Neben der Tatsache, dass die Buy-and-Hold-Strategie aufgrund des langfristigen Anlagehorizonts deutlich niedrigere Kosten für Transaktionsgebühren verursacht als beispielsweise das ständige Kaufen und Verkaufen bei kurzfristigen, hochspekulativen Anlagen, liegt ein unverkennbarer Vorzug dieser Strategie in der Rendite, die durch die Ausschüttung von Dividenden entstehen kann. Viele nachhaltig aufgestellte und wachstumsstarke Konzerne schütten – wie bereits im Kontext der Dividendenstrategie ausgeführt wurde – jährlich ansehnliche Dividenden aus, die bei manchen Unternehmen sogar Jahr für Jahr gesteigert werden.

Wer aufgrund dieser klaren Vorteile annimmt, es handele sich bei der Buy-and-Hold-Strategie um die eierlegende Wollmilchsau der Börsenwelt, befindet sich im Irrtum. Denn wie alle anderen birgt auch diese Anlagestrategie Risiken und Nachteile.

Gerade für Anleger, die voller Euphorie wie ein junger Stier mit den Hufen scharrend die Chancen an den Börsen dieser Welt erkunden möchten, kann die Buy-and-Hold-Strategie zu einer echten Geduldsprobe werden. Denn höhere Gewinne lassen sich mit ihr eher langfristig als kurzfristig einfahren. Verlieren Anleger aus Ungeduld frühzeitig das Interesse an einem Investment, kann die hinter dieser Strategie stehende Grundidee ihre Wirkung nicht entfalten.

Zudem besteht auch bei der Buy-and-Hold-Strategie das Risiko, einen schlechten Einstiegszeitpunkt zu wählen oder in Wertpapiere zu investieren, deren Kauf ein Fehlgriff ist und sich selbst langfristig nicht auszahlt oder sogar zu Verlusten führen kann.

Den Fehler, sich gedankenlos darauf zu verlassen, dass sich die Kurse an der Börse in einer ständigen Auf-und-Ab-Bewegung befänden und über kurz oder lang der Zeitpunkt für lohnende Gewinnmitnahmen käme, haben schon etliche Anleger teuer bezahlt.

Die Buy-and-Hold-Strategie entbindet Anleger keinesfalls davon, das Marktumfeld, die Entwicklung und die Ausrichtung eines Unternehmens sorgfältig zu beobachten. Ergeben sich hier signifikante Veränderungen, die Warnsignale senden, ist es spätestens auch bei der Buy-and-Hold-Strategie notwendig, das eigene Portfolio zu überprüfen und gegebenenfalls einem langen Investment rechtzeitig ein kurzes Ende zu machen.

Strategie 4: Das indexorientierte Investieren

Beim indexorientierten Investieren handelt es sich um eine vergleichsweise simple Strategie, die bei einem langfristigen Anlagehorizont aber dennoch erfolgreich und risikoarm sowie für Börsenneulinge geeignet sein kann.

Das Grundprinzip ist dabei denkbar simpel: Anleger investieren anstatt in Einzelaktien in Märkte. Dies kann ganz einfach durch den Kauf von kosteneffizienten ETFs umgesetzt werden, die die Rendite der abgebildeten Indizes nachahmen. Die Folge: Steigt der betreffende Index, kommt es zu entsprechenden Gewinnen, fällt er, kommt es zu entsprechenden Verlusten.

Nähere Informationen zu ETFs finden Sie ab Seite 233.

Strategie 5: Die 200-Tage-Linie-Strategie

Das Timing ist an der Börse oft entscheidend. Doch selbst erfahrenen Investoren fällt es häufig schwer, den richtigen Zeitpunkt zum Kauf oder Verkauf von Wertpapieren auszumachen.

Obgleich zu bedenken ist, dass beim Investieren an der Börse fundamentale Daten und aktuelle Nachrichten aus Politik und Wirtschaft auf jeden Fall zu berücksichtigen sind, kann die sogenannte 200-Tage-Linie Anlegern als Ansatzpunkt dafür dienen, langfristige Trends bei Aktienkursen zu entdecken. Sie ist ein einfaches, aber oft nützliches Hilfsmittel der Charttechnik und dazu geeignet, die häufig starken Kursschwankungen von Aktien oder Indizes zu glätten und große Trends besser sichtbar zu machen.

Die 200-Tage-Linie lässt sich in ihrer einfachen Form bestimmen, indem für jeden Tag das arithmetische Mittel der Schlusskurse der vorangegangenen 200 Handelstage berechnet wird und darauf die einzelnen Durchschnittskurse miteinander verbunden werden. Damit beschreibt die Linie den gleitenden Durchschnitt der letzten 200 Börsentage und läuft den Kursen sozusagen hinterher. Aus diesem Grund gehört sie in die Gruppe der trendfolgenden Indikatoren.

Sinnvollerweise betrachtet man die 200-Tage-Linie zusammen mit aktuellen Börsenkursen. Wenn die Linie vom aktuellen Börsenwert von unten nach oben durchbrochen wird, lässt sich dies häufig als ein Kaufsignal deuten.

Wird sie aber von oben nach unten vom aktuellen Kurs geschnitten, liegt möglicherweise ein Verkaufssignal vor.

Strategie 6: Die Nachhaltige Strategie

Der Trend zur Nachhaltigkeit hat Konjunktur – und das nicht nur in den Bereichen des täglichen Lebens, wo etliche Menschen auf die Schonung von Ressourcen, den Kauf von Nahrungsmitteln aus biologischem Anbau oder eine möglichst umweltverträgliche Art der Fortbewegung Wert legen. Wer seinem Bedürfnis nach Nachhaltigkeit auch beim Investieren an der Börse Ausdruck verleihen möchte, erhält immer mehr Möglichkeiten dazu.

Zur Identifizierung nachhaltiger Anlageformen haben sich die sogenannten ESG-Kriterien durchgesetzt. Die Abkürzung ESG steht dabei für Environmental, Social and Governance und beschreibt die Aspekte Umwelt, gesellschaftliche Verantwortung und gute Unternehmensführung.

In der Finanzbranche versteht man unter dem Begriff ESG-Investing auf Nachhaltigkeit beruhendes Investieren.

Dass die Nachhaltige Strategie nicht auf Kosten des finanziellen Erfolgs gehen muss, lässt sich inzwischen auch durch Studien belegen. Der BVI, der Bundesverband Investment und Asset Management, hat beispielsweise im Jahr 2020 die durchschnittlichen Renditen der fünf wichtigsten Gruppen nachhaltiger Publikumsfonds – also Fonds, die grundsätzlich jedem Anleger offenstehen – unter die Lupe genommen und darauf mit denen konventioneller Fonds aus der gleichen Gruppe verglichen. Das Ergebnis: Nachhaltige Fonds wiesen in allen fünf Gruppen eine höhere Rendite aus.

Gerade weil das Investieren in nachhaltige Anlageformen bisweilen auch eine Frage der Überzeugung ist, sollten Sie vor Ihrer Kaufentscheidung gründlich prüfen, ob Sie dieselben Parameter für erfolgreiches Investieren berücksichtigen, die auch bei anderen Anlagestrategien zu beachten sind.

Mit Strategie zum Erfolg

Ein zusammenfassender Blick auf die vorgestellten Anlagestrategien zeigt, dass es auch unter den vorwiegend langfristig orientierten Strategien genügend unterschiedliche Alternativen für Anleger gibt. Das Spektrum reicht von der klassischen Value-Strategie bis hin zu der einen Trend aufgreifenden Nachhaltigen Strategie und es zeigt sich, dass langfristige Anlagestrategien auch smart sein können.

Bei allen Unterschieden zwischen den dargestellten Anlagestrategien gibt es etwas, das diese verbindet: Durch ihre Verwendung erhöht sich die Wahrscheinlichkeit auf Erfolg an der Börse, da eine zielgerichtete Strategie Ihre Anlageentscheidungen dem wenig substanziellen Prinzip des Zufalls enthebt.

Falls Sie in der Praxis des Investierens den begründeten Verdacht entwickeln, dass eine bestimmte Anlagestrategie für Sie nicht die richtige ist, sollten Sie dem nachgehen und sich die Frage stellen, ob Sie dem bisherigen Ansatz auch in Zukunft treu bleiben wollen. Denn manchmal gilt an der Börse auch das Motto: „Drum prüfe, wer sich ewig bindet – ob sich nicht was Bess're findet."

Wie finde ich die richtigen Aktien: Die Technik der Fundamentalanalyse

828 Meter ragt der Burj Khalifa in den Himmel von Dubai. Das derzeit höchste Gebäude der Welt ist ein Superlativ der Architektur, ein Monument des Fortschritts und ein Wunder der Technik. Die insgesamt 189 Stockwerke ruhen auf einem soliden Fundament, das einen elementaren Beitrag dazu liefert, dass der beeindruckende Wolkenkratzer nicht in sich zusammenstürzt. Fundamente verleihen Gebäuden Stabilität und sorgen dafür, dass diese den Kräften der Natur widerstehen können.

Auch das Gebäude Ihrer Altersvorsorge und die Auswahl von Aktien sollten Sie auf einem soliden Fundament aufbauen, das bestmöglich vor Fehlinvestitionen schützt. Wie der Name schon erahnen lässt, ist die Fundamentalanalyse dazu geeignet, zu prüfen, ob Aktien und Unternehmen Substanz besitzen oder nicht.

Ebendiese Substanz brauchen Aktiengesellschaften, um in schlechten Zeiten die Beben der Rezession und die Stürme politischer Krisen zu überstehen. Etablierte Unternehmen, die ein zukunftsfähiges Geschäftsmodell und eine fähige Unternehmensführung haben sowie über hinreichend Eigenkapital verfügen, kommen erfahrungsgemäß besser durch Krisen und sind auch in Zeiten wirtschaftlicher Blüte erfolgreicher als schwächere Mitbewerber.

Wie Sie die Aktien derartiger Unternehmen mithilfe der Fundamentalanalyse herausfiltern können und was sich genau hinter dieser Methode der Aktienanalyse verbirgt, klärt dieses Kapitel, nachdem zuvor bereits die besten langfristigen Anlagestrategien behandelt worden sind.

Die Fundamentalanalyse

Bei der Fundamentalanalyse handelt es sich um eine Methode der Aktienanalyse, deren Ziel darin besteht, den angemessenen Börsenkurs von Wertpapieren mithilfe der Auswertung von Daten zu ermitteln, die Aktienkurse beeinflussen können.

Im Idealfall lassen sich auf diese Weise erfolgreich unterbewertete Wertpapiere herausfiltern, die Anlegern gute Renditechancen bieten.

Mithilfe der Fundamentalanalyse können gesamtwirtschaftliche Faktoren wie Inflationsraten, Zinspolitik oder weitreichende politische Veränderungen (Makrofaktoren) und fundamentale Unternehmensdaten (Mikrofaktoren) analysiert werden. Damit basiert die Fundamentalanalyse im Gegensatz zur Chartanalyse nicht auf der Betrachtung und Interpretation von Börsenkursen.

Aufgrund der Tatsache, dass die Analyse fundamentaler Unternehmensdaten für viele Anleger weit eher der Erklärung bedarf als die der meisten Makrofaktoren, legt die folgende Darstellung den Fokus auf die genauere Betrachtung der Mikrofaktoren und deren Bedeutung. Dies bedeutet selbstverständlich nicht, dass der Analyse der Makrofaktoren bloß eine zu vernachlässigende Bedeutung zukäme.

Untergliedern lässt sich die Fundamentalanalyse in zwei verschiedene Ansätze, mit deren Hilfe man die Chance erhöhen kann, gewinnbringende Aktien auszuwählen: Beim Top-Down-Ansatz versucht man ausgehend von der Gesamtentwicklung einer Volkswirtschaft und der betreffenden Branche darauf zu schließen, wie sich Unternehmen und deren Aktienkurse entwickeln werden.

Beim Bottom-Up-Ansatz wird hingegen zunächst versucht, das Wachstumspotenzial einzelner Unternehmen zu ergründen. Erst danach geht es darum, Chancen in der jeweiligen Branche sowie im Gesamtmarkt zu analysieren.

Der Top-Down-Ansatz setzt bei der Makroanalyse an und gelangt schließlich zur Mikroanalyse, während es beim Bottom-Up-Ansatz genau andersherum ist. Der Grundgedanke des Top-Down-Ansatzes besteht darin, dass zunächst die Makrofaktoren wie Wirtschafts- oder Zinspolitik stimmig sein müssen, damit ein solides Kurswachstum entstehen kann. Der Bottom-Up-Ansatz geht dagegen von der Voraussetzung aus, dass der Erfolg eines Aktieninvestments maßgeblich von der Leistung eines Unternehmens beeinflusst wird.

Das Einmaleins der Fundamentalanalyse

Die Entscheidung für Aktien, in die Sie Ihr Erspartes investieren, ist ein bedeutender Schritt, der wohlüberlegt sein will. Die sorgfältige Auswahl Erfolg versprechender Aktien ist ein Prozess, der nach Geduld, Wissen und der richtigen Methodik verlangt.

Die Fundamentalanalyse mit ihren Instrumentarien kann Ihnen dabei helfen, die von Ihnen favorisierten Aktien hinsichtlich der Frage zu prüfen, ob ein Einstieg die Chance auf ein lukratives zukünftiges Investment bietet und ob Wertpapiere, die sich bereits in Ihrem Depot befinden, noch haltenswert sind. Die Fundamentalanalyse kann im besten Fall einen deutlichen Fingerzeig für die strukturelle Entscheidung liefern, ob Sie Ja oder Nein zu einer Aktie sagen sollten.

Leider sind einige Anleger der Ansicht, dass die Fundamentalanalyse ein Buch mit sieben Siegeln sei – besonders wenn es um die Analyse wichtiger Mikrofaktoren geht.

Forciert wird dieser falsche Eindruck sicherlich auch durch das Verhalten mancher Analysten und versierter Investoren. Sie werfen bei Gesprächen über die Thematik gern mit fachspezifischen Kürzeln um sich und drücken sich derart verklausuliert aus, dass etliche Anleger die Deutungshoheit über die wichtigen Finanzdaten der Fundamentalanalyse nur einem kleinen Zirkel der Eingeweihten überlassen.

Zwar erleichtert durch Ausbildung oder Studium erworbenes Fachwissen, das etwa dabei hilft, komplexe Bilanzen von Unternehmen bis ins Detail zu verstehen, die Auswertung zentraler Daten der Fundamentalanalyse. Aber um auf solider Basis grundsätzlich entscheiden zu können, ob sich der Kauf einer Aktie lohnen könnte oder diese besser verkauft werden sollte, bedarf es keines Studiums und keiner entsprechenden Ausbildung. Denn das Einmaleins der Fundamentalanalyse und ihrer wichtigsten Kennzahlen ist mit einem nicht allzu hohen Zeiteinsatz und ein wenig gutem Willen relativ leicht zu erlernen.

Zwar lassen sich heutzutage viele wichtige Zahlen und Unternehmensdaten beispielsweise bequem Internetquellen wie Finanzen.net oder MarketScreener.com entnehmen. Aber es ist dennoch empfehlenswert, dass Sie sich im Folgenden genau anschauen, wie sich die entscheidenden Kennzahlen der Fundamentalanalyse bestimmen lassen und was sie bedeuten.

So wie man in der Schule nicht umsonst vor der Verwendung eines Taschenrechners die entsprechenden Grundlagen der Mathematik verstehen lernt, sollten Sie das Einmaleins der Fundamentalanalyse beherrschen, bevor Sie entsprechenden Quellen die nötigen Informationen entnehmen. Dazu ist es nötig, sich ein Stückweit in das Thema einzulesen.

Vielleicht verlieren Sie etwas Zeit bei der Beschäftigung mit der Materie. Dafür gewinnen Sie aber etwas, das unbezahlbar ist: bleibende Kompetenz, eine fundierte eigene Meinung und das gute Gefühl, bei der Aktienauswahl nicht blind auf die Ratschläge Dritter vertrauen zu müssen.

Die wichtigsten Kennzahlen der Fundamentalanalyse

Zahlen lügen nicht, heißt es oft. Aber je nach Situation lassen sie sich unterschiedlich interpretieren. Wenn Sie die Zusammenhänge nicht verstehen, die hinter den elementaren Kennzahlen der Fundamentalanalyse stehen, haben Sie im schlechtesten Fall einen bunten Zahlensalat vor Augen, aber keinen klaren Hinweis darauf, was diese Zahlen aussagen.

Hinzu kommt, dass eine Kennzahl der Fundamentalanalyse allein noch keine hinreichend fundierte Aussage ergibt, ob eine Aktie über- oder unterbewertet sein könnte und man sie besser kaufen, verkaufen oder halten sollte. Eine wichtige Kennzahl allein ist auch bei richtiger Auswertung nicht hinreichend aussagekräftig. Erst wenn die bedeutenden Kennzahlen der Fundamentalanalyse zueinander in Beziehung gesetzt werden, kann aus ihrer Betrachtung ein Wissensvorteil entstehen, der Ihnen das Tor zu gewinnbringenden Investitionen öffnen kann.

Damit sich dieses Tor nicht so schnell wieder schließt, ist Folgendes zu bedenken: Bei den fundamentalen Daten von Unternehmen handelt es sich nicht um statische, sondern um dynamische Werte, die Sie von Zeit zu Zeit mit kritischem Auge überprüfen sollten.

Kurs-Gewinn-Verhältnis (KGV)

Beim Kurs-Gewinn-Verhältnis (KGV), im Englischen *Price-Earnings-Ratio* (PER) genannt, handelt es sich um eine bedeutende Kennzahl zur Beurteilung der Ertragskraft und der Ertragsentwicklung eines Unternehmens im Vergleich zu einem oder mehreren anderen. Das KGV gibt das Verhältnis des Kurses einer Aktie zum Gewinn je Aktie an.

Normalerweise wird zur Berechnung des KGV der Kurs durch den Gewinn je Aktie dividiert.

Kurs-Gewinn-Verhältnisse werden in regelmäßigen Abständen für die einzelnen Aktiengesellschaften ermittelt und können sich von

Branche zu Branche und Marktphase zu Marktphase stark unterscheiden.

Was zunächst recht theoretisch klingt, lässt sich am einfachsten mit einem fiktiven Beispiel veranschaulichen: Die Aktiengesellschaft A und die Aktiengesellschaft B sind Konkurrenzunternehmen in derselben Branche und der aktuelle Wert ihrer Aktien liegt jeweils bei 100 Euro. Aktiengesellschaft A erwirtschaftete einen Jahresgewinn von 10 Euro pro Aktie, Aktiengesellschaft B hingegen nur von 5 Euro pro Aktie. Daraus ergibt sich für Aktiengesellschaft A ein KGV von 10, für Aktiengesellschaft B von 20. Demnach würde Aktiengesellschaft A – gleichbleibende Jahresgewinne pro Aktie vorausgesetzt – 10 Jahre lang brauchen, um den aktuellen Wert der Aktie zu erwirtschaften, Aktiengesellschaft B dagegen 20 Jahre.

Aus dem angeführten Beispiel lässt sich folgende Grundregel ableiten, die allerdings gewissen Einschränkungen unterliegt: Je niedriger das KGV ist, desto günstiger erscheint eine Aktie im Vergleich zum Gesamtmarkt oder zu den Aktien von Konkurrenzunternehmen.

Im besten Fall ermöglicht das KGV nützliche Aussagen darüber, ob eine Aktie gemessen an anderen über- beziehungsweise unterbewertet sein könnte. Mit kaum einer anderen Kennzahl lassen sich die Aktien mehrerer Unternehmen ähnlich schnell miteinander vergleichen.

Allerdings gibt es bestimmte Vorbehalte gegenüber der Aussagekraft des KGV. Wenn Sie beabsichtigen, für Sie interessante Aktien zu erwerben, sollten Sie nicht nur Kurs-Gewinn-Verhältnisse analysieren, die auf dem Gewinn vergangener Geschäftsperioden beruhen, sondern auch einen Blick auf prognostizierte KGVs werfen, da diese einen Hinweis auf die künftige Entwicklung der betreffenden Aktien geben können.

Gewinnschätzungen von Analysten sind jedoch stets mit Unsicherheiten behaftet und gerade in turbulenten Börsenzeiten nicht selten unbrauchbar. Allein bei denjenigen Kurs-Gewinn-Verhältnissen, die auf dem Gewinn vergangener Geschäftsperioden beruhen, handelt es sich um gesicherte Werte.

Aber nicht nur aus dem genannten Grund wäre es ein Fehler, die Zahlenwerte der Kurs-Gewinn-Verhältnisse unreflektiert für sich selbst sprechen zu lassen. Das KGV ist eine Kennzahl der Fundamentalanalyse, die besonders leicht zu beeinflussen ist. Nur selten ist lückenlos nachvollziehbar, wie genau Kurs-Gewinn-Verhältnisse errechnet wurden. Dies gilt insbesondere für die inhaltliche Abgrenzung der Gewinngröße. Es gibt keine verbindliche Definition, was genau Gewinn ist und was nicht. Diese Grauzone kann von Aktiengesellschaften genutzt werden, um Zahlen schönzurechnen und negative Einflüsse außer Acht zu lassen. Geschönte Gewinne können dafür sorgen, dass das resultierende KGV fälschlicherweise niedriger ausfällt, als es eigentlich ist, und unattraktivere Aktien für Investoren attraktiv erscheinen.

Noch weit stärker getrübt werden kann die Aussagekraft des KGV, wenn die Wirtschaft sich in unruhigen Zeiten befindet. Bei der Analyse von Kurs-Gewinn-Verhältnissen sollten Sie unbedingt darauf achten, in welcher Phase sich die wirtschaftliche Entwicklung gerade befindet.

In einer Rezessionsphase beispielsweise wird die Kennzahl KGV oft unbrauchbar. Der Grund liegt darin, dass die Unternehmensgewinne vieler Firmen dann häufig sehr stark einbrechen oder sogar Verluste in den Bilanzen auftauchen. Die Gesetze der Mathematik bringen es mit sich, dass die Werte der Kurs-Gewinn-Verhältnisse durch solche starken Veränderungen durcheinandergeraten oder im Falle von Verlusten nicht mehr sinnvoll nach dem bekannten Rechenschema bestimmt werden können.

Zudem sollte bei der Einschätzung der Aussagekraft des Kurs-Gewinn-Verhältnisses berücksichtigt werden, dass dieses keine Aussage über die Gewinne trifft, die Unternehmen als Dividende ausschütten. Längst nicht für alle Anleger ist bei Aktien allein der erhoffte Kursgewinn für den Kauf entscheidend. Es gibt Unternehmen, die eine beträchtliche Dividende ausschütten. Diese ist beispielsweise für Anleger, die der im vorangegangenen Kapitel vorgestellten Dividendenstrategie folgen, beim Kauf ein entscheidendes Kriterium.

Etliche Investoren akzeptieren angesichts hoher Dividenden auch etwas höhere Kurs-Gewinn-Verhältnisse.

Dass eine messerscharf abgegrenzte Einteilung von Aktien in die Kategorien unterbewertet, angemessen bewertet oder überbewertet mithilfe des Kurs-Gewinn-Verhältnisses allein nicht sinnvoll vorzunehmen ist, zeigt sich auch an folgendem Punkt: Zwar scheinen Aktien mit einem niedrigen KGV im Vergleich zum Gesamtmarkt oder zu den Aktien von Konkurrenzunternehmen häufig günstiger zu sein. Aber mitunter können besonders niedrige Kurs-Gewinn-Verhältnisse auch ein Warnsignal darstellen. Oft erwartet der Markt in solchen Fällen starke Gewinneinbrüche der jeweiligen Unternehmen, wodurch die Aktienkurse in der Regel langfristig gesehen fallen.

Wissenswert ist zudem, dass Aktien mit eher hohen KGVs nicht zwangsweise überteuert sein müssen, wenn das betreffende Unternehmen ein entsprechendes Gewinnwachstum vorweisen kann. Ein besonders einprägsames Beispiel hierfür ist der Technologie-Gigant Amazon: Zahlreiche Investoren ließen sich in den letzten Jahren nicht einmal von Kurs-Gewinn-Verhältnissen abschrecken, die in dreistelligen oder hohen zweistelligen Bereichen lagen.

Betrachtet man die vorangegangenen Ausführungen zum KGV in Summe, lässt sich erkennen, dass diese bedeutende Kennziffer für sich allein genommen noch keine zuverlässigen Aussagen darüber liefert, ob Aktien als überbewertet, unterbewertet oder genau richtig eingestuft gelten können. Das Kurs-Gewinn-Verhältnis ist in der Fundamentalanalyse eine wichtige Kennzahl, die zu anderen in Beziehung gesetzt werden sollte, bevor ein aussagekräftiges Bild über eine Aktie entsteht.

Obwohl sich keine verbindliche Richtlinie festlegen lässt, welches KGV ein Unternehmen optimalerweise aufweisen sollte, lassen sich bei einem genaueren Blick auf einzelne Märkte und Branchen meist Anhaltspunkte zur Orientierung finden. Die Kurs-Gewinn-Verhältnisse der im Deutschen Aktienindex gelisteten Unternehmen beispielsweise lagen im Jahr 2014 zum größten Teil zwischen den Werten 10 und 25.

Auch wenn es immer einzelne Gegenbeispiele gibt, ist es im Allgemeinen ratsam, Abstand von denjenigen Aktien zu nehmen, die deutlich über oder unter dem marktweiten KGV-Durchschnitt liegen.

Betrachten Sie zudem auf der Suche nach passenden Aktien neben der Höhe ausgezahlter Dividenden genau die Branche, aus der für Sie interessante Aktien stammen, und vergleichen Sie einzelne Papiere dieser Branche in Bezug auf das KGV miteinander.

Um die Kurs-Gewinn-Verhältnisse einzelner Aktien aber sinnvoll miteinander vergleichen zu können, muss man bei allen Aktienkursen zur Berechnung den gleichen Zeitpunkt heranziehen. So sollte man nicht etwa den Kurs, den eine Aktie zum Jahresbeginn hatte, zu dem Kurs in Relation setzen, den eine andere Aktie zum Jahresende aufweist.

Das Kurs-Cashflow-Verhältnis (KCV)

Beim Kurs-Cashflow-Verhältnis (KCV), im Englischen *Price-to-Cash-Flow-Ratio* (P/CF-Ratio) genannt, handelt es sich um eine liquiditätsorientierte Kennzahl der Fundamentalanalyse. Das KCV gibt das Verhältnis von Aktienkurs zu Cashflow je Aktie an.

Der Begriff Cashflow, englisch für Zahlungsstrom oder Geldfluss, bezeichnet eine betriebswirtschaftliche Kennzahl, die Aufschluss über die Einzahlungen und Auszahlungen innerhalb einer bestimmten Periode gibt. Mit einem positiven Cashflow geht ein Zufluss an Zahlungsmitteln einher, mit einem negativen Cashflow ein Abfluss an Zahlungsmitteln.

Aus der Höhe und Entwicklung des Cashflows lassen sich Rückschlüsse ziehen, ob Unternehmen genügend liquide Mittel besitzen, um beispielsweise nötige Investitionen durchzuführen, Kredite zu tilgen oder Dividenden an Aktionäre auszuschütten.

Bei der Kennzahl Cashflow ist zu bedenken, dass sie nicht einheitlich berechnet wird. Es gibt mehrere Arten des Cashflows: Der Cashflow aus laufender Geschäftstätigkeit, auch operativer Cashflow genannt, gibt beispielsweise an, wie viel Kapitalfluss im laufenden Betriebsprozess in einer bestimmten Periode generiert wird.

Der Cashflow aus Investitionstätigkeit bildet dagegen diejenigen Ein- und Auszahlungen eines Unternehmens ab, die durch Investitionen verursacht werden.

Der Cashflow aus Finanzierungstätigkeit wiederum umfasst die Erträge und Ausgaben, die im Bereich der Finanzierungstätigkeit von Unternehmen anfallen. Diese Geldbewegungen können das Eigenkapital von Unternehmen entweder erhöhen (wie durch die Ausgabe von Aktien) oder senken (wie durch die Auszahlung von Dividenden).

In jedem der genannten Fälle kann der Cashflow positiv oder negativ sein.

Aus Sicht von Investoren, die einen eher langfristigen Anlagehorizont haben und nach dividendenstarken Aktien suchen, ist oftmals der Free Cash Flow von besonderem Interesse. Dieser beschreibt die liquiden Mittel, die einem Unternehmen zur Verfügung stehen, um beispielsweise Dividenden auszuschütten oder Kredite zu tilgen.

Einsehbar sind die tatsächlichen Zahlungsströme eines Unternehmens im sogenannten Cash Flow Statement, im Deutschen auch bekannt unter dem Begriff Kapitalflussrechnung. Unternehmen, die zu einem Konzernabschluss verpflichtet sind, müssen ein Cash Flow Statement als Teil des Jahresabschlusses erstellen.

Wollen Anleger das KCV bestimmen, ist dies durch eine einfache Rechenoperation möglich: Nehmen wir an, der Aktienkurs eines Unternehmens liegt bei 50 Euro und der Cashflow aus der laufenden Geschäftstätigkeit beträgt für die betrachtete Periode 5 Euro pro Aktie. Zur Berechnung des KCV wird der Aktienkurs durch den Cashflow je Aktie dividiert, also werden im konkreten Beispiel 50 Euro durch 5 Euro geteilt. Dies ergibt ein KCV von 10.

Wie schon beim Kurs-Gewinn-Verhältnis sagt ein solcher Zahlenwert isoliert betrachtet noch nicht viel aus. Erst der Vergleich mit den KCVs anderer Unternehmen gibt einen ersten Orientierungspunkt für die Bewertung einer Aktie.

Beim Kurs-Cashflow-Verhältnis gilt – wie beim KGV – folgende Grundregel: Je niedriger das KCV ist, desto günstiger erscheint eine Aktie im Vergleich zum Gesamtmarkt oder zu den Aktien von Konkurrenzunternehmen.

Diese Faustformel kann allerdings spätestens dann an ihre Grenzen stoßen, wenn der Wert des KCV in Richtung 0 tendiert. In diesem Fall sollten Anleger sich die Frage stellen, ob es sich um ein Warnsignal handelt, und zwar besonders dann, wenn der Wert dauerhaft auf einem auffällig niedrigen Niveau verharrt.

Vorsicht ist auf jeden Fall angeraten, wenn das KCV eines Unternehmens infolge eines negativen Cashflows ein negatives Vorzeichen aufweist. Ein dauerhaft negativer Cashflow kann signalisieren, dass ein Unternehmen über kurz oder lang dabei ist, in die Zahlungsunfähigkeit abzurutschen.

Allerdings ist ein negativer Cashflow nicht in jedem Fall ein zwingendes Ausschlusskriterium für eine Aktie – vorausgesetzt, es handelt sich um ein vorübergehendes Phänomen, für das sich eine schlüssige Erklärung finden lässt. Dies kann beispielsweise der Fall sein, wenn junge Unternehmen mit einem zukunftsfähigen Geschäftsmodell eine gewisse Zeit benötigen, um sich aus eigener Kraft finanzieren zu können, Konzerne neue Märkte erschließen oder in Krisen der Absatz kurzzeitig stark einbricht.

Im Fall des KCV ist es wenig sinnvoll, konkrete Zahlenwerte als Orientierungshilfe für die Frage zu benennen, ab wann eine Aktie als unterbewertet, fair bewertet oder überbewertet gelten kann. Denn häufig unterliegen die unterschiedlichen Arten des Cashflows eines Unternehmens recht großen Schwankungen und variieren zudem von Branche zu Branche stark.

Daher ist es sinnvoller, das KCV eines Unternehmens als eine relative Kennzahl anzusehen, die erst dann an Aussagekraft gewinnt, wenn sie zum KCV anderer zumindest annähernd vergleichbarer Aktiengesellschaften in Beziehung gesetzt und zudem über einen längeren Zeitraum betrachtet wird.

Berücksichtigt man dies, kann das KCV auch über das KGV hinaus für Investoren wertvolle Erkenntnisse über die Substanz von Unternehmen und deren Aktien liefern.

Obwohl das KGV die wohl bekannteste und am meisten etablierte Kennzahl der Fundamentalanalyse ist, kann das KCV in bestimmten Fällen ein objektiveres Bild für die Aktienbewertung liefern. Während Unternehmen ihren Gewinn, der ja der Berechnung des KGV zugrunde liegt, durch allerlei Bilanzierungstricks beschönigen können, gibt es deutlich weniger Ansatzpunkte, um den Cashflow zu beeinflussen, da dieser den realen Zahlungsfluss in einem bestimmten Zeitraum abbildet.

Mit dem KCV ist es möglich, Unternehmen, welche ihren Gewinn nach verschiedenen Rechnungslegungsvorschriften ermitteln, besser untereinander zu vergleichen als mit dem KGV.

Dass das KCV weniger leicht zu verfälschen ist als das KGV, heißt jedoch nicht, dass Unternehmen keinerlei Möglichkeiten besitzen, den Cashflow zumindest zeitweise in ihrem Sinne zu beeinflussen: Sie können beispielsweise bestimmte Zahlungen bewusst mit dem Ziel zurückhalten, den Cashflow und damit auch das KCV einer bestimmten Periode zu verbessern.

Ein zusätzlicher Vorteil des KCV liegt darin, dass es bei diesem im Gegensatz zum KGV möglich ist, negative Werte in die Berechnung einzubeziehen.

Ein negatives KCV kann Anlegern ein warnendes Zeichen dafür sein, dass einem Unternehmen möglicherweise die liquiden Mittel fehlen, um in der Zukunft Kredite zu tilgen, Dividenden auszuschütten oder zu expandieren.

Jedoch handelt es sich auch beim KCV nicht um eine Wunderwaffe, um Aktien und die Finanz- und Ertragskraft von Unternehmen zu bewerten. Ein Nachteil des KCV besteht darin, dass der diesem zugrunde liegende Cashflow keine einheitliche Größe ist. Anleger sollten daher unbedingt darauf achten, dass der gleiche Cashflow-Begriff bei den Aktien verwendet wird, die miteinander verglichen werden.

Zudem sollte das KCV aufgrund der starken Schwankungen, denen es unterliegen kann, im Idealfall über einen Zeitraum von mehreren Jahren betrachtet werden.

Diese Faktoren führen dazu, dass das KCV eine Kennziffer der Fundamentalanalyse ist, die – beispielsweise verglichen mit dem KGV – ein Stück schwerer zu handhaben ist.

Anleger sollten zusätzlich bedenken, dass bei der Auswertung des KCV der Eindruck entstehen kann, mit einer Aktie ein verlockendes Schnäppchen vor sich zu haben, obwohl es gar keines ist. Geschehen kann dies, wenn bei der Berechnung des KCV aktuelle Aktienkurse mit Zahlen für den Cashflow ins Verhältnis gesetzt werden, die aus einer vorangegangenen Periode – einem Quartal oder dem Gesamtjahr – stammen.

Ist der Aktienkurs im Vergleich zu vorher aufgrund von äußeren oder inneren Problemen rund um das betreffende Unternehmen stark gesunken und wird durch den vormals soliden Cashflow dividiert, kann der mathematischen Berechnung des KCV zufolge für Anleger der Eindruck entstehen, dass sie eine besonders günstige Aktie erwerben, obwohl sie eigentlich in ein fallendes Messer greifen.

Analog zum Gewinn, der dem KGV zugrunde liegt, lässt sich der für die Berechnung des KCV notwendige Cashflow lediglich auf Basis von Werten vergangener Perioden sicher bestimmen. Aus bereits bestehenden Cashflows lässt sich jedoch nicht beliebig auf künftige schließen. Nicht vorhersehbare politische und wirtschaftliche Faktoren oder Veränderungen von Investitionszyklen, Absatzzahlen und Marktverhältnissen können beispielsweise maßgeblichen Einfluss auf zukünftige Cashflows von Firmen nehmen und lassen sich von niemandem präzise voraussagen.

Ein zusammenfassender Blick auf die Vor- und Nachteile von KGV und KCV zeigt: Es ist nicht sinnvoll, diese beiden elementaren Kennzahlen als Gegenspieler anzusehen, von denen der eine beim Einstieg in die Bewertung von Aktien vorzuziehen wäre. Vielmehr handelt es sich bei KGV und KCV um ein sich gut ergänzendes Kennzahlen-Paar der Fundamentalanalyse.

Betrachtet man dieses Paar zusammengenommen, setzt es in Beziehung zu anderen Aktien derselben Branche und zieht die richtigen Konsequenzen aus seiner Aussagekraft, ergibt sich in vielen Fällen ein sinnvoller Filter, der relativ schnell wertvolle Aussagen über die innere Substanz und finanzielle Gesundheit von Unternehmen liefern kann.

Sie sollten dabei prüfen, ob die Werte des KGV und KCV bei einer Aktie sehr weit auseinanderliegen oder ob sie sich in einem vergleichbaren Zeitraum unterschiedlich entwickelt haben. Sollte dies der Fall sein, kann es sich um ein Warnsignal handeln und beispielsweise auf manipulierte Gewinne oder andere Probleme hindeuten.

Um die KGVs und KCVs einzelner Aktien sinnvoll miteinander vergleichen zu können, muss man bei allen infrage kommenden Aktienkursen zur Berechnung den gleichen Zeitpunkt heranziehen und sollte nicht etwa den Kurs, den eine Aktie zum Jahresbeginn hatte, zu dem Kurs in Relation setzen, den eine andere Aktie zum Jahresende aufwies.

Das Kurs-Umsatz-Verhältnis (KUV)

Für etliche Anleger sind Aktien von Unternehmen interessant, die Potenzial besitzen, sich aber noch in der Wachstumsphase befinden, wie es bei Start-Ups der Fall sein kann. Dadurch können Gewinn und Cashflow teilweise erheblich geschmälert sein. Um mithilfe der Fundamentalanalyse auch die Chancen von Aktien solcher Unternehmen besser bewerten zu können, kann es in manchen Fällen sinnvoll sein, zusätzlich eine Kennzahl heranzuziehen, die deren Potenzial besser erkennbar werden lässt als KGV und KCV. Zu diesem Zweck – und darüber hinaus auch zur Bewertung von Aktien etablierter Unternehmen – lässt sich das Kurs-Umsatz-Verhältnis (KUV), im Englischen *Price-to-Sales-Ratio* (PSR) genannt, heranziehen.

Das KUV errechnet sich durch die Division des Aktienkurses durch den Umsatz einer Gesellschaft je Aktie.

Alternativ lässt sich das KUV dadurch bestimmen, dass die Marktkapitalisierung eines Unternehmens – also der rechnerische Gesamtwert der in Umlauf befindlichen Aktien einer Aktiengesellschaft – zu dessen Jahresumsatz ins Verhältnis gesetzt wird.

Zieht man die zweite Formel zur Veranschaulichung der Berechnung des KUV heran, bedeutet dies für ein fiktives Beispiel Folgendes: Aktiengesellschaft A und Aktiengesellschaft B gehören derselben Branche an. Die Aktie von Unternehmen A hat einen Wert von 50 Euro. Die Gesamtzahl der frei im Umlauf befindlichen Aktien beträgt 1 Million, der Umsatz 25 Millionen Euro pro Jahr. Die Aktie von Unternehmen B hat dagegen einen Wert von 40 Euro. Die Gesamtzahl der frei im Umlauf befindlichen Aktien beträgt 1 Million, der Umsatz 10 Millionen Euro pro Jahr.

Berechnet wird die für die Bestimmung des KUV nötige Marktkapitalisierung durch die Multiplikation des Aktienkurses mit der gesamten Anzahl der frei im Umlauf befindlichen Unternehmensanteile. Das KUV von Unternehmen A wird nun dadurch berechnet, dass 50 Millionen Euro (Marktkapitalisierung) durch 25 Millionen Euro (Jahresumsatz) geteilt werden. Dies ergibt für Unternehmen A ein KUV mit dem Wert 2. Das KUV von Unternehmen B errechnet sich, indem man 40 Millionen Euro (Marktkapitalisierung) durch 10 Millionen Euro (Jahresumsatz) dividiert. Das KUV hat also den Wert 4.

Bei Anwendung der zuvor zuerst genannten Berechnungsmethode, die den Aktienkurs und den Umsatz einer Gesellschaft je Aktie für die Berechnung des KUV zugrunde legt, ergibt sich das gleiche Ergebnis.

Wie schon beim KGV und KCV gilt auch für das KUV bezüglich der Zahlenwerte folgende Grundregel: Je niedriger das KUV ist, desto günstiger erscheint eine Aktie im Vergleich zum Gesamtmarkt oder zu den Aktien von Konkurrenzunternehmen.

Für das vorgestellte Beispiel bedeutet dies: Die Aktie von Unternehmen A mit einem KUV von 2 erscheint für Anleger auf den ersten Blick attraktiver als die Aktie von Unternehmen B mit einem KUV von 4.

Jedoch sollten Anleger bedenken, dass ein auffallend niedriges KUV bisweilen auf die wirtschaftliche Schieflage eines Unternehmens hindeuten kann. Wenn der Kurs einer Aktie beispielsweise aufgrund eines Insolvenzantrages einbricht, kann dies dazu führen, dass der Wert des KUV stark sinkt.

Häufig geht man davon aus, dass Aktien mit einem KUV von unter 1 als günstig angesehen werden können.

Allerdings ist von einer isolierten und vorschnellen Betrachtung des KUV abzuraten. Der diesem zugrunde liegende Umsatz ist eine Größe, die von Branche zu Branche mitunter derart stark schwankt, dass es häufig sinnvoll ist, den Vergleich von Unternehmen mithilfe des KUV auf Aktiengesellschaften derselben Branche zu begrenzen.

Neben dem erwähnten Vorteil, dass das KUV auch für Unternehmen einen Bewertungsansatz liefern kann, die wenig oder keinen Gewinn erzielen, bietet die Einbeziehung des Umsatzes auch den Vorzug, dass dieser von Unternehmen kaum manipuliert werden kann.

Zudem kann das KUV für Anleger bei der Auswahl von Aktien eine Entscheidungshilfe darstellen: Wenn zwei etablierte Unternehmen etwa ein ähnliches Kurs-Gewinn-Verhältnis aufweisen, sich aber in ihrem KUV nennenswert unterscheiden, kann dies darauf hinweisen, dass die Aktie mit dem günstigeren KUV das bessere Investment darstellt.

Den genannten Vorteilen stehen auch Nachteile der Kennzahl gegenüber. Wie für das KGV und KCV gilt auch für das KUV die Einschränkung, dass es lediglich auf Basis von Werten vergangener Perioden sicher bestimmbar ist. Aus bereits bestehenden KUVs können weder Analysten noch Anleger die zukünftige Entwicklung von Unternehmen zuverlässig vorhersagen. Vielmehr sind die quartalsweise veröffentlichten Umsätze von Aktiengesellschaften und die darauf basierenden KUVs als Momentaufnahmen der Vergangenheit anzusehen. Erfahren Anleger die entsprechenden Zahlen aus den Medien, können sich Umsatz und Aktienkurs des Unternehmens längst erheblich geändert haben.

Die Unabhängigkeit des KUV vom Unternehmensgewinn hat zur Folge, dass diese Kennzahl keine hinreichende Aussage über die Profitabilität einer Aktiengesellschaft liefert. Wollen Investoren nachhaltig von steigenden Aktienkursen profitieren, kommen auf längere Sicht nur Unternehmen infrage, die wirtschaftlich gesund sind und Gewinne erwirtschaften. Doch Gewinne werden bei der Ermittlung des KUV nicht einbezogen.

Wie fatal dies sein kann, zeigte sich besonders klar während der sogenannten Dotcom-Blase. In dieser Zeit wurde das KUV häufig verwendet und lenkte etliche Anleger davon ab, dass viele der damals so begehrten Internet- und Softwarefirmen noch gar keine Gewinne erwirtschafteten und ihre Aktien teilweise erheblich überbewertet waren.

Dieses Beispiel zeigt deutlich, dass das KUV besonders in überhitzten Märkten allein keinesfalls genügt, um Aktien mithilfe der Fundamentalanalyse mit guter Erfolgsaussicht auf ihre Substanz zu prüfen.

Trotz mancher Schwächen sollte das KUV bei der Aktienbewertung nicht vernachlässigt werden. Nicht zu Unrecht sind etliche Experten davon überzeugt, dass es sich beim KUV um eine unterschätzte Kennzahl handelt. Der Umsatz gehört zum vollständigen Bild eines Unternehmens und ist ein Faktor, der bei der Aktienanalyse nicht ignoriert werden sollte.

Das Kurs-Buchwert-Verhältnis (KBV)

Eine wichtige und beliebte Kennzahl zur Bewertung von Aktien ist das Kurs-Buchwert-Verhältnis (KBV), im Englischen *Price-to-Book-Ratio* oder kurz P/B Ratio genannt.

Errechnet wird das KBV, indem der aktuelle Aktienkurs eines Unternehmens durch den Buchwert je Aktie dividiert wird.

Alternativ lässt sich das KBV auch errechnen, indem die Marktkapitalisierung durch das gesamte Eigenkapital eines Unternehmens dividiert wird.

Um das KBV zu verstehen, ist der Begriff Buchwert von zentraler Bedeutung. In diesem Zusammenhang entspricht der Buchwert dem Eigenkapital eines Unternehmens am Bilanzstichtag und enthält keine Verbindlichkeiten.

Beim Handel an der Börse kommt dem Eigenkapital eine große Bedeutung zu. Aufgrund von Angebot und Nachfrage kann es dabei zu Über- oder Unterbewertungen kommen. Diese lassen sich im besten Fall mithilfe des KBV schnell aufdecken, da es das Verhältnis von Aktienkurs zum Buchwert je Aktie angibt.

Schauen wir uns zur Veranschaulichung der Berechnung des KBV ein einfaches Beispiel an und beginnen mit der zweiten der genannten Berechnungsmethoden: Nehmen wir an, die Marktkapitalisierung einer Aktiengesellschaft beträgt 1 Milliarde Euro. Der Buchwert beziehungsweise Eigenkapitalwert dieses Unternehmens liegt hingegen bei 0,5 Milliarden Euro. Das KBV der Aktiengesellschaft errechnet sich dann, indem man 1 Milliarde Euro durch 0,5 Milliarden Euro dividiert. Dies ergibt ein KBV mit dem Wert 2.

Bei Anwendung der ersten der genannten Berechnungsmethoden, die den Aktienkurs eines Unternehmens und den Buchwert je Aktie für die Berechnung des KBV zugrunde legt, käme man auf das gleiche Ergebnis.

Wie bei den zuvor betrachteten Kennzahlen gilt auch beim KBV folgende Grundregel, die jedoch einigen Einschränkungen unterliegt: Je niedriger das KBV ist, desto günstiger erscheint eine Aktie im Vergleich zum Gesamtmarkt oder zu den Aktien von Konkurrenzunternehmen.

Ein KBV mit einem Wert von 1 kann für Anleger einen Fixpunkt der Orientierung darstellen, da Investoren in diesem Fall für 1 Euro Marktwert an der Börse rechnerisch 1 Euro Buchwert erhalten.

Kurs-Buchwert-Verhältnisse mit einem Wert unter 1 sind oftmals besonders interessant für Investoren, die gezielt nach unterbewerteten Aktien Ausschau halten. Liegt das KBV unter 1, notiert der Kurs unter dem tatsächlichen Substanzwert des Buchwertes. Aus Anlegersicht besteht in diesen Fällen bisweilen die Hoffnung, dass der Kurs mittelfristig steigen und sich wieder dem Buchwert annähern könnte.

Eine Garantie dafür gibt es allerdings nicht. Auf jeden Fall sollten Sie sich, wenn Sie sich für die Aktie einer Gesellschaft mit einem auffällig niedrigen KBV interessieren, gut über die Unternehmensprognosen informieren, um das Risiko einer bösen Überraschung zu reduzieren.

Ein KBV deutlich über 1 signalisiert eine hohe Bewertung und kann darauf hinweisen, dass der Markt große Erwartungen in die betreffenden Unternehmen setzt.

Vergleichsweise hohe KBVs finden sich häufig bei erfolgreichen Wachstumsunternehmen.

Neben dem dargestellten Vorteil, dass sich durch den Vergleich verschiedener Aktien mittels des KBV Über- oder Unterbewertungen von Wertpapieren im besten Fall schnell aufdecken lassen, spricht für diese Kennzahl ihre leichte Anwendbarkeit.

Doch wo Licht ist, ist auch Schatten. Das KBV unterscheidet sich hier nicht von KGV, KCV und KUV. Wie diese lässt sich auch das Kurs-Buchwert-Verhältnis nur sicher auf der Basis von bereits bestehenden Werten ermitteln. Die stets exakte Prognose künftiger KBVs ist selbst für versierte Analysten ein Ding der Unmöglichkeit.

Darüber hinaus kann die Aussagekraft des KBV durch verschiedene Bilanzierungsvorschriften und die Nichtberücksichtigung von stillen Reserven oder Lasten bei der Berechnung der Kennzahl eingeschränkt sein.

Eine weitere Schwäche der Kennzahl KBV liegt darin, dass immaterielle Vermögenswerte wie Markenrechte oder Patente, wie sie in der Technologiebranche häufig genutzt werden, im Gegensatz zu substanziellen Werten wie Immobilien, Maschinen, Büroausstattung oder Rohstoffen, die sich in Firmenhand befinden, nicht in die Kennzahl einbezogen werden.

Erst im Abgleich mit den KBV-Werten von vergleichbaren Unternehmen und anderen wichtigen Kennzahlen der Fundamentalanalyse kann das Kurs-Buchwert-Verhältnis seine größtmögliche Aussagekraft entfalten.

Um die Werte des KBV schnell besser einschätzen zu können, hilft bisweilen der Vergleich mit der Eigenkapitalrendite, die als nächste wichtige Kennzahl der Fundamentalanalyse in diesem Kapitel behandelt wird.

Trifft ein niedriges Kurs-Buchwert-Verhältnis auf eine beständig hohe Eigenkapitalrendite, besteht die Möglichkeit, dass Sie auf eine unterbewertete Aktie mit Wachstumspotenzial gestoßen sind.

Liegt hingegen ein hohes Kurs-Buchwert-Verhältnis in Verbindung mit einer niedrigen Eigenkapitalrendite vor, kann es sich um ein nicht zu unterschätzendes Warnsignal handeln.

Die Eigenkapitalrendite (EKR)

Bei der Eigenkapitalrendite beziehungsweise Eigenkapitalrentabilität (EKR), im Englischen *Return-on-Equity* (ROE) genannt, handelt es sich um eine Kennzahl der Fundamentalanalyse, die dem Zweck dient, die Ertragskraft von Firmen zu messen. Sie setzt den Gewinn zum Eigenkapital ins Verhältnis und wird üblicherweise in Prozent angegeben.

Man kann die Eigenkapitalrendite als Zinsertrag des Eigenkapitals auffassen. Sie hilft Anlegern dabei, zu erkennen, welche Verzinsung sie auf eingesetztes Kapital bekommen.

Zur Berechnung der EKR wird der Gewinn eines Unternehmens durch das Eigenkapital dividiert und das Ergebnis mit 100 multipliziert.

Schauen wir uns hierfür wieder ein Beispiel an: Ein Unternehmen erzielt einen Jahresgewinn von 10 Millionen Euro bei einem Eigenkapital von 100 Millionen Euro. Gemäß der genannten Formel ergibt sich in diesem Fall eine EKR von 10 Prozent.

Zwar gibt es kein genaues Idealmaß, bei dem die Eigenkapitalrendite liegen sollte. Doch sie sollte zumindest höher ausfallen als die Rendite von langfristigen Anlagen am sonstigen Kapitalmarkt.

Grundsätzlich ist eine hohe EKR erstrebenswert und weist häufig auf wirtschaftlich gut aufgestellte Unternehmen hin.

Die Frage, was eine hohe und was eine niedrige Eigenkapitalrendite ist, hängt stark von der jeweiligen Branche ab. Schon allein aus diesem Grund sollten Sie die EKR niemals als isolierten Wert betrachten, sondern nur für den Vergleich von Firmen derselben Branche heranziehen und mit anderen Kennzahlen abgleichen.

Als grobe Richtlinie für konkrete Zahlenwerte gilt: Es kann ein gutes Zeichen sein, wenn sich die Eigenkapitalrendite bei Unternehmen zwischen 10 und 20 Prozent bewegt.

Extrem hohe und niedrige Werte sollten Sie stets näher analysieren. Sehr hohe Eigenkapitalrenditen findet man oft bei Unternehmen mit äußerst geringem Eigenkapital. Zudem können sie ein Anhaltspunkt für eine unbeständige Ertragslage sein. Schreibt ein Unternehmen über mehrere Jahre Verluste, sinkt infolgedessen häufig das Eigenkapital. Erreicht dieses Unternehmen dann wieder die Gewinnzone, wirkt sich dies aufgrund des gesunkenen Eigenkapitals stärker auf die EKR aus als vor der Phase, in der die Verluste verzeichnet wurden. In diesem Fall kann die Eigenkapitalrendite suggerieren, dass ein Unternehmen bereits solider dasteht, als es eigentlich der Fall ist.

Eine besonders niedrige EKR kann ebenfalls verschiedene Ursachen haben. Beispielsweise kann es sein, dass der Jahresgewinn eines Unternehmens gering ausgefallen ist. Oder aber ein Unternehmen verfügt über sehr viel Eigenkapital, wobei dann zu hinterfragen ist, warum dieses Kapital nicht zumindest zu einem größeren Anteil für Investitionen genutzt wird.

Anleger sollten nicht nur einen kritischen Blick auf besonders hohe oder niedrige Eigenkapitalrenditen werfen, sondern auch auf die Kennzahl selbst, um kein eindimensionales Bild bei der Aktienanalyse zu bekommen.

In diesem Zusammenhang ist insbesondere zu bedenken, dass bei der Berechnung der EKR lediglich Gewinn und Eigenkapital eines Unternehmens ins Verhältnis gesetzt werden. Fremdkapital, ohne das Firmen selten arbeiten, wird in die Ermittlung der Eigenkapitalrendite nicht einbezogen. Auf den Gewinn eines Unternehmens kann das Fremdkapital aber maßgeblichen Einfluss haben und Investoren sollten stets darüber informiert sein, wie hoch eine Aktiengesellschaft verschuldet ist, deren Unternehmensanteile sie erwerben möchten. Aus diesem Grund sollten Sie beim Blick auf die EKR sicherheitshalber auch die Eigenkapitalquote, die als nächstes behandelt wird, prüfen.

In der Praxis der Unternehmensanalyse ist es darüber hinaus oftmals hilfreich, die Eigenkapitalrendite über einen längeren Zeitraum zu betrachten. Dadurch ist es leichter, festzustellen, ob sich die Ertragskraft eines Unternehmens dauerhaft auf einem hohen Niveau befindet oder ob die EKR nur durch momentane Ereignisse oder einmalige Effekte beeinflusst wird.

Die Eigenkapitalquote (EKQ)

Bei der Eigenkapitalquote (EKQ), im Englischen *Equity-to-Asset-Ratio* genannt, handelt es sich um eine Kennzahl der Fundamentalanalyse, die dabei helfen kann, die wirtschaftliche Stabilität und Finanzkraft von Unternehmen einzuschätzen. Sie beschreibt das Verhältnis des Eigenkapitals zum Gesamtkapital eines Unternehmens und wird üblicherweise in Prozent angegeben.

Zur Berechnung der Eigenkapitalquote wird das Eigenkapital eines Unternehmens durch dessen Gesamtkapital dividiert und das Ergebnis mit 100 multipliziert.

Gemäß dieser Formel kommt beispielsweise ein Unternehmen, das über ein Eigenkapital von 5 Millionen Euro und ein Gesamtkapital von 20 Millionen Euro verfügt, auf eine Eigenkapitalquote von 25 Prozent.

Ein hoher Eigenkapitalanteil ist oft ein Kennzeichen erfolgreicher, wirtschaftlich gesunder und konkurrenzfähiger Unternehmen und bringt für diese grundsätzlich viele Vorteile mit sich. Eine große Menge an Eigenkapital bedeutet in der Regel für eine Firma auch ein großes Maß an Unabhängigkeit von Fremdkapitalgebern. Eigenkapital steht auf unbefristete Zeit zur Verfügung und unterliegt zudem keinen Rückzahlungsverpflichtungen. Wenn reichlich Eigenkapital verfügbar ist, sorgt dies gemeinhin für eine gute Bonität, die wiederum die Verhandlungsposition gegenüber Geschäftspartnern oder Banken stärken kann. Zudem kann ein hoher Eigenkapitalanteil das Insolvenzrisiko verringern und Unternehmen auch über Dürreperioden wirtschaftlich schlechter Zeiten hinweghelfen.

Ein sehr hoher Eigenkapitalanteil kann allerdings auch Nachteile haben und beispielsweise die Eigenkapitalrentabilität verringern.

Die Untergrenze der Eigenkapitalquote liegt bei 0 Prozent, die Obergrenze bei 100 Prozent. Im ersten Fall hätte man es mit einem Unternehmen zu tun, das seine Geschäfte gänzlich ohne Eigenkapital, im zweiten Fall dagegen vollständig durch Eigenkapital finanziert.

Je nach Region und Branche können Eigenkapitalquoten unterschiedlich hoch beziehungsweise niedrig ausfallen, was bereits zeigt, dass Sie auch diese Kennzahl der Fundamentalanalyse niemals isoliert betrachten sollten.

In Deutschland betrug die durchschnittliche Eigenkapitalquote der mittelständischen Unternehmen im Jahr 2020 beispielsweise 30,1 Prozent. Sie liegt in Deutschland in einem verhältnismäßig niedrigen Bereich. Dies hängt unter anderem mit der traditionellen Kreditfinanzierung mittelständischer Unternehmen durch Raiffeisenbanken, Sparkassen und private Geschäftsbanken zusammen. Der Kapitalmarkt hingegen, der Firmen beispielsweise über die Ausgabe von Aktien an Investoren zur Beschaffung von Eigenkapital dienen kann, ist in Deutschland im Vergleich zu Ländern wie den USA weniger stark ausgeprägt.

Auch wenn es keine verbindlichen Richtwerte für eine optimale Eigenkapitalquote gibt und diese zum Beispiel von Branche zu Branche schwanken kann, gibt es gewisse Anhaltspunkte, ab welchem Wert das Eigenkapital eine solide Geschäftsgrundlage bildet: Eine EKQ unter 10 Prozent kann als schwach angesehen werden. In diesen Fällen arbeitet ein Unternehmen mit mehr als 90 Prozent geliehenem Kapital und im Ernstfall sind die Reserven äußerst dünn.

Sind Sie an der Aktie eines Unternehmens interessiert, dessen Eigenkapitalquote unter 20 Prozent liegt, ist es empfehlenswert, nach guten Gründen zu suchen, warum die Quote nicht höher liegt. Möglicherweise hat das Unternehmen gerade erfolgreich eine schwerere Krise gemeistert, hat dafür einen Teil seines Eigenkapitals verbraucht und erzielt bereits wieder Gewinne. Gibt es derartige Gründe nicht, nehmen Sie im Zweifelsfall lieber Abstand von einem Kauf der entsprechenden Aktie.

Ist die Eigenkapitalquote größer als 30 Prozent, geht man heutzutage häufig davon aus, dass die betreffenden Unternehmen ihre Geschäfte auf einer soliden finanziellen Grundlage tätigen. Dabei handelt es sich nur um einen Richtwert, nicht um eine Garantie.

Ein entscheidender Vorteil der Kennzahl liegt darin, dass sie Anlegern relativ schnell einen ersten Eindruck von der wirtschaftlichen Stabilität und Finanzkraft eines Unternehmens verschaffen kann.

Eine hohe Eigenkapitalquote ist oft ein Anzeichen für ein gewisses Maß an finanzieller Stabilität in einem Unternehmen. Da dieser Aspekt für viele Investoren eine bedeutende Rolle spielt, kommt der EKQ bei der Aktienbewertung eine wichtige Funktion zu.

Jedoch ist zu bedenken, dass der Einsatz von Fremdkapital die bereits als Kennzahl vorgestellte Eigenkapitalrendite steigern kann.

Die Hebelwirkung des Fremdkapitals auf die Eigenkapitalrendite beschreibt der sogenannte Leverage-Effekt oder Hebeleffekt, wobei der Begriff *leverage* aus dem Englischen ins Deutsche übersetzt *Hebelwirkung* bedeutet.

In einem gewissen Rahmen lassen sich Schulden zugunsten des wirtschaftlichen Erfolgs nutzen.

Stark an Gewicht verlieren kann die Aussagekraft der Eigenkapitalquote, wenn Anleger bei der Analyse nicht von Region zu Region und Branche zu Branche unterscheiden und die Betriebsgröße sowie die Rechtsform des jeweiligen Unternehmens ebenfalls nicht in die Überlegungen einbeziehen.

Hinsichtlich der Unternehmensform ist zu bedenken, dass sich das Eigenkapital von Einzelunternehmen, Offenen Handelsgesellschaften oder Kommanditgesellschaften nicht ohne Weiteres mit dem von Kapitalgesellschaften wie einer GmbH oder einer Aktiengesellschaft vergleichen lässt. Bei den erstgenannten Unternehmensformen wird die Haftungsfunktion des in der Unternehmensbilanz ausgewiesenen Eigenkapitals durch die persönliche und unbeschränkte und somit auch das Privatvermögen umfassende Haftung des oder der jeweiligen Unternehmer ergänzt.

Dazu kommt, dass die beiden der Berechnung der Eigenkapitalquote zugrunde liegenden Größen Eigenkapital und Gesamtkapital von Unternehmen in ihren Bilanzen ohne allzu große Schwierigkeiten zu den eigenen Gunsten beeinflusst werden können.

Die Nachteile der EKQ machen erneut deutlich, dass stets mehrere Kennzahlen nötig sind, um bei der Aktienanalyse ein umfassendes Bild zu erhalten.

Der Verschuldungsgrad

Für etliche Anleger ist es bei der Aktienauswahl von Interesse, sich vor dem Kauf zur Absicherung auch über die Finanzierungsstruktur beziehungsweise Verschuldung eines Unternehmens zu informieren. Dabei kann eine Kennzahl der Fundamentalanalyse helfen, die mit dem Begriff Verschuldungsgrad bezeichnet wird.

Die Berechnung dieser Kennzahl ist nicht einheitlich: Man kann zwischen dem *statischen und dem dynamischen* Verschuldungsgrad unterscheiden.

Der statische Verschuldungsgrad bezeichnet das Verhältnis des Fremdkapitals zum Eigenkapital eines Unternehmens und wird üblicherweise in Prozent angegeben. Der Begriff statisch rührt daher, dass bei der Berechnung der Kennzahl zwei Bilanzwerte zu einem Stichtag in Beziehung gesetzt werden.

Gehen wir beispielsweise davon aus, dass ein Unternehmen auf einen Fremdkapitalanteil von 400 Millionen Euro kommt, während der Eigenkapitalanteil bei 200 Millionen Euro liegt. Der Verschuldungsgrad errechnet sich auf Grundlage dieser Werte wie folgt: 400 Millionen Euro werden durch 200 Millionen Euro dividiert und das Ergebnis mit 100 multipliziert. Dies ergibt ein Ergebnis von 200 Prozent.

Je höher der statische Verschuldungsgrad liegt, desto mehr Fremdkapital verwendet ein Unternehmen im Verhältnis zum Eigenkapital.

Je niedriger er ausfällt, desto höher ist die Eigenkapitalfinanzierung.

Steigt der Verschuldungsgrad, steigen mit ihm tendenziell auch die Risiken. Jedoch kann seine Erhöhung infolge des bereits erwähnten Leverage-Effektes bis zu einem gewissen Grad auch die Eigenkapitalrentabilität steigern.

Zwar ist es so gut wie unmöglich, einen allgemeingültigen Wert für einen optimalen statischen Verschuldungsgrad festzulegen, der für jedes Unternehmen in jeder Branche verbindlich wäre. Aber als Leitlinie zur schnellen Einschätzung kann die sogenannte 2:1-Regel verwendet werden: Ihr zufolge sollte das eingesetzte Fremdkapital höchstens doppelt so hoch ausfallen wie das Eigenkapital.

Wenn Unternehmen diesen Grad der Verschuldung klar überschreiten, steigt die Abhängigkeit von Geldgebern in der Regel auf ein ungutes Maß, während die Wahrscheinlichkeit sinkt, schwerere Krisen und Herausforderungen erfolgreich zu bewältigen.

Das Unternehmen aus dem gerade angeführten fiktiven Beispiel läge gemäß der 2:1-Regel direkt an der Obergrenze dessen, was an Verschuldungsgrad gerade noch akzeptabel erscheint.

Allerdings ist die 2:1-Regel Einschränkungen unterworfen: Es gibt Firmen, die einen deutlich höheren Verschuldungsgrad aufweisen und dennoch als wirtschaftlich gesund angesehen werden.

Dies kann beispielsweise der Fall sein, wenn Unternehmen wie Banken und Versicherungen als Geschäftsmodell mit dem Geld anderer arbeiten. So wies der bekannte und im Deutschen Aktienindex gelistete Allianz-Konzern 2016 einen Verschuldungsgrad von 1.155,54 Prozent auf. Bei Banken und Versicherungen wird das Geld Dritter, mit dem diese Unternehmen arbeiten, in den Bilanzen als Fremdkapital verbucht. Dadurch steigt der Verschuldungsgrad naturgemäß erheblich an.

Als Kennzahl kann der statische Verschuldungsgrad nicht nur für Investoren von Nutzen sein, die mit seiner Hilfe das Risiko einer Anlage abschätzen möchten. So ist es für Kreditinstitute hilfreich, das Verhältnis von Fremdkapital zu Eigenkapital zur Risikobewertung zu benutzen.

Auch Unternehmen selbst können die Kennzahl zu ihrem Vorteil verwenden, indem sie mit ihrer Hilfe den Grad ihrer Verschuldung überwachen.

Neben dem Nutzen verbinden sich mit der Kennzahl des statischen Verschuldungsgrades auch einige Schwächen. So gilt es beispielsweise zu bedenken, dass für eine genaue Berechnung der Kennzahl eine präzise Trennung zwischen Fremd- und Eigenkapital vorzunehmen ist. Jedoch ist nicht immer eindeutig, welche Bilanzpositionen als Fremdkapital und welche als Eigenkapital einzuordnen sind.

Darüber hinaus birgt eine von anderen wichtigen Kennzahlen isolierte Betrachtung des statischen Verschuldungsgrades das Risiko, dass Unternehmen mit einem erhöhten Verschuldungsgrad vorschnell aussortiert werden, obwohl andere Daten Potenzial für ein gutes Investment andeuten.

Die Kennzahl Verschuldungsgrad ist eher darauf fokussiert, Risiken und nicht Chancen aufzudecken. Sie allein ist kein hinreichender Indikator, um die strukturelle Qualität von Unternehmen zu bewerten. Es ist ratsam, den aktuellen statischen Verschuldungsgrad mit Daten aus der Vergangenheit und mit der Konkurrenz zu vergleichen, um bei der Aktienanalyse einen differenzierten Eindruck zu erhalten.

Ein solch differenzierter Eindruck lässt sich mit Hinblick auf das Thema Verschuldung dadurch vertiefen, dass Sie zusätzlich zum statischen Verschuldungsgrad auch den dynamischen prüfen.

Im Gegensatz zum statischen bezieht die dynamische Variante mit dem Cashflow eine Stromgröße in die Berechnung ein. Dabei ist darauf zu achten, dass es wie bereits dargestellt verschiedene Arten des Cashflows gibt.

Zur Berechnung des dynamischen Verschuldungsgrades wird das Fremdkapital durch den Cashflow dividiert.

Alternativ werden vom Fremdkapital vor der Berechnung zunächst die liquiden Mittel, also die umgehend zur Zahlung zur Verfügung stehenden Vermögenswerte eines Unternehmens, abgezogen. Daraus ergibt sich die sogenannte Effektiv-Verschuldung. In dieser Variante der Berechnung wird die Effektiv-Verschuldung durch den Cashflow dividiert, um den dynamischen Verschuldungsgrad zu erhalten.

Die Kennzahl des dynamischen Verschuldungsgrades gibt Auskunft darüber, wie lange ein Unternehmen benötigt, um aus dem Cashflow die eigenen Schulden zu tilgen. Dies setzt voraus, dass der gesamte

Cashflow zur Schuldentilgung verwendet wird und dieser über die folgenden Jahre gleich bleibt.

Gehen wir zur Veranschaulichung davon aus, dass ein Unternehmen laut Jahresbilanz ein Fremdkapital in Höhe von 90 Millionen Euro und einen operativen Cashflow von 30 Millionen Euro aufweist. Auf Basis dieser Daten errechnet sich der dynamische Verschuldungsgrad, indem man 90 Millionen Euro durch 30 Millionen Euro dividiert. Das Ergebnis lautet 3.

Dieses Ergebnis sagt aus, dass das betreffende Unternehmen drei Jahre brauchen würde, um seine Schulden aus dem Cashflow heraus zu tilgen – vorausgesetzt, es verwendet den kompletten Cashflow zur Schuldentilgung und dieser bleibt über die kommenden Jahre konstant.

Nicht nur für Banken, sondern auch für Anleger ist es bedeutend, die Ergebnisse, die die Berechnung des dynamischen Verschuldungsgrades liefert, interpretieren zu können. Zwar ist die genaue Deutung der Werte stets auch von der Branche, der Tragfähigkeit des Geschäftsmodells und den künftigen Perspektiven des jeweiligen Unternehmens abhängig. Aber es gibt dennoch bestimmte Richtwerte, die dabei helfen, diese Kennzahl richtig einzuschätzen: Häufig wird ein dynamischer Verschuldungsgrad mit einem Wert von 0 bis 3 als sehr gut eingeordnet, einer mit einem Wert von 3 bis 5 als gut, einer mit einem Wert von 5 bis 11 als durchschnittlich und einer mit einem Wert über 11 als schlecht.

Je niedriger der Wert des dynamischen Verschuldungsgrades ist, desto schneller kann ein Unternehmen seine Schulden tilgen.

Als Kennzahl lässt der dynamische Verschuldungsgrad nicht nur Schlüsse auf die Verschuldung eines Unternehmens zu. Im Gegensatz zur statischen Variante hat er den Vorteil, dass in die Berechnung mit dem Cashflow eine Größe einbezogen wird, die entscheidenden Einfluss auf die Tilgungsdauer hat. Unternehmen mit einem sehr hohen

Cashflow verkraften eine verhältnismäßig hohe Schuldenquote in der Regel deutlich besser als Firmen mit einem niedrigen Cashflow.

Allerdings macht die Einbeziehung des Cashflows die Handhabung des dynamischen Verschuldungsgrades für Anleger ein stückweit kompliziert, da gerade auch mit Blick auf die Werte von Konkurrenzunternehmen immer darauf zu achten ist, welche Art des Cashflows in die Berechnung der Kennzahl einbezogen wird.

Problematisch ist zudem: Die dargestellte Interpretation der Zahlenwerte des dynamischen Verschuldungsgrades setzt voraus, dass das jeweilige Unternehmen den gesamten Cashflow zur Schuldentilgung nutzt und dieser über die folgenden Jahre gleich bleibt.

Da der Cashflow aus vergangenen Perioden keine Auskunft über die zukünftige Entwicklung dieser Größe geben kann, stößt die Aussagekraft des dynamischen Verschuldungsgrades schnell an ihre Grenzen, wenn sich am Cashflow nennenswerte Veränderungen ergeben, die das gesamte Bewertungsszenario in einem anderen Licht erscheinen lassen.

Nicht nur aus diesem Grund ist es empfehlenswert, den dynamischen Verschuldungsgrad als eine bei der Aktienanalyse häufig wertvolle Momentaufnahme zu sehen, die in der statischen Variante eine gute Ergänzung findet.

Vorteile und Nachteile der Fundamentalanalyse

Nicht ohne Grund zählt die Fundamentalanalyse zu den bedeutendsten Arten der Aktienanalyse.

Ein wesentlicher Vorteil dieser Methode liegt darin, dass sie auf Finanzdaten beruht, die für Anleger in ihrer Berechnung gut nachvollziehbar sind. Diese Daten lassen kaum Spielraum für persönliche Vorurteile oder Meinungen und bieten daher eine gute Grundlage für rationale Entscheidungen.

Zudem hilft die Fundamentalanalyse mit ihren wichtigen Kennzahlen dabei, gezielt aussagekräftige Daten und Informationen zu sammeln.

Eine weitere Stärke der Fundamentalanalyse liegt darin, dass sie durch das Bestreben, den angemessenen Börsenkurs von Wertpapieren zu ermitteln, einen nachhaltigen Ansatz verfolgt. Wird dieser konsequent verfolgt und richtig umgesetzt, ermöglicht er Anlegern ein vertieftes Verständnis der Substanz eines Unternehmens und seiner Aktien.

So entsteht im Idealfall ein Vorteil gegenüber kurzfristigen, nur auf der Annahme eines bestimmten Trends getroffenen Kauf- oder Verkaufsentscheidungen und ein langfristigerer Blick auf den Markt, eine Branche oder ein Unternehmen.

Gerade unerfahrenen Anlegern kann die Methode der Fundamentalanalyse mit ihrer Nachhaltigkeit einen Ankerpunkt bieten, der sie ein gutes Stück davon unabhängig macht, krampfhaft nach dem idealen Einstiegs- oder Ausstiegszeitpunkt für ein Aktieninvestment zu suchen.

Jedoch liegt gerade in der langfristigen Sicht auf den Markt, für die die Fundamentalanalyse steht, auch ein Nachteil. Denn die Ergebnisse dieser Methode sind kaum dafür geeignet, eine tragfähige Grundlage für kurzfristige Entscheidungen zu bilden, mit deren Hilfe man beispielsweise von einsetzenden oder zu erwartenden Trends profitieren könnte.

Eine weitere Grenze, an die die Fundamentalanalyse stößt, entsteht dadurch, dass sich kommende Entwicklungen an der Börse nicht präzise vorhersagen lassen. Wie sich in diesem Kapitel immer wieder gezeigt hat, ist es nicht sinnvoll, sich als Anleger blind auf für künftige Perioden prognostizierte fundamentale Daten zu verlassen. Diese können, müssen aber keinesfalls einen Hinweis darauf geben, wie sich die betreffenden Aktien in Zukunft entwickeln werden.

Darüber hinaus hat die in diesem Kapitel angestellte Erläuterung der bedeutenden Kennzahlen der Fundamentalanalyse aufgezeigt, dass jede von diesen Stärken und Schwächen hat und Unternehmen bisweilen Möglichkeiten besitzen, fundamentale Daten in ihrem Sinne zu beeinflussen.

Wenn Sie erfolgreich und nachhaltig an der Börse investieren wollen, ist es hilfreich, Kennzahlen wie das KGV, KCV, KUV oder KBV nicht als Gegenspieler, sondern als sich ergänzende Indikatoren für den Wert einer Aktie anzusehen. Zusammengenommen bilden sie im Idealfall ein Erfolg versprechendes Team, das Ihr Team für den Erfolg an der Börse werden kann.

Doch um das Potenzial dieses Teams voll auszuschöpfen, braucht es etwas, das im 21. Jahrhundert eine rare Währung geworden ist: Es braucht Zeit! Zeit, um sich näher mit vielversprechenden Aktien zu beschäftigen und unter diesen zunächst eine Vorselektion zu treffen. Zeit, um sich mit der Methode der Fundamentalanalyse vertraut zu machen. Zeit, um die wichtigsten Kennzahlen von Aktien zu recherchieren, zu analysieren und zu interpretieren.

Manche Menschen empfinden es als Nachteil der Fundamentalanalyse, dass diese mitunter zeitaufwendig ist. Doch die aufzuwendende Zeit verringert sich mit zunehmender Routine deutlich, kann Ihnen dabei helfen, unterbewertete von überbewerteten Aktien zu unterscheiden und ist deshalb gut angelegt. Denn wie so oft im Leben gilt auch an der Börse das Motto: Ohne Fleiß kein Preis!

Aktien kaufen leicht gemacht: Von der Theorie zur Praxis

„Das ist ein kleiner Schritt für einen Menschen, aber ein riesiger Sprung für die Menschheit." Neil Armstrong wählte diese Worte, als er am 21. Juli 1969 als erster Mensch einen Fuß auf den Mond setzte.

Wenn Sie Ihre ersten Aktien erwerben möchten, mag dies für einen erfahrenen Anleger – als solcher kann man dieses Kapitel überspringen – nur wie ein kleiner Schritt erscheinen. Sie selbst aber betreten damit zum ersten Mal den Planeten Börse, der seine eigenen Gesetze besitzt.

Damit diese Mission wie die Mondlandung zu einem Erfolg wird, gilt es in der Praxis einige Aspekte zu berücksichtigen, die im Folgenden vorgestellt werden sollen und zusammengenommen einen Sprung in Richtung gesicherter Altersvorsorge ergeben können.

Der Fokus soll dabei auf die klassische Form des Aktienkaufs, die Einmalanlage, gerichtet sein. In einem zweiten Schritt wird eine Alternative hierzu vorgestellt werden, die es ermöglicht, auch solche Aktien ins Depot zu holen, deren Preis eigentlich das Investitionsvolumen überschreitet.

Bei beiden Varianten ist dabei ein Aspekt zu beachten, der für Anleger von großer Bedeutung ist, weil er unmittelbaren Einfluss auf die Rendite eines Investments hat: Die Nebenkosten.

Der Klassiker unter den Aktieninvestments: Die Einmalanlage

Wer an den Kauf von Aktien denkt, dem schwebt mit großer Wahrscheinlichkeit die klassische Variante vor: Die Einmalanlage. Das Prinzip, das dahintersteht, ist denkbar einfach: Man hat einen bestimmten Betrag, den man investieren möchte, und kauft dafür die gewünschten Aktien.

Doch so einfach dieses Vorgehen klingt, gilt es – gerade für Neulinge an der Börse – einiges zu bedenken. Die folgenden beiden Abschnitte stellen Ihnen einige Tipps vor, die auf dem Weg zur ersten eigenen Aktie hilfreich sein können.

Schritt für Schritt zur ersten Aktie

Wer Lebensmittel oder Kleidung kaufen möchte, weiß in der Regel, wohin er gehen muss. Ebenso ist meist klar, wie der Kaufvorgang vonstattengeht, der sich in diesen Fällen sehr einfach gestaltet.

Beim Kauf von Aktien ist in der Regel nicht nur die Entscheidung für oder gegen ein bestimmtes Produkt aufwendiger, sondern für Erstkäufer auch der Kaufvorgang selbst. Doch keine Sorge: Die folgenden sieben Schritte sollen Ihnen dabei helfen, dass der Kauf von Aktien früher oder später für Sie genauso selbstverständlich wird wie derjenige von Lebensmitteln oder Kleidung.

Die Darstellung bezieht sich dabei nicht nur auf Aktien, sondern versucht auch andere Wertpapiere einzubeziehen. Schließlich möchten Sie sich ja vielleicht nicht nur auf eine Form der Anlage beschränken.

Schritt 1: Eröffnen Sie ein Wertpapierdepot!

Um Geld in Aktien und andere Wertpapiere investieren und diese ordern zu können, müssen Sie ein Wertpapierdepot eröffnen.

In früheren Zeiten handelte es sich bei einem Wertpapierdepot um den Ort, an dem Anleger physisch aufgelegte Aktien lagerten, wie es beispielsweise in Banken möglich war. Heute werden Aktien elektronisch verwahrt. Dies ermöglicht es Ihnen, Aktien komfortabel online zu kaufen. Ihr Wertpapierdepot fungiert dabei als der zentrale Punkt, mit dessen Hilfe Sie zeitsparend den Überblick über Ihre Aktien behalten können.

Bei der Eröffnung eines Wertpapierdepots für den Aktienhandel erhalten Sie üblicherweise automatisch ein sogenanntes Verrechnungskonto. Über dieses werden Ihre Wertpapiergeschäfte abgerechnet. Dividenden oder andere Erträge aus dem Handel mit Wertpapieren werden zunächst dem Verrechnungskonto gutgeschrieben.

Bei der Depoteröffnung geben Sie ein Referenzkonto an, auf das dann sämtliche Beträge von Ihrem Verrechnungskonto überwiesen werden können.

Eröffnen können Sie Ihr Wertpapierdepot bei einer Filialbank, bei einer Onlinebank oder einem Online-Broker.

Broker wickeln die Transaktionen, also die Käufe oder Verkäufe von Wertpapieren, an einer Börse ab.

In früheren Zeiten wurden häufig die klassischen Filialbanken als Broker genutzt. Heutzutage bieten sich Online-Broker als komfortable Alternative an. Daher konzentriert sich die folgende Darstellung auf den Kauf von Wertpapieren bei letztgenannten.

Wer online seine Wertpapiere kauft, profitiert von einem erleichterten Ordervorgang.

Bei einer Order handelt es sich um einen Auftrag an einer Börse zum Kauf oder Verkauf von Wertpapieren.

SCHRITT 2: WÄHLEN SIE EIN WERTPAPIER AUS!

Ist Ihr Wertpapierdepot erst einmal eingerichtet, werden Sie früher oder später den ersten Kauf in Angriff nehmen. Dann stellt sich die Frage: Wie finden Sie das passende Anlageprodukt bei Ihrem Anbieter?

An dieser Stelle soll es nicht um die strukturelle Entscheidung für oder gegen ein Wertpapier gehen, wie sie sich etwa im Falle von Aktien mithilfe der Fundamentalanalyse treffen lässt, sondern um die Suche nach einem konkreten Produkt bei Ihrem Broker.

Jedes Wertpapier verfügt über eine deutsche und eine internationale Nummer, mit deren Hilfe es eindeutig identifiziert werden kann. Dabei handelt es sich zum einen um die deutsche Wertpapierkennnummer (WKN), zum anderen um die *International Securities Identification Number* (ISIN). Wenn Sie eine dieser Kennungen in die Wertpapiersuche Ihres Brokers eingeben, schafft dies die Voraussetzung dafür, dass Sie das richtige Produkt erwerben.

Bedenken sollten Sie, dass sich nicht jedes Wertpapier bei jedem Broker kaufen lässt. Prüfen Sie daher vor einem Depotabschluss, ob Sie die gewünschten Wertpapiere auch über das jeweilige Depot kaufen können.

SCHRITT 3: LEGEN SIE DEN HANDELSPLATZ FEST!

Nachdem Sie die konkrete Auswahl eines Wertpapiers vollzogen haben, suchen Sie den Handelsplatz aus, über den Sie kaufen wollen.

Handelsplätze können Präsenzbörsen, elektronische Börsen oder auch außerbörsliche Handelsplätze sein. Der Broker zeigt die Handelsplätze an, an denen sich das gewählte Wertpapier erwerben lässt.

Die Kosten für die jeweilige Wertpapierorder können abhängig vom Angebot des Brokers je nach Handelsplatz differieren. Ein Vergleich lohnt sich also mitunter.

Schritt 4: Legen Sie das Ordervolumen beziehungsweise die Stückzahl fest!

Nach den bisherigen Schritten legen Sie fest, wie viele Aktien Sie kaufen möchten.

Wertpapiere haben bekanntlich einen aktuellen Kurs. Dieser legt fest, wie teuer ein einzelnes Wertpapier ist. Die Kurse von Wertpapieren sind Schwankungen unterworfen. Wenn Sie ein Wertpapier erwerben, geschieht dies in der Regel zu dem gerade gültigen Kurs.

Je nach Broker kann man vorgeben, wie viele Einzelaktien man erwerben oder welche Gesamtsumme man investieren möchte.

Schritt 5: Legen Sie eine Orderart und gegebenenfalls einen Orderzusatz fest!

Der Kauf und Verkauf von Wertpapieren wie Aktien ist heutzutage im Vergleich zu früher einfacher. Zugleich sind aber auch die Möglichkeiten beim Kauf, Verkauf und der Absicherung von Positionen zahlreicher geworden. Es gibt einige verschiedene Ordertypen und Orderzusätze, deren vollständige Behandlung weit über den Rahmen dieses Buches hinausführte.

Einfache Orderarten sind die sogenannte Market-Order und die Limit-Order. Bei der Market-Order handelt es sich um eine weitverbreitete und häufig sogar voreingestellte Art von Kauf- und Verkaufsaufträgen. Market-Orders werden zum nächstmöglichen Preis ausgeführt. Dies kann den Nachteil mit sich bringen, dass sich der Kurs, wenn er gerade Schwankungen unterliegt, im Moment des Kaufs oder Verkaufs ungünstig verändert.

Eine Limit-Order wird nicht zum nächstmöglichen Zeitpunkt ausgeführt, sondern nur zu einem von Ihnen festgelegten Preis. Eine Limit-Order ist besonders für Aufträge geeignet, bei denen nicht der Ausführungszeitpunkt das entscheidende Kriterium ist, sondern der Kauf- oder Verkauf zu Ihrem Wunschpreis. Eine Limit-Order senkt besonders bei Wertpapieren mit starken Kursschwankungen das Risiko von finanziellen Verlusten.

Daneben gibt es eine ganze Reihe von Orderzusätzen, die Börsengeschäfte in die gewünschte Richtung lenken sollen. In Bezug auf die Gültigkeit lassen sich beispielsweise tagesgültige (Good-for-day), bis zu einem bestimmten Datum gültige (Good-for-date) oder unbefristet gültige (Good-till-cancel) Orderzusätze unterscheiden.

Anleger sollten bedenken, dass auch letztgenannte nach längerer Zeit ablaufen können.

Schritt 6: Prüfen Sie den Gesamtpreis!

Vor dem Absetzen der Order wird Ihnen der Gesamtpreis angezeigt. In dieser Kostenübersicht werden neben den Orderkosten auch Zusatzgebühren dargestellt, die für Aufträge anfallen.

Manche Broker informieren zusätzlich über die zukünftigen Verkaufskosten und etwaige laufende Gebühren, die anfallen können, wenn Sie das betreffende Wertpapier im Depot halten.

In der Kostenübersicht sollten Sie final überprüfen, ob wirklich alle Angaben korrekt sind.

Schritt 7: Schicken Sie die Order ab!

Nach der abschließenden Prüfung des Gesamtpreises und aller relevanten Angaben können Sie Ihren Orderauftrag verbindlich ausführen. Das läuft je nach Anbieter über spezifische Verifizierungsmethoden, bei denen es sich um zusätzliche Sicherheitsvorkehrungen handelt. Diese sollen sicherstellen, dass sich keine Unbefugten Ihres Depots bemächtigt haben.

Die Nebenkosten beim Kauf von Aktien

Egal ob im Supermarkt, an der Tankstelle, beim Friseur, im Fußballstadion oder beim Erwerb eines Eigenheims: Wir sind es gewohnt, für den Erhalt einer Ware oder Dienstleistung zu bezahlen. Ein bekanntes Sprichwort bringt es auf den Punkt: „Nichts im Leben ist umsonst, nur der Tod – und der kostet das Leben." Dieser Umstand ist so selbstverständlich, dass sich die meisten Menschen freuen, ja vielleicht sogar ungläubig verwundern, wenn Sie einmal etwa geschenkt bekommen, womit sie nicht gerechnet haben.

Dass es Aktien nicht umsonst an der Börse zu kaufen gibt, versteht sich von allein. Doch die Aktien selbst sind nicht das Einzige, was Käufer beim Kauf – und auch Verkauf von Aktien – bezahlen müssen. Das überrascht kaum, wenn man bedenkt, dass Aktien nicht von selbst in die Depots von Anlegern wandern, sondern diesen Weg nur mithilfe Dritter dorthin finden.

Anleger müssen eine Reihe von Kosten berücksichtigen, die beim Kauf und Verkauf von Aktien anfallen können. Es handelt sich dabei um:

- Depotgebühren,
- Ordergebühren,
- Variable Zusatzkosten,
- Spread sowie
- Steuern.

Depotgebühren

Bei Depotgebühren, die auch als Depotführungsgebühren bezeichnet werden, handelt es sich um Grundbeträge, die meist monatlich vom Verrechnungskonto abgezogen werden.

Heutzutage verzichten viele Onlinebanken und Online-Broker auf Depotgebühren.

Ordergebühren

Bei jeder Order, also einem An- oder Verkauf von Wertpapieren, müssen Sie zusätzliche Gebühren zahlen, die sogenannten Ordergebühren.

Die Ordergebühr kann aus drei Komponenten bestehen: einer Ordergrundgebühr, einer variablen Gebühr und einer Handelsplatzgebühr.

Bei der Ordergrundgebühr handelt es sich um einen vom Broker festgelegten fixen Betrag, den Anleger pro Order zu bezahlen haben.

Variable Gebühren werden anteilig zur Höhe der jeweiligen Transaktion abgerechnet.

Die Höhe der Handelsplatzgebühr hängt maßgeblich von dem Börsenplatz ab, an dem der jeweilige Handel stattfindet.

Nicht alle Anbieter bestehen auf eine Ordergebühr, die aus allen drei genannten Komponenten besteht.

Variable Zusatzkosten

Fallen weitere Dienstleistungen an, können Broker dafür variable Zusatzkosten verlangen. So kann es beispielsweise bei Stop-Loss-Instrumenten der Fall sein.

Spread

Der sogenannte Spread (englisch für *Spanne* oder *Differenz*) bezeichnet unter anderem die Differenz zwischen dem An- und Verkaufspreis von Wertpapieren. Der Ankaufspreis von Produkten, die an der Börse gehandelt werden, liegt stets etwas höher als der aktuelle Kurs, der Verkaufspreis etwas darunter. An dieser zumeist geringen Differenz verdienen die Händler. Je kleiner der Spread ausfällt, desto vorteilhafter ist es für Anleger.

Steuern

Seit dem Jahr 2009 wird auf Kapitaleinkünfte die an anderen Stellen bereits erwähnte Abgeltungssteuer fällig. Sie schlägt mit 25 Prozent zu Buche.

Hinzu kommt der Solidaritätszuschlag in Höhe von 5,5 Prozent der zu zahlenden Abgeltungssteuer und gegebenenfalls Kirchensteuer.

Alternative auch für kleinere Anlagebeträge: Der Aktiensparplan

Die Begriffe ETF-Sparplan und Fondssparplan sind Ihnen bestimmt schon einmal begegnet, wenn Sie sich bereits intensiver mit dem Thema Geldanlage befasst haben. Doch wussten Sie, dass es auch Aktiensparpläne gibt?

Mit diesen investieren Anleger regelmäßig, zum Beispiel monatlich, einen bestimmten Betrag in die Aktie eines Unternehmens. Die Sparrate wird dabei automatisch investiert, egal wo der Kurs der gewählten Aktie bei Fälligkeit der Sparrate gerade steht. Die erworbenen Aktien können jederzeit verkauft werden.

Viele Broker bieten Aktiensparpläne an, wobei nicht bei allen Anbietern ein Sparplan bei allen Aktien möglich ist.

Als Argument für Sparpläne wird gerne der sogenannte Cost-Average-Effekt angeführt. Diesem zufolge sollen Anleger, die in regelmäßigen Abständen einen gleichbleibenden Betrag in ein Anlageprodukt investieren, von einem Durchschnittspreis profitieren: Bei niedrigeren Kursen werden bei gleichem Investitionsvolumen mehr Anteile, bei höheren Kursen aber weniger Anteile erworben. Somit kaufen die Anleger die Anteile zu einem Durchschnittspreis, der über dem günstigsten Preis des betrachteten Zeitraumes, aber gleichzeitig auch unter dem ungünstigsten Preis liegt. Auf diese Weise wird das Problem der Suche nach dem richtigen Einstiegszeitpunkt durch die Verteilung der Anlage auf einen längeren Zeitraum gelöst.

Der Nutzen des Cost-Average-Effektes ist aus verschiedenen Gründen umstritten. Er kann zwar Risiken minimieren, gleichzeitig aber auch Chancen. Dies sollten Sie als Anleger bedenken, bevor Sie sich entscheiden, mittels eines Sparplans in Aktien zu investieren.

Ungeachtet dessen gibt es gute Argumente, die für die Variante des Sparplans sprechen: So kann dieser auch solchen Anlegern ein Engagement in Einzelaktien ermöglichen, deren Anlagebetrag für den Kauf des entsprechenden Titels nicht ausreicht oder zu gering für sinnvolle Einmalanlagen in Aktien ist (dazu an späterer Stelle mehr).

Zudem sind die Sparraten einfach in die laufenden Ausgaben einplanbar und zwingen Anleger gewissermaßen zum Sparen, da die Sparraten nicht ungeplant und unbedacht für etwas anderes ausgegeben werden können.

Ein weiterer Vorteil besteht darin, dass Aktiensparpläne Anlegern große Flexibilität bieten. So lässt sich etwa die Höhe des Sparbetrags selbst bestimmen. Je nach den Konditionen des Brokers können Anleger bereits ab einem Betrag von einem Euro in die ausgewählte Aktie investieren. Auch das Sparintervall kann nach Bedarf gewählt und der Sparplan jederzeit an die persönliche finanzielle Situation angepasst werden, etwa durch eine Änderung der festgelegten Sparrate oder das komplette Aussetzen des Sparens.

Das gewichtigste Argument, das für Einmalanlagen – und gegen Sparpläne – spricht, besteht wohl in der Chance auf eine gute Performance, wenn man bei der Geldanlage einen günstigen Einstiegszeitpunkt wählt.

Gleichzeitig kann diese Chance aber auch Risiken mit sich bringen, und zwar dann, wenn man einen ungünstigen Einstiegszeitpunkt wählt.

Bevor Sie sich für oder gegen einen Sparplan entscheiden, sollten Sie sich auch mit dessen Kosten auseinandersetzen. Etliche Anbieter verlangen Gebühren für die Ausführung eines Aktiensparplans. Diese können von Fall zu Fall unterschiedlich sein.

Allerdings gibt es bei etlichen Anbietern auch kostenlose Aktiensparpläne.

Diversifizierung inklusive: Aktienfonds und ETFs als Alternativen zu Einzelaktien

Vorurteile und Diskriminierung sind (noch immer) weit in unserer Gesellschaft verbreitet und richten sich nicht selten gegen ganze Bevölkerungsgruppen. Dass Ausländer kriminell seien, Frauen schlecht Auto führen oder Männer nicht emotional seien, sind nur einige Beispiele für typische Vorurteile.

Noch eine weitere bedeutende Gruppe unserer Gesellschaft hat mit Vorurteilen und Diskriminierung zu kämpfen: Aktien! Eines der wichtigsten Vorurteile dieser Form der Anlage gegenüber lautet dabei, dass sie zu risikoreich sei. Einer im Juli und August 2022 unter 2.000 Deutschen durchgeführten repräsentativen Studie der Initiative Aktion pro Aktie zum Thema Aktienkultur in Deutschland zufolge definieren nur 14 Prozent der Deutschen Aktien als sichere Geldanlage.

Gewiss wird diese Sicht der Dinge dazu beitragen, dass die Deutschen nach wie vor regelrechte Aktienmuffel sind. So nutzen denn der zuvor genannten Studie zufolge nur rund 15 Prozent der Teilnehmer Einzelaktien als Geldanlage.

Wer eine Anlage in Einzelaktien kategorisch ablehnt oder sich vorerst noch nicht bereit dazu fühlt, kann auf zwei andere Formen von Anlageprodukten zurückgreifen, die es Anlegern ermöglichen, an den Vorzügen von Aktien teilzuhaben, ohne diese direkt erwerben zu müssen: Die Rede ist von Aktienfonds und Exchange Traded Funds, die den meisten besser unter der Abkürzung ETFs bekannt sein dürften. Diese beiden Anlageprodukte sollen im Folgenden näher betrachtet werden – allein schon deshalb, weil abseits falscher Vorurteile Einzelaktien gegenüber gute Gründe für ein Investment in Aktienfonds oder ETFs bestehen können.

Aktienfonds: Teure Klassiker

Wer möglichst viel von seiner Rente haben möchte, sollte möglichst lange möglichst rüstig bleiben.

Auch im Bereich der Aktienfonds finden sich rüstige Rentner: Der älteste in Deutschland zum Vertrieb zugelassene Investmentfonds ist der Pioneer Fund. Er wurde bereits im Jahr 1928 aufgelegt. Im Jahr 1950 wurde der erste deutsche Aktienfonds Fondak aufgelegt. Auch er existiert noch heute.

Die Idee der Fondsanlage reicht sogar noch weiter in die Vergangenheit zurück: Im Jahr 1774 legte der Amsterdamer Kaufmann Adriaan van Ketwich den ersten Fonds auf. Dieser trug den Namen Eendragt Maakt Magt – zu Deutsch *Eintracht macht stark* – und investierte in Anleihen aus Europa, den niederländischen Kolonien sowie aus Mittel- sowie Südamerika.

Wie die genannten Beispiele zeigen, sind Aktienfonds ein Klassiker unter den Anlageprodukten. So verwundert es denn auch kaum, dass der erwähnten Studie der Initiative Aktion pro Aktie aus dem Jahr 2022 zufolge 18 Prozent der Teilnehmer Aktienfonds als Geldanlage nutzen. Werfen wir im Folgenden einen genaueren Blick auf diese recht beliebte Form der Anlage!

Aktienfonds: Was genau ist das?

Dass Aktienfonds nicht für sich allein stehen, sondern Teil einer Familie von Anlageprodukten sind, lässt bereits ihr Name vermuten. Sie gehören zu den sogenannten Investmentfonds, von denen sicherlich die meisten schon einmal gehört oder gelesen haben dürften.

Einen ersten Hinweis darauf, was sich hinter einem Investmentfonds verbirgt, gibt bereits die Bedeutung des französischen Wortes *fonds*, das neben *Grund und Boden* und *Grundstück* auch *Vorrat* und *Kapital* bedeuten kann.

Von der Bedeutung des Wortes ausgehend lässt sich folgende Definition vornehmen, womit man es bei Investmentfonds zu tun hat: Diese stellen ein von einer Kapitalanlagegesellschaft – auch Investmentgesellschaft oder Fondsgesellschaft genannt – verwaltetes

Sondervermögen dar, das in Wertgegenstände wie Rohstoffe, Immobilien, Anleihen oder Aktien investiert wird.

Für ihre Einlage erhalten Anleger Anteilsscheine, die einen bestimmten Anteil an dem Sondervermögen der Kapitalanlagegesellschaft verbriefen.

Für Anleger ist – zumindest im Fall der Fälle – der Umstand von großer Bedeutung, dass das von ihnen investierte Kapital als Fondsvermögen vom Vermögen der Kapitalanlagegesellschaft getrennt ist und im Eigentum der Anleger bleibt. Das hat zur Folge, dass es im Konkursfall der Investmentgesellschaft nicht unter deren Insolvenzmasse fällt und somit konkurssicher ist.

Davon ist zu unterscheiden, dass Investmentfonds den Risiken der Märkte unterliegen, in die sie investieren, was zu Wertminderungen führen kann.

Bei der Auflage eines Investmentfonds werden spezifische Anlagerichtlinien und Anlageziele festgelegt, die etwa in den jeweiligen Verkaufsprospekten nachvollzogen werden können und vom Fondsmanagement zu befolgen sind.

Der Begriff Investmentfonds stellt eine Sammelbezeichnung für verschiedene Arten von Fonds mit unterschiedlichen Anlageschwerpunkten oder Anlagestrategien dar, wobei sich der Anlageschwerpunkt häufig bereits dem Namen eines Fonds entnehmen lässt.

Nach dem Anlageschwerpunkt lassen sich folgende gängige Arten von Fonds unterscheiden:

- Aktienfonds,
- Rentenfonds,
- Mischfonds,
- Geldmarktfonds,
- Immobilienfonds,
- Rohstofffonds.

Ebenfalls zu nennen sind in diesem Zusammenhang Exchange Traded Funds (ETFs), die weiter unten noch gesondert vorgestellt werden sollen.

Eine weitere Möglichkeit der Differenzierung innerhalb der Investmentfonds bezieht sich auf den Umgang mit Erträgen: Wenn ein Investmentfonds Erträge erwirtschaftet, was etwa durch Kursgewinne, Dividendenzahlungen oder Zinsen geschehen kann, werden diese an die Anteilseigner ausgeschüttet oder einbehalten und reinvestiert, was wiederum zu einem Anstieg des Wertes der Fondsanteile und damit auch des Depotwertes der Anleger führt. Im zweiten der beiden genannten Fälle spricht man von einem thesaurierenden Fonds. Der Begriff geht auf das altgriechische Wort für *Schatzhaus* beziehungsweise *Schatz* zurück und gibt damit treffend den Umgang dieser Art von Investmentfonds mit Erträgen wieder.

Unterschieden werden kann ferner zwischen offenen und geschlossenen Fonds. Diese Differenzierung erfolgt nach dem Volumen des Investmentfonds: Während bei offenen Investmentfonds neue Anteile ohne Begrenzung an die Anleger verkauft und in weiteres Sondervermögen investiert werden, haben geschlossene Fonds ein von vornherein vorgegebenes Volumen.

Bei offenen Fonds können Anteile nicht nur zu jeder Zeit gekauft, sondern vor allem wieder an den Emittenten, den Herausgeber, verkauft werden, wohingegen Anleger bei geschlossenen Fonds – meist mit einer begrenzten Laufzeit – fest an einem oder wenigen Investitionsprojekten beteiligt sind. Eine Rückgabe erworbener Anteile vor dem Ende der festgelegten Laufzeit ist dabei nicht vorgesehen. Zuweilen kann sogar eine Nachschusspflicht bestehen. Seit der Einführung des Kapitalanlagegesetzbuches (KAGB) im Jahr 2013 spricht man statt von geschlossenen Investmentfonds von geschlossenen Investmentvermögen oder Alternativen Investmentfonds (kurz AIF).

Eine weitere Unterscheidung zielt auf den Anlegerkreis: So gibt es Investmentfonds, in die auch private Anleger investieren können (sogenannte Publikumsfonds), und solche, in die Privatanleger nicht investieren können und die auch als Spezialfonds bezeichnet werden.

Letztere werden auch als *Spezial-Sondervermögen* oder *Spezial-AIF* bezeichnet und nicht öffentlich vertrieben. Ein Investment bleibt institutionellen Anlegern wie Versicherungsunternehmen oder Pensionskassen vorbehalten.

Während bei aktiven Investmentfonds die Anlagen von einem Management bewusst mit dem Ziel ausgewählt werden, ein besseres Abschneiden als der Markt zu realisieren, bilden passive Fonds, worunter der weitaus größte Teil der ETFs fällt, bloß den Markt ab.

Nach diesen allgemeinen Informationen über Investmentfonds sollen in der Folge noch einige wichtige Fakten zu Aktienfonds im Speziellen dargestellt werden.

Dabei ist zunächst auf einen Punkt hinzuweisen, der Anlegern bei der Umsetzung ihrer Anlagestrategie eine Orientierung geben kann: Nach dem Anlageschwerpunkt lassen sich Aktienfonds weiter differenzieren, wofür folgende Beispiele genannt und im Folgenden erläutert werden sollen:

- Regionale Fonds,
- Branchenfonds,
- Blue Chips-Fonds,
- Small Caps-Fonds,
- Emerging Market-Fonds,
- Umweltfonds.

Regionale Fonds konzentrieren ihre Anlagen auf bestimmte Regionen wie etwa Europa oder den Fernen Osten oder auf einzelne Länder wie Deutschland oder die Vereinigten Staaten von Amerika.

Branchenfonds fokussieren sich auf Aktien aus bestimmten Wirtschaftssektoren. Dabei kann es sich beispielsweise um Werte aus dem Bereich des Finanzsektors, der Industrie, der Biotechnik, der Medien oder der Telekommunikation handeln.

Manche Aktienfonds konzentrieren sich auf Blue Chips, andere dagegen auf Small Caps. Bei letztgenannten handelt es sich um eher kleine Unternehmen, während Blue-Chips-Großunternehmen mit einem dementsprechend hohen Börsenwert sind.

Sogenannte Emerging-Market-Fonds haben sich, wie der Begriff bereits erkennen lässt, auf Aktien aus Schwellenländern spezialisiert.

Immer größerer Beliebtheit erfreuen sich Umweltfonds. Angesichts des fortschreitenden Klimawandels ist es wenig verwunderlich, dass Investitionen in umweltfreundliche Technologien nicht nur in Wirtschaft und Politik, sondern auch bei Anlegern immer breiteren Raum einnehmen.

Dabei ist zu beachten, dass Investmentgesellschaften mit dem Thema Umwelt zum Teil recht unterschiedlich umgehen: So können einerseits Ausschlusskriterien für Investments aufgestellt werden, um festzulegen, in welche Aktien – zum Beispiel aus umweltschädlichen Branchen oder der Atom- oder Tabakindustrie – nicht investiert werden soll. Andererseits lassen sich Aktien auch nach positiven Merkmalen auswählen. So kann in Anbieter von Solar- und Windkraftenergie oder in Unternehmen investiert werden, die besonders verantwortlich handeln.

Anleger sollten bedenken, dass mit zunehmender Spezialisierung eines Aktienfonds in der Regel auch die Möglichkeiten der Diversifikation abnehmen. Dadurch können mit einer Anlage höhere Renditen, aber auch höhere Risiken einhergehen.

Auf jeden Fall sollten Sie sich vor einem Investment genau mit den Produkten befassen, in die sie zu investieren gedenken.

Dies gilt allein schon deshalb, weil die Namen von Aktienfonds oft wenig darüber aussagen, wie genau das Fondsvermögen investiert wird. Wer könnte beispielsweise aus dem Namen des weiter oben genannten Aktienfonds Fondak schon Rückschlüsse auf den Anlageschwerpunkt des Fonds ziehen?

Abhilfe gegen ein Wissensdefizit können Informationen schaffen, die Investmentgesellschaften zur Verfügung stellen und mit deren Hilfe man sich näher über Fonds informieren kann. Dabei handelt es sich um Verkaufsprospekte, PRIIPs-Basisinformationsblätter – PRIIPs steht für „Packaged Retail and Insurance-Based Investment Products" (zu Deutsch „verpackte Anlageprodukte für Kleinanleger und Versicherungsanlageprodukte") – Factsheets sowie Jahres- und Halbjahresberichte.

Wo kauft man Aktienfonds?

Sie haben sich entschieden, in einen oder mehrere Aktienfonds zu investieren? Dann stehen Sie, wenn es Ihr erster Kauf ist, vor denselben Herausforderungen, die sich auch so manchen Erstkäufern von Aktien in den Weg stellen. Doch keine Sorge: Wenn Sie die Hinweise zum Aktienkauf sorgfältig gelesen und vielleicht sogar schon verinnerlicht haben, wird Sie der Erwerb von Aktienfonds vermutlich nicht vor allzu große Probleme stellen.

Um Anteile an Aktienfonds erwerben zu können, benötigen Sie – wie beim Kauf von Aktien – ein Depot mitsamt Verrechnungskonto.

Der traditionelle Weg eines Engagements in Aktienfonds führt dabei auch hier über ein Depot bei einer Filialbank.

Wer dabei den Vorzug einer persönlichen Beratung vor Ort in Anspruch nimmt, sollte bedenken, dass sich Beratungsgespräche nicht selten auf hauseigene Produkte der betreffenden Banken konzentrieren. Dabei handelt es sich nicht automatisch immer um die attraktivsten Anlagen.

Dazu kommt als weiterer Nachteil, dass beim Kauf von Fondsanteilen über Filialbanken nicht unerhebliche Kosten entstehen können, wie weiter unten noch näher ausgeführt werden soll.

Anleger, die auf eine Beratung nicht angewiesen sind, können die Möglichkeit eines Kaufs von Fondsanteilen über ein Depot bei einer Onlinebank oder einem Online-Broker wahrnehmen.

Wer diesen Weg wählt, kann häufig deutlich bei den Gebühren sparen, die sich mit einem Investment verbinden.

Meist noch ein Stück günstiger können Anleger Anteile an Aktienfonds über Fondsshops beziehungsweise Fondsvermittler erwerben, die sich über das Internet finden lassen.

Nach Angabe von Stiftung Warentest handelt es sich dabei überwiegend um kleine Unternehmen mit wenigen Mitarbeitern. Weil diese Finanzdienstleister keine Banklizenz besitzen, dürfen sie keine Einzahlungen entgegennehmen und auch keine Fondsanteile verwalten. Diese Aufgaben kommen Banken zu, mit denen die Fondsvermittler kooperieren.

Welche der genannten Möglichkeiten Sie nutzen, um Anteile an Aktienfonds zu erwerben, hängt nicht zuletzt davon ab, wie gut Sie sich in diesem Themengebiet auskennen.

Auf jeden Fall sollten Sie darauf achten, dass Ihnen eine möglichst breite Palette an Fonds zur Verfügung steht, aus der sie auswählen können.

Und natürlich sollten Sie auch die Frage nach den Kosten im Blick haben: Diese stellt ein wichtiges, aber nicht das einzige Auswahlkriterium für eine der genannten Möglichkeiten zum Erwerb von Aktienfondsanteilen dar.

Welche Nebenkosten bringen Aktienfonds mit sich?

Arbeit, das erfahren wir in unserem Leben immer wieder, hat Ihren Preis. Ob der Besuch bei einem Friseur oder die Beratung bei einem

Rechtsanwalt: Wir sind es gewohnt, für die Arbeitsleistung anderer bezahlen zu müssen, sie umsonst in Anspruch zu nehmen, wäre absurd.

Genauso absurd wäre es, wenn Sie einen Aktienfonds erwerben würden und für die Arbeit, die in seine Verwaltung investiert wird, nichts zu bezahlen bräuchten. So verwundert es kaum, dass bei Aktienfonds eine sogenannte Verwaltungsgebühr anfällt. Aus ihr bestreitet die Investmentgesellschaft unter anderem die Kosten für die Entlohnung des Fondsmanagements sowie für Controlling und Analysen.

Daneben sollten Anleger Ihr Augenmerk noch auf weitere Kostenpositionen richten. Zu berücksichtigen sind hier Performancegebühren, Depotbankgebühren, Vertriebskosten, Transaktionskosten sowie der sogenannte Ausgabeaufschlag. Während auf die ersten dieser Positionen nicht näher eingegangen werden soll, sind zum Ausgabeaufschlag noch einige Worte zu erwähnen.

Beim Kauf über eine Filialbank wird in der Regel als Gebühr für den Kauf von Fondsanteilen der Ausgabeaufschlag fällig, dessen Höhe bei Aktienfonds ohne Weiteres fünf Prozent des Anlagebetrages oder mehr betragen kann. Wenn Sie also beispielsweise Fondsanteile für 10.000 Euro erwerben würden, beliefe sich der Ausgabeaufschlag unter diesen Voraussetzungen auf 500 Euro oder sogar mehr.

Wer Fondsanteile statt über Filialbanken über Onlinebanken (oder Online-Broker) kauft, kann bei dieser Position oft bares Geld sparen. Denn diese bieten oft einen Rabatt auf den Ausgabeaufschlag an oder streichen ihn gelegentlich sogar komplett.

Bei Fondsvermittlern beträgt der Rabatt auf den Ausgabeaufschlag nicht selten bis zu 100 Prozent, während er bei Onlinebanken oft zwischen 25 und 50 Prozent liegt.

Wer den Kauf von Aktienfondsanteilen in Betracht zieht, sollte die Nebenkosten vor einem Einstieg sorgfältig prüfen. Wie deutlich geworden sein dürfte, können diese recht hoch ausfallen und die Rendite nennenswert schmälern.

Zum Leidwesen von Anlegern sind die Nebenkosten nicht immer leicht zu durchschauen. Abhilfe dabei können die folgenden drei Kennzahlen schaffen, die für Anleger mehr Transparenz in die Gebührenbelastung eines Fonds bringen können:

1. Total Expense Ratio (abgekürzt TER),
2. All-in-Fee,
3. Total Cost of Ownership (kurz TCO).

Der englische Begriff Total Expense Ratio lässt sich mit Gesamtkostenquote übersetzen. Die Kennzahl soll transparent machen, wie hoch die laufenden Kosten eines Fonds sind, also die Kosten, die Jahr für Jahr anfallen.

Der Sinn und Zweck der Total Expense Ratio besteht darin, Anlegern die Entscheidung für oder gegen einen bestimmten Fonds zu erleichtern, indem die Kennzahl die Kosten verschiedener Fonds vergleichbar macht.

Obgleich der Begriff Gesamtkostenquote nahelegt, dass die Total Expense Ratio sämtliche laufende Kosten eines Fonds umfasse, sorgt die Kennzahl nicht für eine volle Transparenz der Kosten von Investmentfonds. Nicht enthalten sind etwa Kosten wie der Ausgabeaufschlag oder Transaktionskosten für Käufe und Verkäufe innerhalb eines Fonds.

Die sogenannte All-in-Fee – *fee* steht im Englischen für *Gebühr* – umfasst mit Ausnahme des Ausgabeaufschlages alle Kosten, die im Zusammenhang mit einer Fondsanlage anfallen. Somit finden in sie auch etwaige Transaktionskosten und Performancegebühren Eingang.

Nicht abgedeckt werden von der All-in-Fee einerseits bei in der Schweiz beheimateten Fonds die im Inland anfallenden Gebühren und Nebenkosten für die An- und Verkäufe von Anlagen, andererseits bei in Luxemburg beheimateten Fonds die durch Drittbanken und Broker verursachten Courtagen, Gebühren, Abgaben und Steuern.

Ebenfalls von Interesse für die Frage nach den Kosten von Investmentfonds ist die Kennzahl Total Cost of Ownership. Sie gibt Anlegern Aufschluss über die tatsächlichen Kosten für den Besitz eines Investmentfonds und umfasst alle Kosten, die im Zusammenhang mit einem Investmentfonds anfallen.

Wenn sie auch sehr aufschlussreich ist, gibt es zum Leidwesen von Anlegern keine gesetzlichen Regelungen bezüglich der Total Cost of Ownership.

Fondssparpläne: Eine Alternative?

Dass es Aktiensparpläne gibt, haben Sie an anderer Stelle bereits erfahren. Dass es Sparpläne auch für Aktienfonds gibt, wird Ihnen vielleicht bereits geläufig gewesen sein, bevor Sie dieses Buch in Händen gehalten haben.

Da das Prinzip von Fondssparplänen mit demjenigen von Aktiensparplänen vergleichbar ist, soll an dieser Stelle auf weitere Ausführungen verzichtet werden.

Aktienfonds als Alternative: Ein zweischneidiges Schwert?

Aktienfonds sind ein zweischneidiges Schwert: Auf der einen Seite können sie dafür sorgen, dass Sie finanziell einen guten Schnitt machen. Auf der anderen Seite können sie aber auch die Rendite Ihres Depots in unschöner Art und Weise beschneiden.

Die Chancen und Risiken von Aktienfonds sowie die Vor- und Nachteile eines Investments in sie sind zwar in diesem Kapitel teilweise bereits angeklungen, sollen aber an dieser Stelle der besseren Übersicht wegen zusammengeführt und um einige wichtige Aspekte ergänzt werden.

Der vielleicht größte Vorteil von Aktienfonds besteht darin, dass sie Anlegern Arbeits- und Zeitaufwand abnehmen, der für erfolgreiche Investments unerlässlich ist. Sie sorgen zum einen für eine Auswahl von im besten Fall gewinnbringenden Anlagen, zum anderen für eine mehr oder weniger breite Streuung des Anlagevermögens, womit eine Reduzierung von Risiken einhergeht. Auf diese Weise nehmen Aktienfonds Anlegern die Arbeit ab, sich Fachwissen anzueignen, sich auf die Suche nach Erfolg versprechenden Aktien zu machen, diese zu bewerten und über einen Einstieg oder gegebenenfalls einen Ausstieg zu entscheiden.

Nutzt man Aktienfonds als Geldanlage, so ist der aufzubringende zeitliche Aufwand geringer als derjenige, den man investieren müsste, um in Eigenarbeit ein diversifiziertes Portfolio über Einzelaktien aufzubauen und zu verwalten. Denn einerseits erfordert ein Investment in Aktienfonds ein geringeres Maß an Wissen. Andererseits ist die Auseinandersetzung mit nur einem Anlageprodukt wesentlich weniger zeitintensiv, als setzte man sich mit etlichen Papieren auseinander, die man zwecks Streuung des Anlagerisikos erwerben müsste. Weitere Zeitersparnis resultiert daraus, dass man weniger Produkte kaufen und verkaufen muss, als wenn man in Einzelaktien investierte.

Durch die genannten Vorzüge ermöglichen Aktienfonds auch solchen Anlegern eine Teilhabe an den Vorteilen von Aktien, deren Wissen rund um diese nicht allzu groß ist, die womöglich nicht genügend Zeit für eine Beschäftigung mit der Materie aufbringen können oder wollen oder die weniger risikobereit sind. Durch ein Investment können auch der Börse bisher nicht zugewandte Anleger etwa von höheren Renditen als bei klassischen Anlageformen und von Dividendenzahlungen profitieren, sofern die Produkte, die sie erworben haben, in Papiere investiert sind, die eine Dividende ausschütten.

Dass Investments in Aktienfonds im Vergleich zu denen in Einzelaktien weniger Risiken mit sich bringen können, sollte jedoch niemals darüber hinwegtäuschen, dass auch sie mit solchen verbunden sein können. Auf einige von diesen ist zuvor bereits hingewiesen worden.

Um mögliche Gefahren besser einschätzen zu können, empfiehlt sich vor einem Kauf in allen Fällen eine gründliche Auseinandersetzung mit dem Fonds, in den man zu investieren gedenkt.

Bei diesem Prozess sind Anleger auf ein bestimmtes Maß an Wissen angewiesen, ohne dass sie keine fundierte Entscheidung treffen können. Somit entbindet der Kauf von Aktienfonds nicht davon, sich Wissen anzueignen, wenn dieses vielleicht auch nicht in demselben Maße vorhanden sein muss wie bei Investments in Einzelaktien.

Mögen die genannten Aspekte die größten Vorzüge von Aktienfonds darstellen, sind sie jedoch nicht die einzigen Gründe, die Anleger zu einem Investment in dieses Anlageprodukt bewegen können.

So besteht ein weiterer Vorteil von Aktienfonds in ihrer Vielfalt: Anleger, die in Aktienfonds investieren möchten, können aus einer großen Anzahl an Produkten wählen.

Die Breite der Möglichkeiten steigt dadurch noch weiter, dass sich Anleger zwischen Einmalanlagen und Sparplänen entscheiden können. Während bei ersteren, wie noch erläutert werden soll, eine bestimmte Höhe berücksichtigt werden sollte, ermöglichen letztere es Anlegern, bereits mit kleinen Beträgen in Aktienfonds zu investieren. Damit kommen diese als Investment für so gut wie jeden Anleger infrage, der ihre Vorzüge für sich nutzen möchte.

Ebenfalls von Vorteil ist der Umstand, dass Aktienfonds im Gegensatz zu anderen Anlagen wie Immobilien jederzeit in Liquidität gewandelt werden können.

Wenn man es vielleicht auch nicht als unmittelbaren Vorzug ansehen mag, so verschafft es Anlegern zumindest Sicherheit, dass das in Aktienfonds investierte Kapital als Fondsvermögen von demjenigen der Kapitalanlagegesellschaft getrennt und im Eigentum der Anleger bleibt. Damit fällt es im Konkursfall der Investmentgesellschaft nicht unter deren Insolvenzmasse und ist konkurssicher.

Wer glaubt, in Aktienfonds angesichts der Vorzüge den heiligen Gral der Anlage gefunden zu haben, der irrt, wie sich auf den vorangegangenen Seiten bereit gezeigt haben dürfte. Es gibt gewichtige Nachteile, die zeigen, dass es sich bei dieser Anlageform um ein zweischneidiges Schwert handelt.

Dieser Nachteile sollten sich Anleger bewusst sein, um nicht blind in das Messer der Gefahr zu laufen.

Wie bereits erwähnt wurde, kann eine mit einem Aktienfonds verbundene Diversifizierung nicht nur Risiken minimieren, sondern auch Chancen – ein möglicher Nachteil, der vielleicht dadurch ein Stück an Gewicht verliert, dass er auch jeden betrifft, der sich selbst aus Einzelaktien ein diversifiziertes Portfolio zusammenstellt.

Ein weiterer Nachteil – besonders im Vergleich zu ETFs, die in der Folge näher betrachtet werden sollen – besteht darin, dass Aktienfonds (recht) hohe Kosten mit sich bringen, die durch das aktive Management entstehen.

Dieser Umstand kann durch mangelhafte Transparenz bei den Kosten noch weiter an Gewicht gewinnen.

Auch wenn dieser Aspekt für viele eine zumindest eher untergeordnete Rolle spielen und kaum als Nachteil wahrgenommen werden dürfte, ist an dieser Stelle darauf hinzuweisen, dass Anleger kein Stimmrecht auf den Hauptversammlungen der Unternehmen ausüben können, in die „ihr" Fonds investiert hat. Vielmehr überträgt sich ihr Stimmrecht auf die Fondsgesellschaft, die dieses für die Anleger ausübt.

Diesem Nachteil des Verlustes an unmittelbarem Mitbestimmungsrecht steht der Vorteil gegenüber, dass Fondsgesellschaften und damit auch die vertretenen Anleger auf diese Weise mehr Einfluss auf Unternehmensentscheidungen nehmen können.

Neben diese Nachteile können Risiken treten, die an dieser Stelle ergänzend angesprochen werden sollen.

So können Anleger mittels einer Anlage in Aktienfonds zwar von positiven Markttrends profitieren, setzen sich aber auch dem Risiko von negativen Kursentwicklungen aus, welches jedoch durch die Streuung des Anlagevolumens im Vergleich zur Direktanlage in einzelne Aktien reduziert ist. Dennoch besteht auch bei einer Anlage in Aktienfonds das Risiko von Kursverlusten.

Wenn ein Teil der Aktien oder gar alle Aktien, in die ein Fonds investiert hat, in einer fremden Währung notieren, besteht für Anleger ein Währungsrisiko, da es zu Wechselkursverlusten (aber natürlich auch zu Gewinnen aus der Devisenkursentwicklung) kommen kann.

Auch das Volumen eines Aktienfonds kann Risiken mit sich bringen, wobei sich eine optimale Fondsgröße nicht genau definieren lässt.

Freilich ist das Fondsvolumen allein nicht ausreichend, um Chancen und Risiken eines Investments einschätzen zu können. Es ist immer im Zusammenhang mit anderen Faktoren wie der Anlagestrategie des Fonds und dem Marktumfeld zu bewerten.

Ob das Volumen eines Fonds kritisch ist, ist selbst für erfahrene Finanzanalysten schwer einzuschätzen. Privatanleger sollten bei der Beurteilung dieser Frage bestenfalls auf sachkundige Analysen zurückgreifen.

Ob für Sie am Ende die Chancen oder Risiken von Aktienfonds beziehungsweise deren Vor- oder Nachteile überwiegen, bleibt letztlich Ihrer Entscheidung überlassen.

Unstreitig aber dürfte sein, dass ein versierter Investor sich auf dem weiten Feld der Aktienfonds auskennen sollte und dass diese auch solchen Anlegern eine Brücke zu den Aktienmärkten dieser Welt bauen können, die risikoscheuer sind, weniger Wissen haben oder nicht die nötige Bereitschaft oder Zeit für eine Auseinandersetzung mit einem Investment in Einzelaktien mitbringen.

Exchange Traded Funds (ETFs): Kosteneffiziente Trendsetter

ETFs – diese Abkürzung sorgt seit einiger Zeit nicht mehr nur unter versierten Anlegern für Gesprächsstoff. Längst haben Exchange Traded Funds – dafür steht die Abkürzung ETFs – ihren Weg aus der kleinen Welt der Börse in den großen Kosmos breiter medialer Berichterstattung gefunden.

Wie die Frankfurter Allgemeine Zeitung unter Berufung auf die Direktbank ING Deutschland berichtete, werden ETFs unter deutschen Privatanlegern immer beliebter. Das in ETFs angelegte Vermögen habe sich im Jahr 2021 um 50 Milliarden auf fast 150 Milliarden Euro erhöht, wobei der Schwerpunkt mit 93 Prozent auf Aktien-ETFs gelegen habe.

Die Beliebtheit von Exchange Traded Funds wäre an sich schon Grund genug, sich im Folgenden näher mit dieser Form der Geldanlage zu befassen. Dafür spricht noch eine Reihe von Vorteilen, die Anleger durch ein Investment in ETFs genießen.

ETFs: Was genau ist das?

„Nomen est omen" lautet ein bekanntes lateinisches Sprichwort. Es wird gebraucht, um auszudrücken, dass der Name eine Person oder Sache kennzeichnet.

Dass dies tatsächlich zutreffen kann, beweist der Name Exchange Traded Funds: Dieser englischsprachige Terminus lässt sich im Deutschen treffend mit dem Begriff börsengehandelte (Index-) Fonds wiedergeben. Hieraus lässt sich bereits ein guter Eindruck davon gewinnen, worum es sich bei dieser Form der Anlage handelt.

ETFs gehören – wie Aktienfonds – zu den Investmentfonds. Im Gegensatz zu klassischen Publikumsfonds, die nur einmal pro Tag über die Fondsgesellschaft gehandelt werden, können ETFs, wie ihr Name schon vermuten lässt, wie Aktien jederzeit an der Börse gehandelt werden.

Einen weiteren Hinweis darauf, was ETFs sind, liefert der deutsche Begriff Indexfonds: Exchange Traded Funds folgen einer Anlagestrategie, deren Ziel darin besteht, die Wertentwicklung eines Index wie des DAX oder des MSCI World möglichst genau abzubilden.

Auch wenn die meisten mit dem Begriff ETF ein Investment in Aktien assoziieren dürften, bietet diese Form der Anlage noch weitaus vielfältigere Möglichkeiten des Investierens.

So geben ETFs Anlegern etwa die Chance, mithilfe von Anleihen-ETFs, nach der englischen Entsprechung auch Bond-ETFs genannt, in Anleihen zu investieren.

Geldmarkt-ETFs eröffnen die Möglichkeit, an den Bewegungen der Devisenmärkte zu partizipieren.

Auch in Rohstoffe lässt sich mithilfe von Exchange Traded Funds investieren.

Dabei ist zu beachten, dass es aus rechtlichen Gründen in der EU nicht möglich ist, einen ETF aufzulegen, der die Wertentwicklung nur eines Rohstoffes wie Gold abbildet. Gemäß der UCITS- beziehungsweise OGAW-Richtlinie müssen Fonds ein Mindestmaß an Diversifizierung gewährleisten und dürfen darüber hinaus keine physischen Rohstoffe halten.

Wer in nur einen einzigen Rohstoff investieren möchte, ohne ihn in physischer Form zu kaufen, kann auf sogenannte ETCs (Exchange Traded Commodities) zurückgreifen. Diese werden wie ETFs an der Börse gehandelt, stellen aber rechtlich gesehen Schuldverschreibungen des Anbieters dar. Das in ETCs investierte Kapital ist kein Sondervermögen, welches im Falle einer Insolvenz des Emittenten geschützt ist. Anders als ETFs unterliegen ETCs also einem Emittentenrisiko.

Die Auswahl der jeweiligen Investments eines ETF wird in den meisten Fällen von Algorithmen und nicht etwa von einem Management getroffen. Man spricht in diesem Zusammenhang auch von einem passiven Management, dem das aktive Management anderer Investmentfonds gegenübersteht, wo die Auswahl der Investments und deren Zusammensetzung im Rahmen der angegebenen Anlageziele und Anlagepolitik im Ermessen von Managern liegt.

Das Fehlen eines aktiven Managements hat für Anleger als positiven Effekt geringere Kosten als bei aktiv gemanagten Fonds zur Folge.

Neben ETFs mit passivem Management gibt es inzwischen auch eine Anzahl von sogenannten Active ETFs, also aktiv gemanagte Exchange Traded Funds. Diese sind rechtlich gesehen Publikumsfonds, die wie ETFs gehandelt werden. Bei ihnen greift das Management aktiv in die Zusammensetzung, etwa die Sektorverteilung oder die Gewichtung, ein. Damit gehen meist höhere, häufig aber unter denen von klassischen Publikumsfonds liegende Kosten einher, die vom Management mit einer Überrendite erwirtschaftet werden müssen.

Weil ETFs mit aktivem Management eher die Ausnahme als die Regel sind, werden sie in diesem Buch nicht weiter behandelt.

Von größerem Interesse als die Gestaltung des Managements dürfte für viele Anleger die Frage sein, wie die Nachbildung der Wertentwicklung eines Index genau erfolgt. Zu unterscheiden sind hierbei grundsätzlich folgende drei Methoden:

- Physische Replikation,
- Synthetische Replikation,
- Sampling.

Auf diese Methoden soll im Folgenden näher eingegangen werden – nicht zuletzt deshalb, weil dies auch zu einem besseren Verständnis der möglichen Risiken eines ETF beitragen kann.

Die am besten durchschaubare Methode der Indexnachbildung ist die physische Replikation. Wie die Bezeichnung bereits erkennen lässt, zeichnet der ETF bei diesem Verfahren den ihm zugrundliegenden Index physisch nach, indem alle Titel gekauft werden, die der Index umfasst, und dabei deren Gewichtung in dem Index berücksichtigt wird.

Übertragen auf das Beispiel des DAX bedeutet dies: Ein ETF, der den deutschen Leitindex in physischer Replikation nachbildet, investiert in die Papiere der 40 nach Marktkapitalisierung größten an der

Börse notierten deutschen Unternehmen – und zwar im Verhältnis von deren Gewichtung im DAX.

Im Endeffekt stellt ein physisch replizierender ETF ein Abbild des Index dar, den er nachbildet.

Kommt es zu Veränderungen an der Zusammensetzung des zugrunde liegenden Index, so vollzieht der ETF diese durch den Kauf oder Verkauf von Papieren nach. Dabei kann etwa der Bestand schon vorhandener Titel aufgestockt, reduziert oder komplett verkauft werden. Auch können Titel neu in den Bestand aufgenommen werden.

Anwendung findet die Methode der physischen Replikation vor allem bei ETFs, die Indizes mit einer kleineren Anzahl an Titeln nachbilden. Indizes in Nischenmärkten oder mit nicht-liquiden Unternehmen sind hingegen schwerer mit ihr abzubilden. Gleiches gilt für breite Indizes wie den mehr als 1.600 Titel aus 23 Ländern umfassenden MSCI World. Mit deren Nachbildung auf physische Weise verbinden sich zwangsläufig höhere Kosten. Aus diesem Grund wird der MSCI World zwar auch physisch, häufig aber auch synthetisch repliziert, was sogleich zu der zweiten der genannten Replikationsmethoden überleitet.

Diese wird als synthetische oder indirekte Replikation bezeichnet und ist deutlich schwerer nachvollziehbar als die physische Replikation, weshalb sie an dieser Stelle nur vereinfacht dargestellt werden soll.

Bei der synthetischen Replikation werden die einzelnen Titel eines Index im Gegensatz zur physischen Replikation nicht tatsächlich gekauft. Die Nachbildung der Wertentwicklung erfolgt vielmehr über Tauschgeschäfte (Swap-Geschäfte). Dabei wird die Indexrendite gegen eine Gebühr mit einem Vertragspartner, auch Kontrahent genannt, getauscht.

Diese Form der Replikation erlaubt in bestimmten Fällen wie bei sehr breiten oder illiquiden Marktindizes eine effizientere und bessere Abbildung der Indexrendite als die physische Replikation.

Synthetisch replizierte ETFs werden wegen ihres Geschäftsmodells auch als Swap-ETFs bezeichnet.

Sie enthalten infolge der Swap-Geschäfte ein sogenanntes Kontrahentenrisiko beziehungsweise Gegenparteirisiko. Darunter versteht man das Risiko, dass ein Kontrahent seinen vertraglichen Verpflichtungen nicht oder nur zum Teil nachkommt.

Auch die dritte Methode der Replikation, das sogenannte Sampling, kann an dieser Stelle nur vereinfacht vorgestellt werden.

Der Begriff geht auf das englische Wort *sample* (zu Deutsch *Probe*, *Muster*, auch *Stichprobe* und *Querschnitt*) zurück und wird auch in anderen Zusammenhängen wie der Musik gebraucht.

Bei dieser Form der Replikation erwirbt ein ETF nur diejenigen Papiere eines Index, die am ehesten dessen Kurs beeinflussen. Titel, die nur einen sehr kleinen Anteil am Index haben und unerheblich für dessen Performance sind, werden vom ETF nicht erworben. Auch kann der ETF-Titel mit einem ähnlichem Rendite- und Risikoprofil erwerben.

Angesichts dessen kann man das Sampling als eine Mischform aus der physischen und synthetischen Replikation verstehen.

Durch das Verfahren des Sampling wird vermieden, dass zu hohe Kosten durch Käufe und Verkäufe entstehen.

Breite Marktindizes werden heutzutage häufig durch diese Methode der Replikation abgebildet.

ETFs lassen sich nicht nur nach der Art der Replikation differenzieren, sondern auch nach dem Umgang mit Dividendenerträgen: Analog zu Aktienfonds gibt es ausschüttende und thesaurierende ETFs.

Wo kauft man ETFs?

Wer von ETFs überzeugt ist und diese in seinem Besitz wissen möchte, steht vor der Frage, wo er die Produkte seiner Wahl kaufen kann. Eine Antwort gibt bereits der Name Exchange Traded Funds: ETFs werden wie Aktien an der Börse gehandelt und ebenso wie diese gekauft und verkauft.

Für den Handel mit ETFs ist – wie im Falle von Aktien – ein Depot bei Filialbanken, Onlinebanken oder Online-Brokern vonnöten.

Daneben bietet sich eine weitere Möglichkeit: Wer ein Depot mit aktiv gemanagten Fonds eröffnet hat, kann über die meisten Fondsvermittler beziehungsweise Fondsshops auch ETFs kaufen.

Anleger sollten bedenken, dass die Vermittler am Handel mit ETFs kaum interessiert sein dürften, da sie nur für aktiv gemanagte Fonds Provisionen erhalten.

Welche Nebenkosten bringen ETFs mit sich?

Nebenkosten spielen, wie bereits dargestellt wurde, bei Aktienfonds eine nicht zu vernachlässigende Rolle, ja bürgen für Anleger sogar gewisse Risiken. Mit Recht stellt sich also die Frage, wie sich die Nebenkosten im Falle von ETFs gestalten.

Zum Leidwesen von Anlegern ist zunächst festzustellen, dass nicht nur bei Aktienfonds Nebenkosten anfallen, sondern auch bei ETFs. Das heißt: Auch wer in diese investiert, muss mit gewissen Belastungen rechnen.

Die gute Nachricht für Anleger: Diese fallen deutlich geringer als bei Aktienfonds.

Wer sich näher mit den Nebenkosten von ETFs befasst, sollte sein Augenmerk auf folgende Positionen richten: Verwaltungsgebühren, Lizenzgebühren, Depotbankgebühren, Vertriebskosten sowie Transaktionskosten.

Bei synthetisch replizierenden ETFs ist an Swap-Gebühren zu denken.

Wer sich einen Überblick über die Nebenkosten eines ETF verschaffen will, kann zwei Kennzahlen zurate ziehen, die bereits im Kontext der Aktienfonds vorgestellt wurden: zum einen die Total Expense Ratio (TER), zum anderen die Total Cost of Ownership (TCO).

Einen Anhaltspunkt über die Kosten eines ETF kann auch die sogenannte Tracking-Differenz liefern. Diese gibt den Unterschied zwischen der Rendite des ETF und des von ihm replizierten Index an.

Wenn etwa ein Index ein Plus von 5 Prozent erwirtschaftet hat, der ihn replizierende ETF aber nur einen Zuwachs von 4 Prozent aufweist, so beträgt die Tracking-Differenz 1 Prozent und lässt einen Rückschluss auf die internen Kosten des ETF zu.

ETF-Sparpläne: Eine Alternative?

Aller guten Dinge sind drei, weiß eine bekannte Redensart. So ist es auch im Falle von Sparplänen: Nachdem diese Form der Anlage bereits als Alternative zu Einmalinvestitionen in Aktien und Aktienfonds vorgestellt wurde, ist sie an dieser Stelle zum dritten Mal zu nennen: Auch wer sich für ein Investment in ETFs entscheidet, kann die Möglichkeiten von Sparplänen für sich in Anspruch nehmen.

Nachdem sich die Ausführungen zu Aktiensparplänen mitsamt den dargestellten Vor- und Nachteilen im Wesentlichen auf den Fall von ETFs übertragen lassen, soll der Blick sogleich auf eine zusammenfassende Darstellung der Chancen und Risiken von Exchange Traded Funds gelenkt werden.

ETFs als Alternative: Diversifikation ohne echte Nachteile?

Möglicherweise haben ETFs nach den vorangegangenen Ausführungen Ihr Interesse geweckt, aber Sie sind nicht sicher, ob diese Anlageform wirklich für Sie infrage kommt. Dann kann es für Sie von besonderem Nutzen sein, einen genauen Blick auf die folgende Zusammenfassung der Chancen und Risiken sowie Vor- und Nachteile einer Anlage in ETFs zu werfen.

Im Wesentlichen zeichnet sich dabei ein ähnliches Bild wie bei Aktienfonds. Jedoch besitzen ETFs gegenüber diesen einige spezifische Vorzüge und Nachteile, die an dieser Stelle klar hervorgehoben werden sollen.

Investments in ETFs nehmen – wie solche in Aktienfonds auch – Anlegern Arbeitsaufwand ab und bescheren ihnen eine Zeitersparnis, indem sie die Auswahl der Anlagen übernehmen und für eine Diversifizierung sorgen, womit eine Reduzierung von Risiken einhergeht.

Damit ermöglichen auch ETFs weniger versierten, risikoscheueren Anlegern oder solchen, die den für Investments notwendigen Zeitaufwand nicht aufbringen wollen oder können, eine Teilhabe an den Vorteilen von Aktien.

Was ETFs über die bereits genannten Aspekte hinaus mit Aktienfonds verbindet, ist die Vielfalt an Produkten, aus denen Anleger wählen können.

Diese wird noch erweitert durch die Möglichkeit der Wahl zwischen Einmalanlagen und Sparplänen, die bereits mit kleinsten Beträgen bespart werden können und damit für so gut jeden Anleger infrage kommen.

Ferner können auch ETFs jederzeit in Liquidität gewandelt werden. Sie lassen sich sogar schneller verkaufen als herkömmliche Investmentfonds wie Aktienfonds. Während diese bei einem Verkauf in der Regel an die Fondsgesellschaft zurückgegeben werden und bis zur Gutschrift des Verkaufserlöses auf dem Konto von Anlegern einige Tage vergehen können, werden ETFs ständig über die Börse gehandelt.

Ein weiterer Vorteil besteht darin, dass auch das von Anlegern in ETFs investierte Vermögen als Fondsvermögen vom demjenigen der Kapitalanlagegesellschaft getrennt und im Eigentum der Anleger bleibt und damit konkurssicher ist.

Wie bereits angedeutet, gibt es zusätzlich einige spezifische Vorteile, die ETFs gegenüber Aktienfonds auszeichnen.

Der vielleicht größte davon betrifft die Nebenkosten: Das Fehlen eines aktiven Managements bei den meisten ETFs hat für Anleger als positiven Effekt geringere Kosten als bei aktiv gemanagten Fonds zur Folge.

Allerdings kann man das Fehlen eines aktiven Managements auch als einen Nachteil auslegen, denn es fehlt die Möglichkeit, die Rendite des replizierten Index zu schlagen.

Da sich mit Exchange Traded Funds in der Regel geringe Nebenkosten verbinden, können Anleger, die ohne große Mühe die Rendite eines ETF abschätzen möchten, einen Blick auf den jeweils nachgebildeten Index werfen.

Beim MSCI World lag die durchschnittliche jährliche Rendite im Zeitraum von 1975 bis 2022 beispielsweise bei 9,55 Prozent. Anleger, die am Ende des Jahres 2002 DAX-Aktien gekauft und 20 Jahre lang gehalten haben, konnten sich über eine durchschnittliche jährliche von 8,2 Prozent freuen. Wer am Ende des Jahres 2008 in den US-amerikanischen Aktienindex S&P 500 investierte und Ende 2021 wieder verkaufte, erzielten im Durchschnitt eine jährliche Rendite von 13,6 Prozent.

Diese Beispiele verdeutlichen, wie einfach es sein kann, das Rentenproblem durch Investments in ETFs zu lösen.

Ein weiterer Vorzug, den viele Exchange Traded Funds gegenüber Aktienfonds besitzen, ist eine größere Transparenz: Physisch replizierte ETFs bringen den Vorteil mit sich, dass Anleger sehr leicht in Erfahrung bringen können, in welche Werte das betreffende Produkt investiert ist, da die Zusammensetzung des zugrunde liegenden Index stets einfach eingesehen werden kann.

Trotz aller Vorteile gibt es einige Risiken, die sich mit einem Investment in ETFs verbinden. Die meisten davon teilen diese wiederum mit Aktienfonds.

Angesichts der bestehenden Risiken entbindet der Kauf von ETFs Anleger nicht von der Aufgabe, sich grundlegendes Wissen anzueignen und sich vor jedem Kauf über das entsprechende Produkt sorgfältig zu informieren.

Zu bedenken ist zunächst, dass für Anleger die Gefahr besteht, auch an negativen Markttrends teilzuhaben, wenn sie in Exchange Traded Funds investieren.

Die mit ETFs verbundene Diversifizierung kann darüber hinaus nicht nur Risiken minimieren, sondern auch Chancen.

Ferner können Gefahren vom Fondsvolumen ausgehen und Währungsrisiken bestehen, wenn ein ETF in Aktien investiert hat, die in einer fremden Währung notieren.

Auch hier ist im Umkehrschluss zu bedenken, dass die Devisenkursentwicklung Anlegern auch Gewinne bescheren kann.

Anleger sollten weiterhin beachten, dass mit zunehmender Spezialisierung eines ETF in der Regel die Möglichkeiten der Diversifikation geringer werden, wodurch das Risiko der Anlage zunimmt.

Auch die fehlende Möglichkeit der Mitbestimmung auf Hauptversammlungen kann man als Nachteil ansehen, hierbei aber wiederum auch den Vorzug im Blick haben, dass Fondsgesellschaften – und damit auch die vertretenen Anleger – mehr Einfluss auf Unternehmensentscheidungen nehmen können.

Die nächste mögliche Gefahr, die es noch einmal in Erinnerung zu rufen gilt, wird gerne mit synthetisch replizierten ETFs in Verbindung gebracht (diese kann allerdings auch bei anderen Fonds bestehen): Die Rede ist vom Kontrahenten-Risiko, das aus Swap-Geschäften resultieren und Nachteile für Anleger mit sich bringen kann.

Allerdings schreibt die sogenannte OGAW-Richtlinie (englisch UCITS IV) vor, dass jegliches Kontrahenten-Risiko höchstens zehn Prozent des Fondsvermögens betragen darf. Das bedeutet, dass ein einzelner Swap maximal 10 Prozent des ETF-Vermögens ausmachen darf und das Ausfallrisiko bei einer Insolvenz des Swap-Partners auf höchstens 10 Prozent begrenzt ist.

Ebenfalls problematisch kann es sein, dass Anleger die Gebühren für die Swaps, die frei zwischen den Vertragspartnern verhandelt werden, nicht einfach nachvollziehen können.

Ein weiteres Risiko kann darin bestehen, dass sich viele Fondsgesellschaften die Möglichkeit vorbehalten, die Wertpapiere, die sich im Besitz des Fonds befinden, gegen Zahlung von entsprechenden Gebühren zu verleihen, etwa an Hedge-Fonds. Durch eine Wertpapierleihe können Anleger zwar auf eine bessere Rendite und womöglich geringere Kosten hoffen, aber es können auch größere Risiken bestehen. Wenn etwa der Leihnehmer zahlungsunfähig würde, erhielte der ETF die Wertpapiere womöglich nicht zurück.

Diesem Risiko versuchen Fondsgesellschaften dadurch entgegenzutreten, dass sie die Papiere nur gegen entsprechende Sicherheiten verleihen.

Ob Sie nach diesem zusammenfassenden Blick auf die Chancen und Risiken sowie Vor- und Nachteile von ETFs dem Trend folgen und in dieses Anlageprodukt investieren, bleibt letztlich Ihre Entscheidung. Auf jeden Fall gibt es viele gute Argumente dafür – und das gerade für unerfahrene Investoren. Wenn Sie die richtige Anlageentscheidung treffen, gehören Sie am Ende vielleicht zu den glücklichen Anlegern, die sagen: „The (ETF-) Trend is my friend."

Von der Theorie in die Praxis: Wie Sie in Aktien investieren und ein diversifiziertes Portfolio aufbauen

Vielleicht kennen Sie folgendes Phänomen: Sie möchten eine handwerkliche Tätigkeit selbst ausführen und weil Sie noch keine Erfahrungen damit gemacht haben, schauen Sie im Internet ein Video, das minutiös und anschaulich alle notwendigen Schritte erklärt. Dann schreiten Sie selbst zur Tat und die Arbeit gestaltet sich schwieriger als gedacht oder das Resultat will und will Sie nicht überzeugen. Oder Sie haben in einem Buch ein Rezept entdeckt, dass Sie unbedingt einmal nachkochen möchten – und beim ersten Versuch scheitern Sie grandios. Viele kennen das Problem auch aus Schule oder Studium: Sie haben den relevanten Stoff vor einer Prüfung gründlich gelernt und wenn es dann ernst wird, versagen Ihnen die Nerven.

Die genannten Situationen exemplifizieren, dass der Weg von der Theorie in die Praxis oft nicht leicht zu meistern ist. Selbst was auf den ersten Blick einfach erscheint, kann zu Problemen führen, wenn es konkret umgesetzt werden will.

Vor das ein oder andere Problem oder zumindest die ein oder andere Unsicherheit mag so manchen, der mit Aktien für das Alter vorsorgen möchte, auch der Weg von der Theorie in die Praxis des Investierens stellen.

Vielleicht wird auch Sie beim Lesen dieses Buches die Frage bewegen, wie Sie den Betrag, den Sie monatlich für Ihre Altersvorsorge auf die Seite legen oder zu legen beabsichtigen, nun ganz praktisch investieren sollten. Zu dieser Frage werden Sie auf den folgenden Seiten wichtige Hinweise finden.

Dazu sei angemerkt, dass sich diese lediglich auf den Teil Ihres Geldes beziehen, den Sie für Ihre Altersvorsorge in Aktien investieren. Wenn Sie sich entschieden haben, neben Aktien – zur Altersvorsorge oder mit welcher Absicht auch immer – zusätzlich in andere Anlageklassen zu investieren, so werden Sie hierzu in diesem Buch themenbedingt keine Hinweise finden.

Wie lassen sich kleinere Beträge investieren?

„Wer den Pfennig nicht ehrt, ist des Talers nicht wert“, weiß der Volksmund. Diese Weisheit erinnert daran, dass man auch kleine, ja sogar kleinste Geldbeträge zu schätzen wissen sollte.

Das gilt auch und gerade für die Altersvorsorge: Jeder Euro, den Sie für die Zeit nach Ihrem Erwerbsleben zurücklegen und investieren, hat einen hohen Wert.

Wer monatlich nur eine kleinere Summe wie 100 Euro in seine Altersvorsorge investieren kann, wird vielleicht schnell darauf aufmerksam werden, dass die Praxis weniger großen Anlagebeträgen zuweilen nur wenig Wertschätzung entgegenbringt und Anleger vor gewisse Herausforderungen stellt. Vor allem die folgenden drei Probleme sind es, die in diesem Kontext eine Rolle spielen können:

Ordergebühren und andere Nebenkosten,
zu hohe Preise von Einzelaktien, Aktienfonds- oder ETF-Anteilen,
mangelnde Diversifizierung des Depots beim Kauf von Einzelaktien.

Damit Sie am Ende auch wirklich den Weg von der Theorie in die Praxis vollziehen und auch mit kleineren monatlichen Sparraten für Ihre Rente vorsorgen können, finden Sie im Anschluss einige Tipps, wie Sie diese Probleme erfolgreich lösen können.

Problem 1: Ordergebühren und andere Nebenkosten
Wie bereits ausgeführt wurde, rufen verschiedene Anbieter verschiedene Ordergebühren auf, die die Rendite Ihrer Anlage schmälern können.

Dies soll durch ein kleines Beispiel verdeutlicht werden: Nehmen wir an, Sie möchten für die 100 Euro, die Sie monatlich in Ihre Altersvorsorge investieren können, Aktien oder Anteile an Aktienfonds oder ETFs kaufen. Wenn beim Kauf eine Gebühr von 5 Euro anfällt, so macht diese stolze 5 Prozent Ihres Ordervolumens aus. Zahlen Sie beim Verkauf dieser Position noch einmal die gleiche Gebühr, sind es sogar 10 Prozent des eingesetzten Kapitals, die Sie Kauf und Verkauf kosten. Bedenken Sie, dass Ihre Anlage dies erst einmal hereinholen muss, damit Sie überhaupt einen Gewinn erzielen!

Grundsätzlich gilt: Ein Auftrag sollte so groß sein, dass Ordergebühren und mögliche andere Nebenkosten ein gesundes Maß nicht überschreiten.

Die Nebenkosten können von Anbieter zu Anbieter variieren. Daher lässt sich kein konkreter Betrag beziffern, wie groß das Ordervolumen sein sollte, um in angemessenem Verhältnis zu den Nebenkosten zu stehen.

Problem 2: Zu hohe Preise von Einzelaktien, Aktienfonds- oder ETF-Anteilen

Manche Aktien oder Anteile an Aktienfonds oder ETFs sind günstig, manche sind teuer. Dies führt dazu, dass sich Anleger, die eine nicht allzu hohe Summe an der Börse investieren können oder möchten, nicht jedes Wertpapier leisten können.

Ein extremes Beispiel für eine äußerst kostspielige Einzelaktie ist die Berkshire Hathaway A Aktie, die einen Stückpreis von mehreren Hunderttausend Euro aufweist und damit für den durchschnittlichen Anleger unerschwinglich ist.

Auch andere Papiere können pro Stück leicht mehrere Hundert Euro oder mehr kosten und sind damit vergleichsweise teuer.

Der einfachste und pragmatischste Vorschlag, um das skizzierte Problem zu lösen, lautet wie folgt: Suchen Sie eine erschwinglichere Aktie! Die Welt der Börse ist groß und ebenso groß sind die Möglichkeiten, Wertpapiere mit Potenzial zu erwerben. Es ist selten sinnvoll, sich zwanghaft auf den Kauf einer Aktie zu fokussieren, die in der gegenwärtigen Situation außerhalb des eigenen Budgets liegt.

Wenn es aber doch unbedingt die teure Wunschaktie sein soll, die in Ihr Depot wandern soll, besteht die Möglichkeit, so lange zu sparen, bis Sie sich das entsprechende Papier leisten können. Manche Menschen sparen auf eine teure Sonnenbrille oder eine luxuriöse Uhr. Warum sollten Sie also nicht auf eine kostspielige Aktie sparen?

Eine dritte Möglichkeit, um das Problem zu lösen, besteht darin, sich eines Sparplans zu bedienen. Dies bietet den Vorteil, dass Anleger nicht eine ganze Aktie beziehungsweise einen ganzen Anteil an einem Aktienfonds oder ETF erwerben müssen, sondern nur Bruchteile davon erhalten. Somit eröffnen Sparpläne die Möglichkeit, auch in diejenigen Produkte zu investieren, die andernfalls aufgrund Ihres Preises nicht ohne Weiteres erreichbar wären.

Wie bereits zuvor erwähnt, sollten Sie jedoch im Auge behalten, dass bei der Ausführung eines Sparplans Kosten anfallen können.

Problem 3: Mangelnde Diversifizierung beim Kauf von Einzelaktien

„Lege nicht alle Eier in einen Korb." Diese Grundregel des Investierens haben Sie bereits kennengelernt. Doch was ist, wenn der Geldkorb eines Anlegers so klein ist, dass er bereits durch eine gekaufte Aktie voll ist?

Wenn Sie Einzelaktien erwerben möchten, aber nur über geringe Anlagebeträge verfügen, tritt schnell das Problem auf, dass das Prinzip der Diversifizierung an seine Grenzen stößt. Denn Diversifizieren kann beim Kauf von Einzelaktien nur, wer über eine gewisse Summe verfügt.

Wie Sie bereits gelesen haben, ist das Prinzip der Diversifizierung nicht der einzige Schutzmechanismus, um sich an der Börse vor finanziellen Verlusten zu schützen. Wenn Sie also nicht warten wollen, bis Sie eine hinreichend große Summe angespart haben, die Ihnen eine Streuung der Anlagesumme ermöglicht, sollten Sie Folgendes tun: Prüfen Sie bei der Aktienanalyse anhand fundamentaler Daten umso sorgfältiger, dass die betreffende Aktie über hinreichend Substanz verfügt, und sichern Sie die Position am besten mit richtig gesetzten Stoppkursen ab.

Wenn Sie nicht unbedingt darauf aus sind, Einzelaktien zu erwerben, kann beispielsweise der Kauf von Anteilen an Aktienfonds oder ETFs bei einem kleineren Budget eine gute Alternative zur Einzelaktie sein. Denn bei diesen Produkten ist eine Diversifizierung in der Regel schon von Haus aus gegeben.

Wie lassen sich größere Beträge investieren?

Motorsportbegeisterte Menschen wissen, dass Rennfahrzeuge nicht immer aus dem Stehen starten, sondern zuweilen auch ein fliegender Start praktiziert wird. Ebenso verhält es sich bei der Altersvorsorge: Da gibt es diejenigen, die bei Null beginnen, während andere das Vehikel der Absicherung Ihres Rentendaseins bereits in Bewegung gesetzt und Rücklagen gebildet haben, die sie nun vielleicht in Aktien und Co. investieren möchten. Andere sind vielleicht auf andere Weise, zum Beispiel durch eine Erbschaft oder den Gewinn in einer Lotterie, zu einer größeren Geldsumme gelangt und möchten diese nun investieren.

Wer in dieser Situation ist, hat ohne jeden Zweifel einen großen Vorsprung vor allen, die bei Null beginnen, trägt aber auch eine größere Verantwortung. Denn es ist ein bedeutender Unterschied, ob man 100, 1.000, 10.000 oder sogar 100.000 Euro in Aktien und Co. anlegt. Den Verlust kleinerer Beträge kann man verkraften, denjenigen einer beträchtlichen Summe aber schon sehr viel schwerer.

Daher sollte besonders, wer ein größeres Vermögen anlegen möchte, darauf Acht geben, Risiken bestmöglich zu minimieren. Dabei können sich die in den vorangegangenen Abschnitten angeführten Maßnahmen, die Sie beim Investieren in Aktien, Aktienfonds oder ETFs vor monetären Verlusten schützen sollen, als überaus nützlich erweisen.

Besonders wichtig ist gerade bei der Anlage größerer Geldsummen das Prinzip der Diversifikation.

Anleger profitieren davon, dass bei höheren Summen auch die Möglichkeiten der Diversifikation vielfältiger sind als bei kleineren Beträgen.

Ein weiterer Vorteil bei der Investition größerer Summen besteht darin, dass sich das Hindernis möglicher Ordergebühren tendenziell besser umfahren lässt, da man das Ordervolumen entsprechend gestalten kann.

Wer sich nicht sicher ist, wie sich eine Aktie oder der Markt in Zukunft entwickeln wird, kann weitere Sicherheiten für sein Vermögen dadurch gewinnen, dass er nicht die gesamte Summe zeitgleich anlegt, sondern nach und nach. Auf diese Weise kann man unter Umständen verhindern, in das ein oder andere fallende Messer zu greifen.

Aus Fehlern lernen: Behalten Sie den Überblick über Ihre Anlagen!

„Errare humanum est" lautet ein geflügeltes Wort, das selbst viele, die des Lateinischen nicht mächtig sind, schon einmal gehört haben dürften.

Weil Irren menschlich ist, ist mit an Sicherheit grenzender Wahrscheinlichkeit davon auszugehen, dass Ihnen auch bei Ihren Aktiengeschäften Fehler unterlaufen werden. Das Problem in diesen Fällen ist nur, dass genau diese Fehler Sie bares Geld kosten und im schlimmsten Fall sogar ernsthaften finanziellen Schaden anrichten können.

Wenn Sie vielleicht auch nicht gänzlich vermeiden können, Fehler zu machen, so sollten Sie doch auf jeden Fall vermeiden, zweimal denselben Fehler zu machen!

Dies wird Ihnen nur gelingen, wenn Sie aus gemachten Fehlern lernen. Hierfür ist es erforderlich, dass Sie sich mit Ihren Börsengeschäften auseinandersetzen, um Ihre Fehler zu finden und aus diesen Lehren für künftige Anlagen zu ziehen.

Um diesen Prozess erfolgreich zu gestalten, sollten Sie sich schriftliche Notizen machen.

Auch hier hat die gute alte Handschriftlichkeit Vorteile gegenüber der Verwendung digitaler Hilfsmittel. Denn wie Wissenschaftler herausgefunden haben, ist die Lernfähigkeit höher, wenn Informationen mit der Hand notiert werden. Zudem gibt es viele Menschen, die sich am effektivsten anhand ihrer eigenen handgeschriebenen Notizen mit wichtigen Zusammenhängen auseinandersetzen.

Selbstverständlich können und sollten Sie nicht nur diejenigen Geschäfte festhalten, bei denen Ihnen Fehler unterlaufen sind. Denn es lassen sich beispielsweise auch positive Rückschlüsse aus solchen Transaktionen ziehen, mit denen Sie zufrieden sind. Bestenfalls führen Sie Buch über jedes Ihrer Geschäfte und legen ein Börsentagebuch, Ihr eigenes Orderbuch, an.

In diesem sollten Sie sinnvollerweise die wichtigsten Informationen zu ausgeführten Transaktionen notieren, wie z. B.: Die Bezeichnung des Produktes mitsamt seiner WKN beziehungsweise ISIN, Datum, Stückzahl und Kurs des Kaufs, etwaige Nachkäufe sowie den Durchschnittskaufkurs, Verkaufsdatum, etwaige Teilverkäufe und den Durchschnittsverkaufskurs sowie die Brutto- und Nettorendite der jeweiligen Anlage. Auch Dividendenzahlungen, die Gründe für Kauf und Verkauf sowie die Lehren aus einem Geschäft sollten Sie verzeichnen.

Je sorgsamer Sie Ihre Notizen führen und je intensiver Sie sich mit Ihren Anlagen befassen und diese auswerten, desto geringer wird die Wahrscheinlichkeit, dass Sie Fehler wiederholen – und Fehler machen. Denn nur ein reflektierender (und informierter) Anleger ist auch ein guter Anleger!

5. Bleibt Ihre Rente in Rente? Ein Blick auf die Zukunft des deutschen Rentensystems

Der Große Afrikanische Grabenbruch wird auch als Wiege der menschlichen Entwicklung angesehen. Wissenschaftlichen Erkenntnissen zufolge fanden im Gebiet dieser imposanten Grabenschlucht, die sich von Ostafrika bis nach Südwestasien erstreckt, entscheidende Schritte der Menschwerdung statt. Offensichtlich vollzogen sich diese Schritte nicht etwa unter ruhigen, sondern unter herausfordernden klimatischen Bedingungen. In schwierigen Zeiten waren diejenigen im Vorteil, die sich Phänomenen wie starken Stürmen oder extremen Dürren erfolgreich anpassen konnten.

Auch in den schwierigen Zeiten des Hier und Jetzt, wo das bestehende staatliche Rentensystem mehr und mehr ins Wanken gerät und viele Menschen im Alter finanziell nicht hinreichend abgesichert sind, werden wie in der Vergangenheit diejenigen Vorteile haben, die sich weiterentwickeln anstatt stillzustehen.

Es ist unschwer zu erkennen, dass der Grundansatz dieses Buches Sie gleichzeitig fördert und fordert. Für viele Erwerbstätige handelt es sich um eine Herausforderung, im Monat durch Steigerung der Einnahmen und/oder durch Senken der Ausgaben 100 Euro zusätzlich zu generieren. Auch ist es eine Herausforderung, das gesparte Geld so in Aktien zu investieren, dass Sie damit Ihre Rente ersetzen oder alternativ die Rentenlücke ganz oder großteils schließen können.

Aber genau diese Herausforderungen fördern ein vielleicht noch in Ihnen verborgenes Potenzial zu Tage – das Potenzial, welches seit Urzeiten in uns Menschen liegt und das nicht nur Ihnen allein, sondern auch anderen nutzen kann. Denn wenn Sie anderen vor Augen führen, dass nicht nur Gutverdiener, sondern gerade auch Menschen mit geringen oder mittleren Einkommen ihr Auskommen im Alter durch Aktieninvestments absichern können, veranlasst dies Ihr Gegenüber vielleicht dazu, es Ihnen gleichzutun. Wenn der eine den anderen motiviert, immer mehr Menschen ihre Rente durch Aktien ersetzen oder aufbessern möchten und sich in Deutschland grundlegend etwas an den Vorurteilen gegenüber einem Engagement an der Börse verändert, kann dies das staatliche Rentensystem entlasten und vielleicht sogar vor dem totalen Kollaps bewahren.

Um die eigene Rente durch Aktien zu ersetzen oder erheblich aufzubessern, müssen Sie möglichst in Vollzeit arbeiten. Dieses Buch hat gezeigt, wie auch Berufsgruppen mit mittleren oder niedrigen Einkommen 100 Euro im Monat zusätzlich generieren können. Wer dagegen Bürgergeld bezieht, kann keine 100 Euro im Monat als Überschuss erwirtschaften und verliert damit auch die Möglichkeit, im Alter mehr als genug Geld zur Verfügung zu haben.

Vor diesem Hintergrund ist dieses Buch nicht nur ein Plädoyer dafür, dass Arbeit sich lohnt. Es ist auch ein Beleg dafür, dass Arbeit sich lohnt! Arbeit eröffnet die Chance, an der Börse aus etwas Geld mehr Geld und daraus sehr viel Geld zu machen.

In Anbetracht dieser Chance erscheinen Debatten über die Frage, ob es gerecht ist, dass Menschen 45 Jahre oder noch länger für eine viel zu niedrige Rente arbeiten müssen, in einem anderen Licht. Solche Debatten können zwar als ein moralisches Trostpflaster für die blutende Wunde der sozialen Ungerechtigkeit in unserer Gesellschaft dienen. Aber letztlich sind nicht sie es, die Konten füllen, Strom- und Gasrechnungen bezahlen oder für teure Reparaturen an Pkws aufkommen. Vielmehr ist es konkretes und entschlossenes Handeln, das Veränderungen zum Positiven bewirken kann.

Daher sollten Sie das Heft des Handelns selbst in die Hand nehmen, wenn Sie sich künftig keine Sorgen mehr um Ihre Rente machen möchten. Nicht der Staat oder das bestehende Rentensystem sind die Zukunft der Rente. Die Zukunft der Rente liegt in der Hand jedes einzelnen. Sie liegt in Ihrer Hand!

Wir leben nicht mehr in einer Zeit, in der wir sagen können, dass die Rente von heute sicher ist. Wir leben in einer Zeit, in der wir durch geschicktes Investieren in Aktien selbst darüber bestimmen können, dass in Zukunft das Motto gilt: „Die Rente von morgen wird sicher sein!"

Literaturverzeichnis

3M Dividende (o. D.): Aktienfinder, [online] https://aktienfinder.net/dividenden-profil/3M-Dividende.

5 Minuten für Ihr Geld: Mobilfunk-Anbieter wechseln und sparen! (2022): in: FOCUS online, 19.04.2022, [online] https://www.focus.de/finanzen/service/5-minuten-fuer-ihr-geld-3-sparen-sie-bis-zu-192-euro-beim-wechsel-ihres-mobilfunkanbieters_id_24383909.html.

6-Liter-Flasche Wein erzielt Weltrekord-Auktionspreis von einer Million US-Dollar (2021): wein.plus, [online] https://magazin.wein.plus/news/6-liter-flasche-wein-erzielt-weltrekord-auktionspreis-von-einer-million-us-dollar-cabernet-sauvignon-2019-von-the-setting-wines-in-new-orleans-versteigert.

10 Tipps zum Spritsparen & 5 sparsame Autos im Check (2022): LeasingMarkt.de Magazin, [online] https://www.leasingmarkt.de/magazin/tipps-tricks/sprit-sparen.

68 % der Erwerbstätigen fuhren 2020 mit dem Auto zur Arbeit (2021): Statistisches Bundesamt, [online] https://www.destatis.de/DE/Presse/Pressemitteilungen/2021/09/PD21_N054_13.html.

1500 Euro gaben Privathaushalte 2019 durchschnittlich für Versicherungen aus (2021): Statistisches Bundesamt, [online] https://www.destatis.de/DE/Presse/Pressemitteilungen/2021/02/PD21_065_639.html#:~:text=Pressemitteilung%20Nr.&text=Wie%20viel%20ein%20Haushalt%20f%C3%BCr,500%20Euro%20f%C3%BCr%20Versicherunge.

Aktien KGV Erklärung – Das Kurs Gewinn Verhältnis definiert und an Beispielen erklärt! (2015): Brokervergleich.net, [online] https://www.brokervergleich.net/aktien-kgv-erklaerung/.

Aktienkultur in Deutschland. Bevölkerungsbefragung 2022 (2022): Initiative „pro AKTIE“, [online] https://cdn.territories.bnpparibas/app/uploads/sites/21/2022/04/berichtsband.

Aktuelle Zahlen und Fakten zum CarSharing in Deutschland (o. D.): Bundesverband CarSharing, [online] https://carsharing.de/alles-ueber-carsharing/carsharing-zahlen/aktuelle-zahlen-fakten-zum-carsharing-deutschland#:~:text=Gesamtmarkt-,Zum%20Stichtag%20 1.,Zuwachs%20von%2031%2C8%20Prozent.

Alkohol (2023): Bundesministerium für Gesundheit, [online] https://www.bundesgesundheitsministerium.de/service/begriffe-von-a-z/a/alkohol.html#:~:text=Alkohol-,Alkohol,Altersgruppe%20vor%20 (ESA%202021).

Alkoholkonsum: So schädlich ist ein Glas Wein am Abend (2022): in: Volksstimme, 09.06.2022, [online] https://www.volksstimme.de/leben/gesundheit/alkoholkonsum-so-schaedlich-ist-ein-glas-wein-am-abend-3389952.

All-In-Fee (o. D.): FondsClever.de, [online] https://www.fondsclever.de/ratgeber/fonds-wissen/all-in-fee/#:~:text=Was%20ist%20die%20 All%2DIn,All%2DIn%2DFee%20eingeschlossen.

All-in-Fee – Kosten der Fondsanlage (o. D.): FONDSVERMITTLUNG24.de, [online] https://www.fondsvermittlung24.de/all-in-fee.html.

Altria Dividende (o. D.): Aktienfinder, [online] https://aktienfinder.net/dividenden-profil/Altria-Dividende.

Altvater, Volker (o. D.): Fonds kaufen, finanzen.net, [online] https://www.finanzen.net/ratgeber/wertpapiere/fonds-kaufen.

Ampel will Einzahlungen in geplante Aktienrente erhöhen (2023): in: WELT, 07.08.2023, [online] https://www.welt.de/politik/deutschland/article246789842/Ampel-will-Einzahlungen-in-geplante-Aktienrente-erhoehen.html.

AMZN Historical Data (o. D.): Nasdaq, [online] https://www.nasdaq.com/de/market-activity/stocks/amzn/historical.

Aschauer, Robert (o. D.): Eckrentner oder Standardrentner Einfach erklärt!, einfachrente, [online] https://www.einfach-rente.de/eck-rentner-standardrenter.

Astheimer, Sven (2016): Wer schreibt, der bleibt, in: Frankfurter Allgemeine Zeitung, 12.02.2016, [online] https://www.faz.net/aktuell/karriere-hochschule/campus/warum-handschriftliche-notizen-besser-sind-als-computermitschriften-14065048.html.

Aufgebotsverfahren (o. D.): Gabler Wirtschaftslexikon, [online] https://wirtschaftslexikon.gabler.de/definition/aufgebotsverfahren-29451.

Aufgebot(sverfahren) (o. D.): in: Gabler Banklexikon, [online] https://www.gabler-banklexikon.de/definition/aufgebotsverfahren-55772.

Aufgebotsverfahren (o. D.): Amtsgericht Düsseldorf, [online] https://www.ag-duesseldorf.nrw.de/aufgaben/abteilungen/Aufgebotsverfahren/index.php.

Aufgebotsverfahren (o. D.): Justiz Rheinland-Pfalz, [online] https://agio.justiz.rlp.de/de/service-informationen/aufgebotsverfahren/.

Backofen: Darauf sollten Sie bei Kauf und Nutzung achten (2023): Verbraucherzentrale, [online] https://www.verbraucherzentrale.de/wissen/energie/strom-sparen/backofen-darauf-sollten-sie-bei-kauf-und-nutzung-achten-46197.

Baier, Thomas/Tobias Dänzer (2012a): Actio, in: Der neue Georges: Ausführliches Handwörterbuch Lateinisch-Deutsch (in 2 Bänden), wbg Academic, [Wörterbucheintrag].

Baier, Thomas/Tobias Dänzer (2012b): Bursa, in: Der neue Georges: Ausführliches Handwörterbuch Lateinisch-Deutsch (in 2 Bänden), wbg Academic, [Wörterbucheintrag].

Baier, Thomas/Tobias Dänzer (2012c): Dividere, in: Der neue Georges: Ausführliches Handwörterbuch Lateinisch-Deutsch, wbg Academic, [Wörterbucheintrag].

Baur, Gisela/Hans G. Linder/Brigitte Wallstabe-Watermann/Antonie Klotz/Peter Thilo Hasler (2022): Das große Handbuch für erfolgreiche Aktien-Anleger: Alles über Börsentrends, Anlagestrategien, Aktienauswahl, Bilanzen und Steuern fundiert erklärt, FinanzBuch Verlag.

BDEW-Strompreisanalyse Juli 2023 (2023): BDEW, [online] https://www.bdew.de/service/daten-und-grafiken/bdew-strompreisanalyse/.

Besteuerung der Rente (o. D.): Deutsche Rentenversicherung, [online] https://www.deutsche-rentenversicherung.de/DRV/DE/Rente/Allgemeine-Informationen/Besteuerung-der-Rente/besteuerung-der-rente_node.html.

Beurs (o. D.): in: PONS, [Wörterbucheintrag] https://de.pons.com/%C3%BCbersetzung/niederl%C3%A4ndisch-deutsch/beurs.

Bezahlte und unbezahlte Überstunden der Arbeitnehmer in Deutschland von 2000 bis 2022 (2023): Statista, [online] https://de.statista.com/statistik/daten/studie/76945/umfrage/ueberstunden-der-arbeitnehmer-in-deutschland-seit-2000/.

Bork, Uwe (2009): Vertrauen ist gut ..., in: Deutschlandfunk Kultur, 16.11.2009, [online] https://www.deutschlandfunkkultur.de/vertrauen-ist-gut-102.html.

Börse (o. D.): in: DWDS, [Wörterbucheintrag] https://www.dwds.de/wb/B%C3%B6rse.

Bröcker, Michael (2023): Sechs unbequeme Wahrheiten zur Rente in der Alten-Republik Deutschland, in: FOCUS online, 05.01.2023, [online] https://www.focus.de/finanzen/altersvorsorge/rente/gastbeitrag-6-unbequeme-wahrheiten-zur-rente-in-der-alten-republik-deutschland_id_181936049.html.

Bruns, Christoph/Frieder Meyer-Bullerdiek (2020): Professionelles Portfoliomanagement: Aufbau, Umsetzung und Erfolgskontrolle strukturierter Anlagestrategien, 6. Aufl., Schäffer-Poeschel.

Bruns, Jan (2021): Gebrauchtes bei EBay verkaufen: 5 Tipps, wie der Privatverkauf gelingt, IMTEST, [online] https://www.imtest.de/10142/ratgeber/bei-ebay-verkaufen-5-tipps.

Bundeshaushalt 2023 in Höhe von 476 Milliarden Euro beschlossen (o. D.): Deutscher Bundestag, [online] https://www.bundestag.de/dokumente/textarchiv/2022/kw45-pa-haushalt-bereinigungssitzung-918112.

Bundeshaushalt digital (o. D.): Bundesministerium der Finanzen, [online] https://www.bundeshaushalt.de/DE/Bundeshaushalt-digital/bundeshaushalt-digital.html.

Büschgen, Hans E. (2012): Das kleine Börsen-Lexikon, 23. Aufl., Schäffer-Poeschel.

Busse von Colbe, Walther/Nils Crasselt/Bernhard Pellens (2011): Lexikon des Rechnungswesens: Handbuch der Bilanzierung und Prüfung, der Erlös-, Finanz-, Investitions- und Kostenrechnung, 5. Aufl., De Gruyter Oldenbourg.

Coca-Cola Dividende (o. D.): Aktienfinder, [online] https://aktienfinder.net/dividenden-profil/Coca-Cola-Dividende.

Das ist die teuerste Zigarre der Welt (o. D.): CIGARWORLD, [online] https://www.cigarworld.de/zigarrenlexikon/teuerste-zigarre#:~:text=-Der%20Preis%20f%C3%BCr%20ein%20derart,auch%20ein%20echtes%20Sammlerobjekt%20darstellte.

Das sind die 5 größten Fehler bei Gehaltsverhandlungen (o. D.): in: stern, [online] https://www.stern.de/wirtschaft/news/gehalt-verhandeln--fuenf-fehler--die-einer-gehaltserhoehung-im-wege-stehen-6431204.html.

Dash, Mike (2001): Tulpenwahn: Die verrückteste Spekulation der Geschichte, Ullstein.

DAX-Rendite-Dreieck (o. D.): Deutsches Aktieninstitut, [online] https://www.dai.de/detail/50-jahre-aktien-renditen-das-dax-rendite-dreieck-des-deutschen-aktieninstituts-stand-dezember-2019/.

Der 100 Euro-Schein (o. D.): EU-Info. Deutschland, [online] https://www.eu-info.de/euro-waehrungsunion/5065/5664/5670/#:~:text=-Der%20einhundert%20Euro%2DSchein%20(14,Schmuckwerk%20dr%C3%BCcken%20die%20Gesamtgestaltung%20aus.

Der „Bad Boy" ist pleite (2003): manager magazin, [online] https://www.manager-magazin.de/unternehmen/karriere/a-259889.html.

Der Börsencrash des Jahres 1929 (o. D.): boerse.de, [online] https://www.boerse.de/boersenwissen/boersengeschichte/Der-Boersencrash-des-Jahres-1929-69.

Deutscher Kaffeemarkt 2021 erneut gewachsen (2022): [online] https://www.kaffeeverband.de/de/presse/deutscher-kaffeemarkt-2021-erneut-gewachsen.

Die 20 besten Tipps zum Heizkosten Sparen (2022): Heizsparer, [online] https://www.heizsparer.de/spartipps/heizkosten/die-20-besten-tipps-zum-heizkosten-sparen.

Die 500 besten Spar-Tricks: Haushalt, Freizeit, Alltag & Co. (2023): Naumann & Göbel.

Die ältesten Fonds der Welt (2006): e-fundresearch.com, [online] https://e-fundresearch.com/funds/artikel/6568-die-aeltesten-fonds-der-welt.

Die bunte Geschichte der Tulpe (o. D.): WISSEN DIGITAL, [online] https://www.wissen-digital.de/Die_bunte_Geschichte_der_Tulpe.

Die Deutschen geben im Jahr pro Person etwa 50 Euro im Geschäft aus (2019): in: Berliner Morgenpost, 27.01.2019, [online] https://www.morgenpost.de/ratgeber/article216303227/Die-Deutschen-geben-Milliarden-im-Jahr-fuer-Kaffee-aus.html.

Die Fondsanlage – eine bewährte Idee (o. D.): BVI, [online] https://www.bvi.de/fondswissen/basiswissen-zu-fonds/die-fondsanlage-eine-bewaehrte-idee/.

Die meisten Fonds zum Nulltarif (2023): Stiftung Warentest, [online] https://www.test.de/Fondsvermittler-Tausende-Investmentfonds-ohne-Ausgabeaufschlag-4897469-0/.

Digitalabos: Mit diesen 5 Tipps sparen Sie bares Geld (2023): Pnp.de, [online] https://www.pnp.de/ratgeber/geld-recht/digitalabos.

Dividendenaktien: Rekordausschüttung im DAX (2023): comdirect Magazin, [online] https://magazin.comdirect.de/maerkte-im-blick/dividendenstarke-aktien#:~:text=%E2%80%9EDie%20durchschnittliche%20Dividendenrendite%20im%20DAX,Aussch%C3%BCttungen%20im%20Vergleich%20zum%20Vorjahr.

Dow Jones 30 Industrial (o. D.): finanzen.net, [online] https://www.finanzen.net/index/dow_jones/historisch.

Dräbing, Theresa (2019): So kann man seine persönliche CO_2-Bilanz verbessern, in: Frankfurter Rundschau, 26.09.2019, [online] https://www.fr.de/wirtschaft/co2-ausstoss-verbessert-persoenliche-co2-bilanz-12208180.html.

Durchschnittliche Eigenkapitalquoten von mittelständischen Unternehmen in Deutschland nach Beschäftigtengrößenklassen von 2007 bis 2021 (2023): Statista, [online] https://de.statista.com/statistik/daten/studie/150148/umfrage/durchschnittliche-eigenkapitalquote-im-deutschen-mittelstand/.

Düsterhöft, Arne (2021): Glasfaser: Für wen sich der schnellere Internet-Anschluss lohnt, in: Hamburger Abendblatt, 19.11.2021, [online] https://www.abendblatt.de/ratgeber/article233878461/glasfaser-internet-test-fuer-wen-sich-anschluss-lohnt.html#:~:text=-Glasfaser%20vor%20allem%20gut%20f%C3%BCr%20Dauersurfer%20und%20Hausbesitzer&text=Es%20gibt%20deutlich%20weniger%20St%C3%B6rungen,ein%20Glasfaseranschluss%20genau%20das%20Richtige.

Eckzahlen 2022 in vier Sprachen (o. D.): Deutsche Rentenversicherung, [online] https://www.deutsche-rentenversicherung.de/SharedDocs/Downloads/DE/Statistiken-und-Berichte/statistikpublikationen/eckzahlen_2022_deutsch.html.

Edwards, Robert D./John Magee/W. H. C. Bassetti (2022): Technische Analyse von Aktientrends, Börsenbuchverlag.

Emden, Timo (2021): Top 10 der DAX-Dividendenaktien im Jahr 2021, IG, [online] https://www.ig.com/de/nachrichten-und-trading-ideen/top-10-der-dax-dividendenaktien-im-jahr-2021-210402.

Entgelt für die Trinkwasserversorgung in Tarifgebieten nach Tariftypen (2023): Statistisches Bundesamt, [online] https://www.destatis.de/DE/Themen/Gesellschaft-Umwelt/Umwelt/Wasserwirtschaft/Tabellen/tw-08-entgelt-trinkwasserversorgung-tarifgeb-nach-tariftypen-2020-2022-land-bund.html.

Essensreste entsorgen (o. D.): Entsorgen.org, [online] https://entsorgen.org/essensreste/.

Existenzgründung im Nebenerwerb (o. D.): IHK Erfurt, [online] https://www.ihk.de/erfurt/service/existenzgruendung/tipps-rund-um-die-gruendung/existenzgruendung-im-nebenerwerb-396818.

Fixkosten (o. D.): Gabler Banklexikon, [online] https://www.gabler-banklexikon.de/definition/fixkosten-57966.

Fondak – Deutschlands ältester Aktienfonds (o. D.): Allianz Global Investors, [online] https://de.allianzgi.com/de-de/unsere-fonds/fondak.

Fonds (o. D.): in: DWDS, [Wörterbucheintrag] https://www.dwds.de/wb/Fonds.

Fries, Hans-Peter (2018): Wirtschaftsprivatrecht: Wirtschaftsrelevante Grundzüge des Privatrechts, 2. Aufl., Oldenbourg Wissenschaftsverlag.

Frühauf, Markus (2022): Deutsche Privatanleger stürzen sich auf ETF, in: Frankfurter Allgemeine Zeitung, 01.02.2022, [online] https://www.faz.net/aktuell/finanzen/anlage-von-vermoegen-deutsche-privatanleger-stuerzen-sich-auf-etf-17770884.html.

Gabler Wirtschaftslexikon (2013): 18. Aufl., Springer Gabler.

Galbraith, John Kenneth (2020): Die Geschichte der Spekulationsblasen: Die Psychologie hinter vier Jahrhunderten Gier und Panik an der Börse, Börsenbuchverlag.

Galbraith, John Kenneth/Max Otte (2017): Der große Crash 1929: Ursachen, Verlauf, Folgen, FinanzBuch Verlag.

Gebert, Christian (2022): Nebengewerbe und das Finanzamt, steuerberaten.de, [online] https://www.steuerberaten.de/blog/376/nebengewerbe-und-das-finanzamt/.

Gemoll, Wilhelm/Karl Vretska (2006): Βύρσα, in: Gemoll. Griechisch-deutsches Schulwörterbuch und Handwörterbuch, 10. Aufl., Oldenbourg Wissenschaftsverlag, [Wörterbucheintrag].

Gemoll, Wilhelm/Karl Vretska (2005): Θησαυρός, in: Gemoll. Griechisch-deutsches Schulwörterbuch und Handwörterbuch, 10. Aufl., Oldenbourg Wissenschaftsverlag, [Wörterbucheintrag].

„Generationenkapital": Bund will mehr Geld in die Aktienrente einzahlen (2023): in: mdr, 07.08.2023, [online] https://www.mdr.de/nachrichten/deutschland/politik/aktien-rente-mehr-geld-renten-versicherung-100.html#:~:text=Um%20die%20Rentenversicherung%20 k%C3%BCnftig%20zu,Milliarden%20Euro%20Kapital%20erreicht%20 werden.

Genießen mit Verstand – Verantwortungsvoller Umgang mit Genussmitteln (o. D.): Bayerisches Staatsministerium für Gesundheit und Pflege, [online] https://www.stmgp.bayern.de/vorsorge/gesund-leben/verantwortungsvoller-umgang-mit-genussmitteln/#:~:text=Allgemein%20gelten%20Kaffee%2C%20Tee%2C%20Schokolade,am%20Zustandekommen%20des%20Genusserlebnisses%20beteiligt.

Gerhäuser, Petra/Angela Baumgarten (2022): Auto Bar bezahlen, Finanzierung oder Leasing?, ADAC, [online] https://www.adac.de/rund-ums-fahrzeug/auto-kaufen-verkaufen/finanzierung-leasing/barkauf/.

Gerke, Wolfgang (2002): Gerke Börsen Lexikon, Gabler Verlag.

Gesundheit, Geld, Familie? Das macht die Deutschen wirklich glücklich (2019): in: FOCUS online, 11.10.2019, [online] https://www.focus.de/gesundheit/ratgeber/umfrage-hat-ergeben-das-macht-die-deutschen-wirklich-gluecklich_id_11227761.html.

Gig Economy (2020): Gabler Wirtschaftslexikon, [online] https://wirtschaftslexikon.gabler.de/definition/gig-economy-122673.

Graham, Benjamin/David Dodd (2016): Die Geheimnisse der Wertpapieranalyse: Überlegenes Wissen für Ihre Anlageentscheidung, 5. Aufl., FinanzBuch Verlag.

Gramlich, Ludwig/Peter Gluchowski/Andreas Horsch/Klaus Schäfer/Gerd Waschbusch (2021): Gabler Banklexikon: Bank – Börse – Finanzierung, 15. Aufl., Springer Gabler.

Gründerkrach (o. D.): Geschichte Österreich, [online] https://www.geschichte-oesterreich.com/ereignisse/1873/gruenderkrach.html.

Gut haushalten – 19 Spartipps für Einkauf und Küche (o. D.): Oma kocht, [online] https://www.oma-kocht.de/gut-haushalten-spartipps-fur-einkauf-und-kuche/.

Haase, Julia (2017): Na, heute schon richtig geduscht?, in: WELT, 12.05.2017, [online] https://www.welt.de/kmpkt/article164471625/Na-heute-schon-richtig-geduscht.html.

Habeck, Christian (2021): Aktien KGV Erklärung: So wird das KGV berechnet » Was sagt KGV aus?, Brokervergleich.net, [online] https://www.brokervergleich.net/aktien-kgv-erklaerung/.

Haddad, Jakob (2021): Privatverkauf: Wieviel darf ich verkaufen ohne Gewerbe?, JuraRat, [online] https://jurarat.de/wieviel-darf-ich-verkaufen-ohne-gewerbe.

Hakenes, Jens (2023): Strom sparen im Haushalt: 25 einfache Tipps, co2online, [online] https://www.co2online.de/energie-sparen/strom-sparen/strom-sparen-stromspartipps/strom-sparen-tipps-und-tricks/.

Hakenes, Jens (2022): Wasser sparen: 10 wirksame Sparmaßnahmen, co2online, [online] https://www.co2online.de/energie-sparen/wasser-sparen/wasserspartipps/wasser-sparen-die-10-besten-tipps/.

Half, Robert (2021): Endlich mehr Geld verdienen! 7 Tipps für eine langfristige Gehaltssteigerung, Robert Half, [online] https://www.roberthalf.com/de/de/insights/karriereentwicklung/8-zielsichere-methoden-fuer-mehr-lohn.

Händewaschen (o. D.): infektionsschutz.de, [online] https://www.infektionsschutz.de/haendewaschen/.

Hannemann, Patrick (2023): Gratis zum Geburtstag: Bei diesen Attraktionen können Sie sich den Eintritt sparen, CHIP, [online] https://www.chip.de/news/Gratis-zum-Geburtstag-Bei-diesen-Attraktionen-koennen-Sie-sich-den-Eintritt-sparen_184603952.html.

ter Haseborg, Volker/Melanie Bergermann (2020): Die Wirecard-Story: Die Geschichte einer Milliarden-Lüge, FinanzBuch Verlag.

Hasler, Peter Thilo (2011): Aktien richtig bewerten: Theoretische Grundlagen praktisch erklärt, Springer Gabler.

Häufig gestellte Fragen zum Aufgebotsverfahren (o. D.): Amtsgericht Karlsruhe, [online] https://amtsgericht-karlsruhe.justiz-bw.de/pb/,Lde/Startseite/Service/FAQ+Aufgebotsverfahren.

Heimann, Stefan (2023): Dachdämmung: Methoden, Kosten & Förderung 2023, co2online, [online] https://www.co2online.de/modernisieren-und-bauen/daemmung/dachdaemmung/#c131273.

Heimann, Stefan (o. D.): Energiesparen unterwegs: die 15 besten Tipps, co2online, [online] https://www.co2online.de/klima-schuetzen/mobilitaet/energiesparen-unterwegs-14-tipps/#c27367.

Heizung: 10 einfache Tipps zum Heizkosten sparen (2022): Verbraucherzentrale, [online] https://www.verbraucherzentrale.de/wissen/energie/heizen-und-warmwasser/heizung-10-einfache-tipps-zum-heizkosten-sparen-13892.

Hendrich, Cornelia Karin (2019): Fast jeder Dritte hat am Monatsende kein Geld mehr, in: WELT, 23.02.2019, [online] https://www.welt.de/wirtschaft/article189283761/Sparverhalten-der-Deutschen-Fast-jeder-Dritte-hat-am-Monatsende-kein-Geld-mehr.html.

Herbert, Carsten (2023): Alles, was Sie über Energiesparen wissen müssen: Erklärungen und Tipps vom Energiesparkommissar, Herder.

Herrmann, Sebastian (2015): Hungrige Menschen kaufen mehr, in: Süddeutsche Zeitung, 17.02.2015, [online] https://www.sueddeutsche.de/wissen/psychologie-hungrige-menschen-kaufen-mehr-1.2353359.

Hess, Tom (2021): Der Wasserverbrauch von einer Waschmaschine, Hausjournal, [online] https://www.hausjournal.net/wasserverbrauch-waschmaschine.

Höhe des durchschnittlichen Netto-Stundenlohns je Arbeitnehmer in Deutschland von 1991 bis 2022 (2023): Statista, [online] https://de.statista.com/statistik/daten/studie/17494/umfrage/deutschland-arbeitsverguetung-stundenlohn/#:~:text=Durchschnittlicher%20Stundenlohn%20in%20Deutschland%20bis%202021&text=Im%20Jahr%202021%20betrug%20der,19%2C88%20Euro%20pro%20Stunde.

Hopfensperger, Georg/Claudia Finsterlin (2023): Energiesparen für Immobilieneigentümer und Verwalter: Gebäudeenergiegesetz, Heizkosten, Nachrüstpflichten, Haufe.

Ihr Restmüll ist bei uns in guten Händen (o. D.): AHA Zweckverband Abfallwirtschaft Region Hannover, [online] https://www.aha-region.de/abfaelle-und-wertstoffe/restabfaelle.

Inflationsrate im Jahr 2022 bei +7,9 % (2023): Statistisches Bundesamt, [online] https://www.destatis.de/DE/Presse/Pressemitteilungen/2023/01/PD23_022_611.html#:~:text=WIESBADEN%20%E2%80%93%20Die%20Verbraucherpreise%20in%20Deutschland,%2B3%2C1%20%25%20gelegen.

Jedem Dritten droht Rente von unter 1300 Euro (2022): in: DER SPIEGEL, 01.01.2022, [online] https://www.spiegel.de/wirtschaft/

altersarmut-jedem-dritten-droht-rente-von-unter-1300-euro-a-3cad5e45-a025-4229-898e-e44db10ecf63.

Jeder dritte Deutsche hat kein Geld für plötzliche Ausgaben (2022): in: FOCUS online, 05.10.2022, [online] https://www.focus.de/finanzen/menschen-haben-kaum-ruecklagen-jeder-dritte-deutsche-hat-kein-geld-fuer-ploetzliche-ausgaben_id_159574212.html.

Jeder Mensch in Deutschland nutzt durchschnittlich 128 Liter Wasser pro Tag (2022): Statistisches Bundesamt, [online] https://www.destatis.de/DE/Presse/Pressemitteilungen/Zahl-der-Woche/2022/PD22_12_p002.html.

Jeder soll in die Rentenkasse einzahlen (2023): in: Frankfurter Allgemeine Zeitung, 07.02.2023, [online] https://www.faz.net/aktuell/politik/gerichtspraesident-jeder-soll-in-die-rentenkasse-einzahlen-18660715.html.

Kann man Leitungswasser trinken? (2023): Verbraucherzentrale, [online] https://www.verbraucherzentrale.de/wissen/umwelt-haushalt/wasser/kann-man-leitungswasser-trinken-34836#:~:text=-Leitungswasser%.

Kellerhoff, Sven Felix (2018): Diese Spekulationsblase ruinierte das reichste Land, in: WELT, 07.02.2018, [online] https://www.welt.de/geschichte/article173284717/Tulpenrausch-Als-Tulpen-200-mal-so-teuer-waren-wie-Gold.html.

Kersting, Silke/Dietmar Neuerer (2022): Bis zu 500 Euro Unterschied: In diesen Städten zahlen Bürger die höchsten Abfallgebühren, in: Handelsblatt, 29.06.2022, [online] https://www.handelsblatt.com/politik/muellgebuehrenranking-2022-bis-zu-500-euro-unterschied-in-diesen-staedten-zahlen-buerger-die-hoechsten-abfall-gebuehren/28461054.html.

Killingsworth, Matthew A./Daniel Kahneman/Barbara Mellers (2023): Income and emotional well-being: A conflict resolved, in: Proceedings of the National Academy of Sciences of the United States of America, National Academy of Sciences, Bd. 120, Nr. 10, [online] doi:10.1073/pnas.2208661120.

Kirchner, Christian (2017): „Immobilien schlagen Aktien“, Capital, [online] https://www.capital.de/wirtschaft-politik/geldanlage-immobilien-schlagen-aktien-wirtschaftshistoriker-schularick-8469.

Klöckner, Bernd W. (2003): Fonds erfolgreich verkaufen: Mit Berechnungen und Fakten überzeugend argumentieren, Gabler Verlag.

Kloth, Philipp (o. D.): Ratgeber: Lohnt sich ein Balkonkraftwerk?, energieheld, [online] https://www.energieheld.de/solaranlage/photovoltaik/balkonkraftwerk#:~:text=Ein%20Balkonkraftwerk%20lohnt%20sich%20meist,als%204.900%20Euro%20Stromkosten%20eingespart.

Kommer, Gerd (2022): Der leichte Einstieg in die Welt der ETFs: Unkompliziert vorsorgen – ein Starterbuch für Finanzanfänger, FinanzBuch Verlag.

Kommer, Gerd (2023): Souverän Investieren für Einsteiger: Wie Sie mit ETFs ein Vermögen bilden, 2. Aufl., Campus Verlag.

Kompakt-Lexikon Wirtschaft: 5.400 Begriffe nachschlagen, verstehen, anwenden (2014): 12. Aufl., Springer Gabler.

Konsumausgaben privater Haushalte in den Gebietsständen (2022): Statistisches Bundesamt, [online] https://www.destatis.de/DE/Themen/Gesellschaft-Umwelt/Einkommen-Konsum-Lebensbedingungen/Konsumausgaben-Lebenshaltungskosten/Tabellen/konsumausgaben-gb-lwr.html?nn=209992.

Konsumausgaben privater Haushalte in Deutschland (2022): Statistisches Bundesamt, [online] https://www.destatis.de/DE/Themen/Gesellschaft-Umwelt/Einkommen-Konsum-Lebensbedingungen/Konsumausgaben-Lebenshaltungskosten/Tabellen/privater-konsum-d-lwr.html.

Kontio, Carina (2019): So unterscheidet sich der Stundensatz der Selbstständigen von dem der Festangestellten, in: Handelsblatt, 28.08.2019, [online] https://www.handelsblatt.com/karriere/freelancer-kompass-2019-so-unterscheidet-sich-der-stundensatz-der-selbststaendigen-von-dem-der-festangestellten/24935554.html.

Kühn, Stefanie/Markus Kühn (2021): Alles über Fonds: Das Wichtigste zu ETF, Rendite, Kosten und Strategien, 3. Aufl., Stiftung Warentest.

Kümpel, Nadine (2023): Photovoltaik Amortisation beim Anlagenkauf, Wegatech, [online] https://www.wegatech.de/ratgeber/photovoltaik/kosten-und-wirtschaftlichkeit/amortisation/#:~:text=Eine%20Photovoltaikanlage%20lohnt%20sich%2C%20denn,entscheidenden%20Teil%20Ihrer%20Stromkosten%20ein.

Laage, Philipp (2022): Geld sparen und Gutes tun mit Secondhand-Shopping, WEB.DE, [online] https://web.de/magazine/ratgeber/beauty-lifestyle/mode-geld-sparen-gutes-secondhand-shopping-35494554.

Lebenserwartung (o. D.): Demografieportal, [online] https://www.demografie-portal.de/DE/Fakten/lebenserwartung.html.

Lebensmittelabfälle in Deutschland: Aktuelle Zahlen zur Höhe der Lebensmittelabfälle nach Sektoren (2023): Bundesministerium für Ernährung und Landwirtschaft, [online] https://www.bmel.de/DE/themen/ernaehrung/lebensmittelverschwendung/studie-lebensmittelabfaelle-deutschland.html.

Leverage (o. D.): in: PONS, [Wörterbucheintrag] https://de.pons.com/%C3%BCbersetzung/englisch-deutsch/leverage.

Leyrer, Götz (2010): Eco-Reifen im Vergleichstest, auto motor und sport, [online] https://www.auto-motor-und-sport.de/verkehr/energiespar-reifen-im-test-soviel-sprit-kann-man-sparen/.

Lorenz, Friederike (2011): Tulpomanie: Von der Liebhaberei zur Spekulation, Universität Münster, [online] https://www.uni-muenster.de/NiederlandeNet/nl-wissen/kultur/blumenland/manie.html.

Megatrend Second Hand? Der Handel mit Gebrauchtwaren (2018): FashionNetwork, [online] https://de.fashionnetwork.com/news/Megatrend-second-hand-der-handel-mit-gebrauchtwaren,1030595.html#:~:text=Laut%20Daten%20des%20Statistischen%20Bundesamts,2014%20(785%20Mio%20Euro).

Mehr als 890 Millionen unbezahlte Überstunden in Deutschland (2023): Personal-Wissen.de, [online] https://www.personal-wissen.de/12612/mehr-als-890-millionen-unbezahlte-ueberstunden-in-deutschland/.

Mehr als ein Drittel (37 %) der monatlichen Konsumausgaben entfallen aufs Wohnen (o. D.): Statistisches Bundesamt, [online] https://www.destatis.de/DE/Themen/Gesellschaft-Umwelt/Einkommen-Konsum-Lebensbedingungen/Konsumausgaben-Lebenshaltungskosten/aktuell.html.

Mehr Effizienz und Sparen im Haushalt (o. D.): Bundesministerium für Wirtschaft und Klimaschutz, [online] https://www.energiewechsel.de/KAENEF/Navigation/DE/Mitmachen/Alltag/Energiesparen/energiespartipps.html?etcc_cmp=energiewechsel&etcc_med=sea&etcc_par=-google-ads&etcc_ctv=energieeffizienz-energie-sparen.

Melchior, Laura (2018): Second-Hand-Ware: Der ReCommerce-Markt in Deutschland, INTERNET WORLD, [online] https://www.internetworld.de/digitaler-handel/online-handel/second-hand-ware-recommerce-markt-in-deutschland-1459702.html.

Millionär durch Nachhilfe-Job – der Weg zum Super-Tutor (2018): in: stern, 10.11.2018, [online] https://www.stern.de/wirtschaft/job/millionaer-durch-nachhilfe-job---der-weg-zum-super-tutor-8439312.html.

Millionen Beschäftigte machen Überstunden (2022): in: tagesschau, 06.07.2022, [online] https://www.tagesschau.de/wirtschaft/unternehmen/ueberstunden-statistik-101.html.

Minijob (o. D.): Bundesagentur für Arbeit, [online] https://www.arbeitsagentur.de/lexikon/minijob.

Mit Bus und Bahn sicherer und umweltfreundlicher unterwegs (2023): Umweltbundesamt, [online] https://www.umweltbundesamt.de/umwelttipps-fuer-den-alltag/mobilitaet/bus-bahn-fahren#unsere-tipps.

Mit Rollläden Heizkosten sparen (o. D.): Bundesverband Rollladen + Sonnenschutz e. V., [online] https://rs-fachverband.de/blog/2017/01/26/mit-rolllaeden-heizkosten-sparen/#:~:text=Das%20Fraunhofer%20Institut%20f%C3%BCr%20Bauphysik,Rollladen%20den%20W%C3%A4rmeschutz%20noch%20verbessern.

Mit Zigarettenverzicht 300.000 Euro in 30 Jahren sparen (2020): PRESSEPORTAL, [online] https://www.presseportal.de/pm/19139/4609179.

Mitsis, Konstantinos (2022): Mit einfachen Tipps können Sie sofort im Supermarkt 140 Euro im Monat sparen, in: FOCUS online, 20.05.2022, [online] https://www.focus.de/finanzen/news/bei-aldi-lidl-rewe-oderedeka-mit-einfachen-tipps-koennen-sie-sofort-im-supermarkt-140-euro-im-monat-sparen_id_100122149.html.

Monatsbericht: Vermögen in Deutschland sind deutlich gestiegen (2023): Deutsche Bundesbank, [online] https://www.bundesbank.de/de/aufgaben/themen/monatsbericht-vermoegen-in-deutschland-sind-deutlich-gestiegen-907726.

Mosthaf, Philipp (2022): Gehaltserhöhung: Wie Sie durch geschickte Jobwechsel Ihr Gehalt um 30 Prozent steigern, in: Merkur.de, 20.06.2022, [online] https://www.merkur.de/leben/karriere/gehaltserhoehung-jobwechsel-30-prozent-mehr-karriere-job-gehalt-geld-zr-91615864.html.

Mücke, Peter (2022): Vor 25 Jahren ging Amazon an die New Yorker Börse, in: tagesschau, 15.05.2022, [online] https://www.tagesschau.de/wirtschaft/unternehmen/amazon-boerse-new-york-101.html.

Mueller, Pam A./Daniel M. Oppenheimer (2014): The pen is mightier than the keyboard: advantages of longhand over laptop note taking, in: Psychological Science, Bd. 25, Nr. 6, S. 1159–1168, [online] doi:10.1177/0956797614524581.

Müllabfuhr: Welche Kosten jährlich muss man rechnen? (o. D.): Kostencheck, [online] https://kostencheck.de/muellabfuhr-kosten-jaehrlich.

Murphy, John J. (2006): Technische Analyse der Finanzmärkte: Grundlagen, Methoden, Strategien, Anwendungen, FinanzBuch Verlag.

Nachhaltige Dividendenzahler: Auf diese Unternehmen können Anleger trotz Corona setzen (2020): BÖRSE ONLINE, [online] https://www.boerse-online.de/nachrichten/aktien/nachhaltige-dividendenzahler-auf-diese-unternehmen-koennen-anleger-trotz-corona-setzen-20313760.html.

Narat, Ingo (2020): Legendärer „Pioneer Fund" leidet unter Mittelabflüssen, in: Handelsblatt, 07.01.2020, [online] https://www.handelsblatt.com/finanzen/anlagestrategie/fonds-etf/fonds-unter-der-lupe-legendaerer-pioneer-fund-leidet-unter-mittelabfluessen/25395594.html.

Nebengewerbe (o. D.): sevDesk, [online] https://sevdesk.de/lexikon/nebengewerbe/.

Nebengewerbe anmelden (o. D.): GRÜNDERPLATTFORM, [online] https://gruenderplattform.de/ratgeber/nebengewerbe-anmelden#:~:text=Der%20Begriff%20Nebengewerbe%20impliziert%2C%20dass,Einkommen%20und%20soziale%20Sicherheit%20garantiert.

Nebenkosten sparen: So kann die „zweite Miete" reduziert werden (o. D.): Immobilo, [online] https://www.immobilo.de/info/nebenkosten-sparen.

Neue Rekordmenge an Haushaltsabfällen im Jahr 2021 (2022): Statistisches Bundesamt, [online] https://www.destatis.de/DE/Presse/Pressemitteilungen/2022/12/PD22_546_321.html#:~:text=-WIESBADEN%20%E2%80%93%20Im%20Jahr%202021%20ist,Kopf%20483%20Kilogramm%20Haushaltsabf%C3%A4lle%20eingesammelt.

Neumann, Markus (2021): Das ETF-Portfolio: Wie Sie ein fast unschlagbares Depot zusammenstellen und managen, Walde + Graf Verlagsagentur und Verlag.

Nordenbrock, Kay (2023): Entspricht 809.000 Vollzeitstellen: So viele Überstunden machen die Deutschen, t3n, [online] https://t3n.de/news/ueberstunden-deutschland-arbeit-1556239/#:~:text=Laut%20Bundesamt%20ist%20das%20auf,2022%2C%20allerdings%20insgesamt%20deutlich%20h%C3%B6her.

Nowag, Thorsten/Arne Düsterhöft (2022): Kabel- und DSL-Vergleich: Ein schneller Internettarif muss nicht teuer sein, Finanztip, [online] https://www.finanztip.de/internetanbieter/kabel-dsl-vergleich/.

Obertreis, Rolf (2016): 20 Jahre Telekom-Börsengang: Eine Aktie fürs Volk, in: TAGESSPIEGEL, 18.11.2016, [online] https://www.tagesspiegel.de/wirtschaft/eine-aktie-furs-volk-3774973.html.

Österle, Stefanie (2023): Telefonanschluss – so viel kostet der Festnetzanschluss, DSLWEB, [online] https://www.dslweb.de/telefonanschluss.php.

Paál, Gábor (2022): Wer profitiert davon, wenn ich eine Pfandflasche nicht zum Händler zurückbringe?, in: SWR, 22.02.2022, [online] https://www.swr.de/wissen/1000-antworten/wer-profitiert-wenn-pfandflaschen-nicht-zurueckgegeben-werden-100.html.

Passives Einkommen – der Weg in die finanzielle Freiheit (o. D.): GRÜNDERPLATTFORM, [online] https://gruenderplattform.de/blog/passives-einkommen.

Passives Einkommen: 10 Ideen Geld zu verdienen • WeltSparen (o. D.): WeltSparen, [online] https://www.weltsparen.de/geldanlage/vermoegensaufbau/passives-einkommen/.

Petersdorff-Campen, Winand von (2019): Amerikas Mythos vom armen Multijobber, in: Frankfurter Allgemeine Zeitung, 04.07.2019, [online] https://www.faz.net/aktuell/wirtschaft/mehr-wirtschaft/amerikas-mythos-vom-armen-multijobber-16267911.html.

Pfister, Ulrich/Jan-Otmar Hesse/Mark Spoerer/Nikolaus Wolf (2021): Deutschland 1871: Die Nationalstaatsbildung und der Weg in die moderne Wirtschaft, Mohr Siebeck.

Pflock, Kevin (2023): 31 seriöse Tipps, um 2023 passives Einkommen aufzubauen, Junge Gründer, [online] https://www.junge-gruender.de/passives-einkommen/.

Pkw-Dichte im Jahr 2021 auf Rekordhoch (2022): Statistisches Bundesamt, [online] https://www.destatis.de/DE/Presse/Pressemitteilungen/2022/09/PD22_N058_51.html#:~:text=Die%20Zahl%20der%20zugelassenen%20Autos,48%2C2%20Millionen%20Pkw).

Pöhler, Daniel (2019): Wie dein Auto weniger Kosten verursacht, Finanztip, [online] https://www.finanztip.de/auto-spartipps/.

Pöhler, Daniel/Frederike Roser (2016): Eigenes Auto oder Carsharing – was ist günstiger?, Finanztip, [online] https://www.finanztip.de/carsharing/kostenvergleich/.

Prack, Norbert (2023): Flugpreise 2023: Diese Flüge und Ziele werden deutlich teurer, ADAC, [online] https://www.adac.de/news/fluege-teurer-2023/.

Pressemitteilung: Kienbaum veröffentlicht Gehaltsentwicklungsprognose 2022 (2021): [online] https://www.presseportal.de/pm/29566/5027643#:~:text=Die%20prognostizierten%20Erh%C3%B6hungen%20in%20Deutschland,Prozent%20die%20h%C3%B6chste%20durchschnittliche%20Gehaltsentwicklung.

Prinzen, Sabrina (2003): Die etymologische Untersuchung von Bursche und Börse. Verschiedene Wörter – ein gemeinsamer Ursprung. GRIN Verlag.

Putz, Ulrike (2015): Dieser Nachhilfe-Star verdient Millionen, in: DER SPIEGEL, 28.10.2015, [online] https://www.spiegel.de/lebenundlernen/schule/hong-kong-dieser-nachhilfe-star-verdient-millionen-a-1058870.html.

Raab, Wolfgang (2019): Grundlagen des Investmentfondsgeschäftes, 7. Aufl., Springer Gabler.

Rassek, Anja (2020): Gig-Working: Ausbeutung oder Alternative?, karrierebibel, [online] https://karrierebibel.de/gig-working/.

Rauch, Theresa (2023): Heizungsrohre isolieren: So geht's, co2online, [online] https://www.co2online.de/modernisieren-und-bauen/sanierung-modernisierung/heizungsrohre-isolieren-anleitung/.

Rauchen (2021): Bundesministerium für Gesundheit, [online] https://www.bundesgesundheitsministerium.de/service/begriffe-von-a-z/r/rauchen.html#:~:text=In%20Deutschland%20rauchen%20insgesamt%2023,in%20der%20Raucherquote%20zu%20beobachten.

ReCommerce in Deutschland 2017 Report (o. D.): Statista, [online] https://de.statista.com/statistik/studie/id/48118/dokument/recommerce-2017/.

Rentenlücken: 80 Prozent des letzten Nettogehalts anpeilen (2015): in: Süddeutsche Zeitung, 16.10.2015, [online] https://www.sueddeutsche.de/wirtschaft/finanzen-rentenluecken-80-prozent-des-letzten-nettogehalts-anpeilen-dpa.urn-newsml-dpa-com-20090101-151014-99-08060.

Rentenniveau (o. D.): Deutsche Rentenversicherung, [online] https://www.deutsche-rentenversicherung.de/DRV/DE/Rente/Allgemeine-Informationen/Wissenswertes-zur-Rente/FAQs/Rente/Rentenniveau/Rentenniveau_Liste.html#b0fa8f9d-62cd-428f-afaf-e5488a4b4ffe.

Romanski, Katharina (2022): Arbeiten bis 70? 4 Grafiken erklären das deutsche Rentenproblem, in: FOCUS online, 03.12.2022, [online] https://www.focus.de/finanzen/altersvorsorge/babyboomer-verlassenarbeitsmarkt-arbeiten-bis-70-wegen-uebermacht-der-alten-4-grafiken-erklaeren-das-deutsche-rentenproblem_id_129951110.html.

Roodsari, Ali Vahid (2022): Wie gesund ist Leitungswasser?, Apotheken Umschau, [online] https://www.apotheken-umschau.de/gesund-bleiben/ernaehrung/wie-gesund-ist-leitungswasser-875349.html.

Rudnicki, Jan (2022): Gehaltserhöhung: Mit diesen Tipps läuft die Gehaltsverhandlung glatt, about_work, [online] https://www.step-stone.de/magazin/artikel/gehaltserhoehung-mit-diesen-tipps-laeuft-die-gehaltsverhandlung-glatt.

Rusche-Göllnitz, Angelika (o. D.): Wegwerfgesellschaft, ADE: 25 einfache Tipps zur Müllvermeidung, ENTEGA, [online] https://www.entega.de/blog/muellvermeidung-tipps/.

Sachenrecht (o. D.): RECHTSWISSENSCHAFT VERSTEHEN, [online] https://www.rechtswissenschaft-verstehen.de/zivilrecht/buergerliches-gesetzbuch-bgb/sachenrecht/.

Sample (o. D.): in: PONS, [Wörterbucheintrag] https://de.pons.com/%C3%BCbersetzung/englisch-deutsch/sample.

Schamberg, Jörg (2023): Glasfaseranschluss: Welche Kosten fallen für den Internetzugang an?, Verivox GmbH, [online] https://www.verivox.de/internet/ratgeber/glasfaseranschluss-welche-kosten-fallen-fuer-den-internetzugang-an-1119928/#:~:text=Im%20Gegensatz%20zu%20einem%20Anschluss,Access%22%2DPrinzip%20ausgebaut%20wird.

Scharpenberg, Jan (2023): So soll die Rentenversicherung entlastet werden, Finanztip, [online] https://www.finanztip.de/aktienrente/.

Schlömer, Oliver (2023): Wasser wird in Deutschland immer kostbarer, in: Frankfurter Allgemeine, 31.07.2023, [online] https://www.faz.

net/aktuell/wirtschaft/schneller-schlau/grundwasserspiegel-sinkt-wasserverbrauch-der-deutschen-19065187.html#:~:text=Laut%20Statistischen%20Bundesamt%20kostete%20ein,hohen%20Fixkosten-anteil%20der%20Wasserbetriebe%20zur%C3%BCck.

Schmidt, Florian (2022a): Verivox: Deutsche geben zu viel für Handyverträge aus, Computer BILD, [online] https://www.computerbild.de/artikel/cb-News-Handy-Verivox-Deutsche-geben-zu-viel-fuer-Handy-vertraege-aus-33128133.html.

Schmidt, John (2022b): Passives Einkommen aufbauen: 12 interessante Ideen, Forbes Advisor, [online] https://www.forbes.com/advisor/de/geldanlage/passives-einkommen-ideen/#:~:text=Was%20ist%20passives%20Einkommen%3F,zu%20etwas%20Arbeit%20leisten%20musst.

Schneider, Anja/Andreas Hürkamp (o. D.): Dividendenausblick 2023 – DAX-Dividenden überraschend auf Rekordniveau | Ideas Magazin, ideas, [online] https://www.ideas-magazin.de/2023/ausgabe-252/titelthema/#:~:text=Die%2040%20DAX%2DUnternehmen%20haben,Prozent%20f%C3%BCr%20das%20Gesch%C3%A4ftsjahr%202022.

Schulz, André (2023): Rette dein Geld: Die 100 besten Tipps für mehr finanzielle Sicherheit und Freiheit, Südwest Verlag.

Schulz, Stephan/Karl-Alexander Neumann (2023): EWpG: Gesetz über elektronische Wertpapiere mit Börsen-, Prospekt-, Depot-, Schuldverschreibungs-, Aufsichts- und Investmentrecht, RWS.

Schwarzbauer, Elisabeth (2023): Die 13 besten Spartipps für Ihre Versicherungen, FinanceScout24, [online] https://www.financescout24.de/wissen/ratgeber/spartipps-versicherungen.

Simon, Hermann (2020): Am Gewinn ist noch keine Firma kaputtgegangen, Campus.

Simons, Kristina/Marcus Franken (2022): Warum dämmen? 10 gute Gründe, co2online, [online] https://www.co2online.de/modernisieren-und-bauen/daemmung/warum-daemmen-acht-gute-gruende/#c108337.

So kannst du bei der Miete Geld sparen (2020): N26, [online] https://n26.com/de-de/blog/wie-kann-ich-geld-sparen-bei-der-miete#:~:text=-Der%20einfachste%20Weg%2C%20weniger%20Miete,du%20500%20%E2%82%AC%20pro%20Monat.

So viel verdienen Selbstständige in Deutschland (o. D.): Selbststaendig.de, [online] https://www.selbststaendig.de/so-viel-verdienen-selbststaendige-deutschland#:~:text=Tendenziell%20verdienen%20Selbstst%C3%A4ndige%20also%20besser,Selbstst%C3%A4ndige.

So will Lindner die Aktienrente doch noch zum Erfolg machen (2023): in: FOCUS online, 10.08.2023, [online] https://www.focus.de/finanzen/altersvorsorge/rente/demografischer-wandel-lindner-kontert-kritik-aktienrente-soll-extra-milliarden-bekommen_id_201166113.html.

Solarthermie: Die Funktion einfach erklärt (o. D.): VIESSMANN, [online] https://www.viessmann.de/de/wissen/technik-und-systeme/solarthermie/funktion.html.

Solarthermie: Funktion, Kosten & Förderung 2023 (o. D.): co2online, [online] https://www.co2online.de/modernisieren-und-bauen/solarthermie/#c145949.

Soll man das Licht immer wieder ein- und ausschalten oder besser brennen lassen? (o. D.): Elektrizitätswerke des Kantons Zürich (EKZ), [online] https://www.ekz.ch/de/blue/wissen/2021/soll-man-daslicht-immer-wieder-ein-und-ausschalten-oder-besser-brennen-lassen.html#:~:text=Ausnahme%3A%20Wenn%20Sie%20dauernd%20in,Ausschalten%20in%20kurzer%20Zeit%20nicht.

Sozialgerichtspräsident sieht Renten in Gefahr (2023): in: ntv, 07.02.2023, [online] https://www.n-tv.de/politik/Sozialgerichtspraesident-sieht-Renten-in-Gefahr-article23899644.html.

S&P 500 (o. D.): boerse.de, [online] https://www.boerse.de/rendite-dreieck/SundP-500/US78378X1072.

Spread (o. D.): in: PONS, [Wörterbucheintrag] https://de.pons.com/%C3%BCbersetzung/englisch-deutsch/spread.

Statista (2022): Anzahl der per Glasfaser versorgbaren Haushalte in Deutschland bis 2022, Statista, [online] https://de.statista.com/statistik/daten/studie/275118/umfrage/anzahl-der-per-glasfaser-versorgten-haushalte-in-deutschland/.

Statista (2023a): Konsumausgaben in Deutschland für alkoholische Getränke bis 2022, Statista, [online] https://de.statista.com/statistik/daten/studie/296826/umfrage/konsumausgaben-in-deutschland-fuer-alkoholische-getraenke/#:~:text=Im%20Jahr%202022%20sind%20die,Euro%20f%C3%BCr%20alkoholische%20Getr%C3%A4nke%20aus.

Statista (2023b): Konsumausgaben in Deutschland für Tabakwaren bis 2022, Statista, [online] https://de.statista.com/statistik/daten/studie/296836/umfrage/konsumausgaben-in-deutschland-fuer-tabakwaren/#:~:text=Auch%20wenn%20der%20Zigarettenabsatz%20in,Milliarden%20Euro%20f%C3%BCr%20Tabakwaren%20aus.

Steigende Lebensmittelpreise: Fakten, Ursachen, Tipps (2023): Verbraucherzentrale, [online] https://www.verbraucherzentrale.de/

wissen/lebensmittel/lebensmittelproduktion/steigende-lebensmittel-preise-fakten-ursachen-tipps-71788.

Steigende Lebensmittel-Preise: Wie kann man trotzdem sparen? (2023): BRISANT | Das Erste, [online] https://www.mdr.de/brisant/ratgeber/sparen-einkaufen-110.html.

Steiner, Manfred/Christoph Bruns/Stefan Stöckl (2017): Wertpapiermanagement: Professionelle Wertpapieranalyse und Portfoliostrukturierung, 11. Aufl., Schäffer-Poeschel.

Stoppel, Kai (2023): Macht mehr Geld doch glücklicher?, in: ntv, 10.03.2023, [online] https://www.n-tv.de/wissen/Macht-mehr-Geld-doch-gluecklicher-article23976240.html.

Strack, Burkhard (o. D.): Spartipps für Ihre Freizeitgestaltung, experto.de, [online] https://www.experto.de/praxistipps/spartipps-fuer-ihre-freizeitgestaltung.html.

Stromverbrauch (2023): Umweltbundesamt, [online] https://www.umweltbundesamt.de/daten/energie/stromverbrauch#:~:text=-Der%20Stromverbrauch%20in%20Deutschland%20geht,privaten%20Haushalten%20und%20dem%20Verkehrssektor.

Study on subscription services: Large majority of German consumers pay up to EUR 100 a month (2022): Recurly, [online] https://recurly.com/press/german-consumers-pay/.

Sydow, Elisabeth von (2023): Was kostet Glasfaser im Monat? Damit müssen Sie rechnen, CHIP, [online] https://praxistipps.chip.de/was-kostet-glasfaser-im-monat-damit-muessen-sie-rechnen_159110.

Tee Report 2022 (2022): Deutscher Tee & Kräutertee Verband, [online] https://www.teeverband.de/presse/pressemitteilungen/id-2022/tee-report-2022/.

Teuerster Wein der Welt: Die Top 10 der kostbarsten Tropfen (2022): GQ, [online] https://www.gq-magazin.de/lifestyle/artikel/teuerster-wein-der-welt#:~:text=Den%20Rekord%20h%C3%A4lt%20seit%20 Jahren,481.976%20Euro%2C%20inklusive%20Geb%C3%BChren).

Theinert, Nicole (2019): Spartipps für Familien – Freizeit & Hobby, Das Elternhandbuch, [online] https://das-elternhandbuch.de/spartipps-freizeit-hobby/.

Toller, Andreas (2017): Das Jahrhundertduell – Aktien gegen Immobilien, in: WirtschaftsWoche, 31.03.2017, [online] https://www.wiwo.de/finanzen/geldanlage/renditevergleich-das-jahrhundertduell-aktien-gegen-immobilien/19587708.html.

Untervermietung: Was muss der Vermieter dulden – was nicht? (2020): Haufe, [online] https://www.haufe.de/immobilien/verwaltung/untervermietung-was-der-vermieter-darf-und-was-nicht_258_523756.html.

Verdienste nach Branchen und Berufen (o. D.): Statistisches Bundesamt, [online] https://www.destatis.de/DE/Themen/Arbeit/Verdienste/Verdienste-Branche-Berufe/_inhalt.html.

Volumen des weltweiten Aktienhandels von 1980 bis 2020 (2023): Statista, [online] https://de.statista.com/statistik/daten/studie/239389/umfrage/volumen-des-weltweiten-aktienhandels/#:~:text=Im%20Jahr%202020%20lag%20das,Anstieg%20des%20 globalen%20Aktienhandels%20erkennbar.

Wagener, Laura (2018): Abfallvermeidung: die 20 besten Tipps gegen zu viel Müll, co2online, [online] https://www.co2online.de/klima-schuetzen/nachhaltiger-konsum/20-tipps-zur-abfallvermeidung/.

Wallstabe-Watermann, Brigitte/Antonie Klotz/Gisela Baur/Hans G. Linder (2022): Anlegen mit ETF: Geld bequem investieren mit ETF und Indexfonds, 3. Aufl., Stiftung Warentest.

Wann kann ich in Rente gehen? (o. D.): Deutsche Rentenversicherung, [online] https://www.deutsche-rentenversicherung.de/DRV/DE/Rente/Kurz-vor-der-Rente/Wann-kann-ich-in-Rente-gehen/Wann-kann-ich-in-Rente-gehen_detailseite.html#:~:text=Das%20Eintrittsalter%20f%C3%BCr%20die%20abschlagsfreie,Anspruch%20nehmen%2C%20allerdings%20mit%20Abschl%C3%A4gen.

Was ist eigentlich der Verschuldungsgrad? (2017): in: Finanzen100, 06.09.2017, [online] https://www.finanzen100.de/finanznachrichten/wirtschaft/kennziffern-was-ist-eigentlich-der-verschuldungs-grad_H858912877_470599/.

Was kostet die Handwerkerstunde (o. D.): Handwerkskammer Reutlingen, [online] https://www.hwk-reutlingen.de/service-center/tipps-fuer-kunden/inhalt-tipps-fuer-verbraucher/was-kostet-die-handwerkerstunde.html.

Wasser, Kristina (2023): Nachhaltige Aktien und ETFs: So machen Sie Ihr Portfolio grün, Computer Bild, [online] https://www.computerbild.de/artikel/cb-Tipps-Finanzen-Nachhaltige-Aktien-26483957.html.

Wasser sparen im Garten: 6 wertvolle Tipps (o. D.): Plantura, [online] https://www.plantura.garden/gartenpraxis/tipps-und-tricks/wasser-sparen-im-garten.

Wasser sparen im Haushalt leicht gemacht (o. D.): energis, [online] https://www.energis.de/ratgeber/wasser/wasser_sparen.

Wasserkosten berechnen und sparen (o. D.): Verivox, [online] https://www.verivox.de/strom-gas/ratgeber/wasserkosten-berechnen-und-sparen-1000796/.

Weber, Barbara (2023): Notlösung für Privatversicherte, Finanztip, [online] https://www.finanztip.de/pkv/pkv-basistarif/.

Weigl, Benjamin (2023): Wie viel dein Strom jetzt und in Zukunft kostet, Finanztip, [online] https://www.finanztip.de/stromvergleich/strompreis/.

Wellenhofer, Marina (2023): Sachenrecht, 38. Aufl., C. H. BECK.

Welling, Kira (2023): Amortisationszeit Ihrer Solaranlage: Ab wann macht sich die Investition bezahlt?, EFAHRER.com, [online] https://efahrer.chip.de/solaranlagen/amortisationszeit-ihrer-solaranlage-ab-wann-macht-sich-die-investition-bezahlt_102162.

Wendel, Maria (2022): Geld sparen beim Lebensmittel-Einkauf: Großpackungen und Tipps für richtige Vorratshaltung, in: Merkur.de, 04.11.2022, [online] https://www.merkur.de/leben/genuss/geld-sparen-lebensmittel-einkauf-teuer-grosseinkauf-einfrieren-vorrathaltbar-zr-91430287.html.

Wetendorf, Riko (o. D.): Campingplatz-Kosten: So teuer ist der Urlaub auf dem Campingplatz wirklich, PiNCAMP, [online] https://www.pincamp.de/magazin/ratgeber/fuer-einsteiger/campingplatz-kosten.

Wie regelmäßiges Trinken krank machen kann (2018): in: Süddeutsche Zeitung, 30.05.2018, [online] https://www.sueddeutsche.de/

gesundheit/gesundheit-wie-regelmaessiges-trinken-krank-machen-kann-dpa.urn-newsml-dpa-com-20090101-180530-99-514338.

Wie vor 600 Jahren die erste Börse entstand (2003): Frankfurter Allgemeine Zeitung, [online] https://www.faz.net/aktuell/finanzen/aktien/boersenlexikon-wie-vor-600-jahren-die-erste-boerse-entstand-192593.html.

Wieler, Jochen/Thomas Kroher (2023): Kostenvergleich Elektroauto, Benziner oder Diesel: Was ist günstiger?, ADAC, [online] https://www.adac.de/rund-ums-fahrzeug/auto-kaufen-verkaufen/autokosten/elektroauto-kostenvergleich/#:~:text=Gesamtkosten%3A%20Elektroautos%20sind%20oft%20g%C3%BCnstiger&text=Das%20Ergebnis%3A%20Nimmt%20man%20alle,ab%20als%20Benziner%20oder%20Diesel.

Wirecard Aktie (o. D.): finanzen.net, [online] https://www.finanzen.net/historische-kurse/wirecard.

Xu, Alison Jing/Robert Schwarz/Robert S. Wyer (2015): Hunger promotes acquisition of nonfood objects, in: Proceedings of the National Academy of Sciences of the United States of America, National Academy of Sciences, Bd. 112, Nr. 9, S. 2688–2692, [online] doi:10.1073/pnas.1417712112.

Zinnecker, Sara (2023): ETF-Rendite: Wie viel darf es sein?, Forbes Advisor, [online] https://www.forbes.com/advisor/de/geldanlage/etfs/etf-rendite/.

Mein Orderbuch
Behalten Sie den Überblick über Ihre Investments in Aktien, Aktienfonds, ETFs und Co.!
Hardcover mit Fadenheftung und Lesebändchen
19,95 € (D), 20,60 € (A)
ISBN: 978-3-948961-04-6

So behalten Sie den Überblick über Ihre Investments an der Börse!